WOLFGANG BLÜMEL

Die Allokation öffentlicher Güter in unterschiedlichen Allokationsverfahren

Volkswirtschaftliche Schriften

Begründet von Prof. Dr. Dr. hc. J. Broermann

Heft 371

Die Allokation öffentlichen Güter in unterschiedlichen Allokationsverfahren

Eine vergleichende theoretische Untersuchung

Von

Wolfgang Blümel

DUNCKER & HUMBLOT / BERLIN

CIP-Kurztitelaufnahme der Deutschen Bibliothek

Blümel, Wolfgang:
Die Allokation öffentlicher Güter in unterschiedlichen Allokationsverfahren : e. vergleichende theoret. Unters. / von Wolfgang Blümel. – Berlin : Duncker und Humblot, 1987.
(Volkswirtschaftliche Schriften ; H. 371)
ISBN 3-428-06140-3

NE: GT

Satz: Hermann Hagedorn GmbH & Co, Berlin 46
Druck: Berliner Buchdruckerei Union GmbH, Berlin 61
Printed in Germany

ISBN 3-428-06140-3

Vorwort

Diese Arbeit ist ein „Nebenprodukt" meiner Forschungstätigkeit von 1981-1986 im Rahmen des Projekts „Staatliche Allokationspolitik und öffentliche Güter". Dieses Projekt ist Teil des SFB 5 „Staatliche Allokationspolitik im marktwirtschaftlichen System" der Universität Mannheim. Im Frühjahr 1986 habe ich diese Arbeit der Universität Oldenburg als Dissertation vorgelegt.

An dieser Stelle möchte ich mich im besonderen Maße bei meinem akademischen Lehrer Herrn Prof. Dr. *Rüdiger Pethig* bedanken, ohne dessen substantiellen Anregungen und beständige Diskussionsbereitschaft die vorliegende Arbeit nicht möglich gewesen wäre. Prof. Dr. *Rüdiger Pethig* hat mir stets den Blick für das Wesentliche geschärft. Dank schulde ich auch meinem Kollegen *Oskar von dem Hagen*, dessen Anmerkungen mir beim Verfassen des X-Ineffizienzmodells hilfreich waren. Ein weiteres Dankeschön gebührt auch Herrn Prof. Dr. *Ulrich Fehl* und Herrn Prof. Dr. *Klaus Lenk*, die mir zahlreiche Verbesserungsvorschläge unterbreiteten.

Liebevoll danke ich meiner Ehefrau *Walburg* und unseren beiden Söhnen *Johannes* und *Felix*, die mir die nötige Ausgeglichenheit und private Abwechslung gaben, ohne die ich diese Arbeit nicht hätte schreiben können.

Oldenburg, im Juli 1986 *Wolfgang Blümel*

Inhaltsverzeichnis

Schaubilderverzeichnis

Tabellen

Abbildungen

Einführung

Mit dem Slogan „*Markt versus Staat*" wird ein fundamentales ökonomisches Problem angesprochen. Und zwar geht es im weitesten Sinne darum, ob und inwiefern die Koordinierung ökonomischer Ressourcen über den Markt oder durch den Staat vorgenommen werden sollte. Die Debatte über das Für und Wider von marktbezogener und staatlicher Koordinierung hat bereits eine sehr lange Tradition, die weit über die ökonomische Disziplin hinausführte und sogar zu politologischen, soziologischen, juristischen und moral-philosophischen Betrachtungen Anlaß gab. Die kontroverse Diskussion um diesen Gegenstand hat auch heute noch eine erhebliche Brisanz, wovon die folgenden Beispiele einen Eindruck vermitteln sollen. So geht es in der aktuellen Debatte der Deregulierung um die Wiederbelebung („Revitalisierung") privater Marktaktivitäten. Hierzu zählt ferner der Streit um die Vor- und Nachteile der (Re-) Privatisierung einzelner ökonomischer Tätigkeiten, die der Staat ausführt. Auch die Auseinandersetzung über den angemessenen Anteil des Staates am Sozialprodukt in einer Marktökonomie kreist um die eingangs aufgeworfene Frage.

In dieser Arbeit konzentrieren wir uns jedoch nicht auf die Zunahme der Staatstätigkeit, sondern auf Allokationsverfahren für eine bestimmte Klasse von Gütern, nämlich den sogenannten öffentlichen Gütern, die wir weiter unten genau spezifizieren werden. Für öffentliche Güter sind im Laufe der Zeit in verschiedenen Ländern recht unterschiedliche Methoden und Systeme der Koordinierung vorgeschlagen und praktiziert worden. Und es gibt viele Politiker wie Ökonomen, die fest an die Überlegenheit des einen oder anderen Allokationsverfahrens nicht nur im Bereich öffentlicher Güter glauben. Diese ökonomische „Schulen" begründenden Überzeugungen können wir recht gut typisieren, wenn wir uns eine ordinale Skala vorstellen, an deren Eckpunkten wir die idealtypischen Konzepte des „*Marktes ohne Staat*" und des „*Staates ohne Markt*" eintragen. Dazwischen liegen dann die Wirtschaftssysteme mit unterschiedlicher Staats- und Marktnähe. Unseres Erachtens lassen sich die einzelnen „Schulen" zumindest approximativ ganz bestimmten Punkten bzw. Bereichen auf der Skala zuordnen, wobei wir keinen Anspruch auf Vollständigkeit erheben.

Das Konzept „Markt ohne Staat" entspricht ungefähr einer laissez-faire Ökonomie, wie sie heute allenfalls noch bzw. wieder von einigen Vertretern der sogenannten „libertären" Ökonomen gefordert wird (Näheres dazu siehe Lepage 1979, insbesondere Kap. 2). Ihr Einfluß auf die ökonomische Disziplin ist jedoch nicht sehr groß, und die weitaus überwiegende Zahl der Ökonomen assoziieren wie Buchanan (1980, 3) mit dieser „no-government-economy" vielmehr Anarchie und Chaos.

Dagegen spielt der Staat im Konzept des Minimalstaates von Nozick (1975) bereits eine grundlegende Rolle, und zwar als schützender Staat, der für die Rechtssicherheit sorgen soll. Eine darüber hinausgehende Staatstätigkeit wird von Nozick jedoch als illegitim betrachtet. Dies dürfte im großen und ganzen auch die Position sein, die Vertreter der sogenannten „Neo-Österreichischen Schule" wie Kirzner (1973) und Hayek (1971) und Teile der Chicago-Schule (vgl. im Überblick dazu Reder 1982) einnehmen. Obwohl der Staat integrativer Bestandteil des ökonomischen Systems ist, liegt die Betonung darauf, die wirtschaftliche Staatstätigkeit auf ein notwendiges Mindestmaß zu begrenzen.

Einen entscheidenden Schritt weiter geht Buchanan (1975, 1983), der dem Staat die produktive Tätigkeit im Rahmen der Bereitstellung öffentlicher Güter einräumt. Auch ein Teil der Chicago-Schule vertritt nach Ansicht von Reder (1982, 29) diese Position. Desgleichen findet hier die sogenannte „neo-liberale Freiburger-Schule" in der Tradition von Eucken (1959) in etwa ihren Platz. Diese Position geht aber insofern über die von Buchanan hinaus, als der Staat Monopolisierungstendenzen im Markt verhindern und einen funktionierenden Wettbewerb aufrechterhalten bzw. schaffen soll.

Das Konzept der „sozialen Marktwirtschaft" ist zwar in den Arbeiten von Eucken angelegt. Rolle und Funktion des Staates sind jedoch erweitert. Denn der Staat soll neben anderen zusätzlichen Aufgaben insbesondere dafür sorgen, daß gewisse negative soziale Folgen in einer Wettbewerbsökonomie, wie etwa die Arbeitslosigkeit, gemildert werden. In diese Kategorie ist grundsätzlich auch die christliche Soziallehre mit ihrem „Subsidiaritätsprinzip" einzuordnen (siehe den Überblick von Rauscher 1977). Das Prinzip geht von der Eigenverantwortlichkeit der Wirtschaftssubjekte und der privaten Organisation des Wirtschaftsgeschehens aus. Aber immer dann, wenn der Markt bestimmte ökonomische und soziale Ziele — etwa Gerechtigkeit — nur „unzureichend" gewährleistet, ist es Aufgabe des dem „Gemeinwohl" verpflichteten Staates, in das Marktgeschehen korrigierend einzugreifen.

Eine umfangreichere Staatstätigkeit fordert das „sozialistisch-sozialdemokratische" Konzept. Der Staat sorgt hiernach für eine starke gesellschaftliche Kontrolle des Marktgeschehens, wobei die Verstaatlichung bestimmter privatwirtschaftlicher Aktivitäten eher die Ausnahme als die Grundregel ist (vgl. Ortlieb/Lösch 1977). Neben der grundsätzlichen Beibehaltung einer wettbewerblichen Marktkoordination soll der Staat zusätzlich eine gewisse Rahmenplanung vornehmen.

Der extremen Position „Staat ohne Markt" kommt die Konzeption von Marx am nächsten. Dies gilt insbesondere für die Forderung nach vollständiger Vergesellschaftung der Ökonomie, was im Prinzip auf die Aufhebung des Marktmechanismus' und des Privateigentums an den Produktionsmitteln hinausläuft (vgl. Ortlieb/Lösch 1977).

Diese kursorische Typisierung diverser ökonomischer „Schulen" ist nicht ohne Probleme. Für unsere Zwecke ist es aber nicht so sehr entscheidend, ob das eine oder andere Argument anders gewichtet und ob die Position einer „Schule" auf der Skala verschoben wird. Dies ist eine subjektive Einschätzung. Wir wollten mit wenigen Worten deutlich machen, welche unterschiedlichen Funktionen der Staat bzw. der Markt nach dem Verständnis der einzelnen „Schulen" wahrnehmen soll und daß diese Rollenzuweisung auf ganz bestimmten Grundüberzeugungen und Werturteilen beruht.

Nach unserer Auffassung kann niemand den komparativen Vorteil eines Allokationsverfahrens feststellen, bevor er nicht eine systematische Vergleichsanalyse über diese Verfahren durchgeführt und die Ergebnisse oder Eigenschaften der Verfahren anhand allgemeiner, normativer Kriterien beurteilt hat. Es ist daher das Ziel dieser Arbeit, die Beiträge der verschiedenen theoretischen Konzepte und Beurteilungskriterien für einen normativen Vergleich alternativer Allokationsverfahren im Bereich öffentlicher Güter zu untersuchen. Da wir uns auf die verschiedenen Allokationskonzepte öffentlicher Güter beschränken, liegt — um auf die Typisierung der „Schulen" kurz zurückzukommen — unser Untersuchungsgegenstand genau im Spannungsfeld der Positionen von Buchanan und Nozick, wobei beide Autoren aber darin übereinstimmen, daß der Staat das öffentliche Gut „Rechtssicherheit" bereitstellen sollte.

In der Literatur sind diverse marktbezogene und staatliche Allokationsverfahren für unterschiedliche Klassen öffentlicher Güter behandelt worden. Diese Untersuchungen kommen — von einigen Ausnahmen abgesehen — zu dem einhelligen Ergebnis, daß sowohl der Markt als auch der Staat öffentliche Güter nicht effizient bereitstellen kann.[1] An die Allokationen dieser Verfahren wird üblicherweise die Pareto-Effizienz-Meßlatte angelegt. Und es stellt sich heraus, daß die Ursachen für die Koordinierungsmängel im Politiksektor ähnlich denen im Marktbereich sind, die Bator (1958) systematisch untersucht und klassifiziert hat. Neben Informations- und Anreizproblemen ist die Monopolmacht ein ausschlaggebender Faktor für Fehlallokationen in beiden Bereichen. Dafür findet man in der Literatur häufig die Begriffe „Marktversagen" bzw. „Politikversagen". Während in der neoklassischen Wirtschaftstheorie die Analyse des „Marktversagens" gerade im Bereich öffentlicher Güter über eine lange Tradition verfügt, ist das Interesse daran, was der Staat bei der Versorgung mit öffentlichen Gütern leisten kann, erst jüngeren Datums. „Although economists have come to have a fairly good idea of the conditions that will lead to market failure, they have spent little effort and consequently have little knowledge of the conditions that lead to public sector failure" (Breton 1971, 31).

Die Tatsache, daß neben die Analyse der Marktmängel inzwischen eine intensive und systematische Erforschung der allokativen Schwächen politischer Koordinierungskonzepte getreten ist, wird auch als Wiederherstellung der „ordnungspolitischen Waffengleichheit" (Wille 1981, 305) verstanden. Denn — wie wir später noch ausführlich diskutieren werden — genügt es nicht, den

[1] Vgl. den Überblick bei Blümel (1982) und die dort genannte Literatur.

allokativen Eingriff des Staates allein aufgrund der Feststellung oder Beobachtung zu fordern, daß der Markt öffentliche Güter ineffizient bereitstellt. Da dies auch umgekehrt gilt, hat die ordnungspolitische Waffengleichheit zur Folge, daß die politischen Entscheidungsträger über keine geeignete Grundlage mehr verfügen, auf der sie eine Entscheidung zugunsten des einen oder anderen Koordinierungsverfahrens treffen können. Wir wollen daher auch untersuchen, ob es eine wohlfundierte vergleichende Analyse gibt bzw. ob eine solche entwickelt werden kann, die als Richtschnur für die Entscheidungen der staatlichen Allokationspolitik geeignet ist.

Diese Arbeit ist in drei Teile gegliedert. In Teil A stellen wir den begrifflichen und methodischen Rahmen der Untersuchung vor. Dabei behandeln wir das Konzept der öffentlichen Güter und die Theorie der Allokationsverfahren. Mit diesen Bausteinen können wir die unterschiedlichen Allokationsverfahren für öffentliche Güter genauer klassifizieren.

Der Vergleich alternativer Allokationsverfahren öffentlicher Güter wird im Teil B durchgeführt. Nachdem wir die Notwendigkeit für eine komparative Analyse von Koordinierungskonzepten begründet haben, stellen wir verschiedene privatwirtschaftliche und staatliche Allokationsverfahren einander gegenüber. Dabei geben wir jeweils einführend einen kurzen Literaturüberblick über die einzelnen Gebiete. Danach führen wir den Effizienzvergleich zwischen typischen Allokationsverfahren durch, wobei wir eine lineare Produktionstechnik und quasi-lineare Nutzenfunktionen mit einer speziellen Parameterverteilung zugrundelegen. Teil B schließt mit einem Erklärungsansatz über die relative Kosteneffizienz in der Produktion von öffentlichen Gütern zwischen privaten und staatlichen Produktionstypen.

Der Gegenstand von Teil C ist die Auseinandersetzung mit neueren Entwicklungen der vergleichenden Untersuchung von Koordinierungssystemen. Im einzelnen stellen wir die Grundzüge der Lehre von den Verfügungsrechten und der sogenannten „Neuen Institutionellen Ökonomie“ vor und fragen, welche Rolle öffentliche Güter in diesen Konzepten spielen. Im Anschluß daran diskutieren wir die Rolle, Relevanz und Erklärungskraft dieser Ansätze für den Vergleich privatwirtschaftlicher und staatlicher Allokationsverfahren. Zum Abschluß der Untersuchung stellen wir eine zusammenfassende Betrachtung über die Möglichkeiten und Grenzen des Vergleichs von Allokationsverfahren für öffentliche Güter an.

Teil A

Begrifflicher und methodischer Rahmen

1 Konzept öffentlicher Güter

Im ökonomischen Schrifttum gibt es keine einheitliche Definition für öffentliche Güter. Dieser unbefriedigende Zustand hat einige Verwirrung gestiftet. Wir wollen die kontroverse Diskussion darüber hier nicht wiederholen.[1] Gerade deswegen müssen wir aber klarstellen, was wir unter öffentlichen Gütern verstehen. In der Tradition von Samuelson (1954, 1955) definieren wir öffentliche Güter als gemeinsam konsumierbare Güter in dem Sinne, daß mindestens zwei Personen gleichzeitig ein und dieselbe Einheit dieses Gutes konsumieren können, ohne daß sie sich in ihren Konsumaktivitäten wechelseitig behindern. Ob eine Gütereinheit auch tatsächlich durch mehrere Personen simultan genutzt wird, ist für unsere Definition unerheblich. Ausschlaggebend ist einzig und allein die potentielle gemeinsame Konsumierbarkeit. Analytisch wird diese Definition typischerweise durch eine Knappheitsbeschränkung präzisiert. Sei z^i die Konsummenge des öffentlichen Gutes durch die Person i ($i = 1, \ldots, N$) und z die in der betrachteten Ökonomie insgesamt produzierte Menge des öffentlichen Gutes, dann lautet die Knappheitsrestriktion für gemeinsam konsumierbare Güter

$$z^i = z \text{ für alle } i.$$

Davon zu unterscheiden ist die Knappheitsbeschränkung für private Güter. Sei x die produzierte und x^i die durch eine beliebige Person i konsumierte Menge des privaten Gutes, dann gilt

$$\sum_i x^i \leq x.$$

Die additive Form dieser Beschränkung impliziert, daß jede Outputeinheit des privaten Gutes immer nur von einer einzigen Person konsumiert werden kann. Die Mitnutzung einer Gütereinheit durch andere Personen ist unmöglich („rivalisierender Konsum“).

Nach unserem Verständnis ist die gemeinsame Konsumierbarkeit die konstitutive Eigenschaft öffentlicher Güter. Darüber hinaus weisen bestimmte öffentliche Güter noch andere Eigenschaften wie Ausschließbarkeit, Übernutzbarkeit

---

[1] Einen umfassenden Überblick über diese Literaturkontroverse geben Blümel/Pethig/von dem Hagen (1986).

oder auch Ablehnbarkeit auf. Diese Merkmale haben jedoch nur akzessorischen Charakter in dem Sinne, daß sie öffentliche Güter kategorisieren.[2] Für den Vergleich marktmäßiger und politischer Allokationsverfahren öffentlicher Güter ist die Kategorie „Ausschließbarkeit" von besonderem Interesse. Wir werden daher die Probleme, die mit der Anwendung des Ausschlußprinzips bei öffentlichen Gütern zusammenhängen, umfassend und systematisch diskutieren.

Die Eigenschaft der Überfüllung oder -nutzung, im Englischen „crowding" oder „congestion" genannt, spielt für kapazitätsbeschränkte öffentliche Güter eine Rolle, also für jene Güter, die eine fest vorgegebene Kapazitätsgrenze der Nutzung haben wie z. B. Straßen, Theater, Schwimmbäder etc. Das Überschreiten der Kapazitätsgrenze führt dazu, daß die gemeinsame Konsumierbarkeit durch Störeffekte in der Nutzung „ein wenig" verletzt wird. Die Qualität des Konsums nimmt durch zusätzliche Nutzer ab. Dennoch betrachten wir ein solches Gut nach wie vor als ein öffentliches Gut.[3]

Ferner möchten wir ausdrücklich betonen, daß die Charakterisierung eines Gutes als „öffentlich" noch nicht dessen nicht-marktmäßige Bereitstellung impliziert. Diese institutionell orientierte Begriffsbestimmung ist in der Literatur durchaus anzutreffen wie z. B. bei Buchanan (1968, 1). Nach unserem Verständnis bezieht sich der Begriff „öffentlich" jedoch ausschließlich auf die Eigenschaft der gemeinsamen Konsumierbarkeit — also auf das, was ein öffentliches Gut ist — und nicht auf das Allokationsverfahren, durch das es bereitgestellt wird. Wir räumen ein, daß in dem Begriff des „öffentlichen Gutes" eine gewisse Aufforderung zum staatlichen Handeln anklingt und daß der Begriff eine komplementäre Beziehung zum staatlichen Sektor nahelegt — zumindest sprachlich. Randall (1983) schlägt deshalb vor, auf diesen Terminus ganz zu verzichten und statt dessen den institutionell neutralen Begriff der „gemeinsamen Konsumierbarkeit" zu verwenden. Obwohl wir Sympathie für die Position von Randall haben, möchten wir dennoch beim Begriff des öffentlichen Gutes bleiben, weil er sich in der Literatur weitgehend durchgesetzt hat. Im übrigen haben wir auch deshalb die institutionen-freie Definition gewählt, weil sie die einzige analytisch zweckmäßige für den Vergleich von Allokationsverfahren ist.

Um eine Allokation beurteilen zu können, benötigen wir zumindest ein Kriterium, das uns über die „Güte" der festgestellten Allokation Auskunft gibt. In der neoklassischen Wirtschaftstheorie wird als Leistungsmaßstab allokativer Ergebnisse üblicherweise das Kriterium der Pareto-Effizienz herangezogen.[4] Es

---

[2] Die verschiedenen Aspekte öffentlicher Güter werden ausführlich in Blümel/Pethig/von dem Hagen (1986) diskutiert.

[3] Aus Platzgründen werden wir die kapazitätsbegrenzten öffentlichen Güter nicht systematisch in den Vergleich von Allokationsverfahren miteinbeziehen. Vgl. Blümel/Pethig/von dem Hagen (1986).

[4] Ein Zustand ist pareto-effizient, wenn durch Reallokation keine Person nutzenmäßig bessergestellt werden kann, ohne daß dabei der Nutzen anderer Personen reduziert wird.

ist wohl das noch am wenigsten kontroverse Wohlfahrtskriterium (vgl. Sohmen 1976, 30ff.). Für den weiteren Gang dieser Untersuchung ist es daher nützlich, zunächst die Bedingung für eine pareto-effiziente Allokation öffentlicher Güter abzuleiten. Wir wollen dies im Rahmen einer einfachen Modellökonomie demonstrieren, in der wir die N Individuen mit $i = 1, \ldots, N$ indizieren. Jede Person verfügt über einen Ressourcenbestand r^i eines privaten Gutes und wird durch die folgende quasi-lineare Nutzenfunktion charakterisiert[5]

(1) $$u^i = U^i(x^i, z) = V^i(z) + x^i$$

Durch diese Vereinfachung ist die maximale Zahlungsbereitschaft einer Person i für das öffentliche Gut $z^i = z$ genau $V^i(z)$. Die Zahlungsbereitschaft für das öffentliche Gut ist also unabhängig vom Konsum des privaten Gutes (keine Einkommenseffekte). Es gilt[6] $V_z > 0$ und $V_{zz} < 0$. Weiterhin gehen wir von einer linearen Produktionstechnologie

(2) $$r_z = p_z z$$

aus, worin r_z der zur Produktion des öffentlichen Gutes erforderliche Ressourcenaufwand und p_z ein konstanter Input-Output-Koeffizient ist. Zusammen mit der Ressourcenbeschränkung

(1) $$\sum_i r^i \geq r_z + \sum_i x^i$$

impliziert die Technologie (2) eine konvexe Transformationsmenge. Unter dieser Voraussetzung ist die pareto-effiziente Menge des öffentlichen Gutes leicht zu bestimmen. Dazu bilden wir die Lagrange-Funktion

(4) $$L = \sum_i h^i [V^i(z) + x^i] + l\left(\sum_i r^i - p_z z - \sum_i x^i\right),$$

wobei $h^i > 0$ eine beliebige Konstante und $l \geq 0$ ein Lagrange-Multiplikator ist. Aus der Lagrange-Funktion finden wir als notwendig und hinreichend für eine innere Lösung mit streng bindender Restriktion ($h^i = h$ für alle i)

(5) $$\sum_i V_z^i(z^*) = p_z.$$

Die Allokation eines öffentlichen Gutes ist pareto-effizient, wenn die Summe der marginalen Zahlungsbereitschaften aller Personen den Grenzkosten der Produktion dieses Gutes entspricht. Gleichung (5) ist die sogenannte Summen-

---

[5] Quasi-lineare Nutzenfunktionen, d.h. linear im privaten Gut, sind dann keine ernsthafte Einschränkung, wenn die Einkommenselastizität der Nachfrage nach dem öffentlichen Gut relativ klein oder wenn gemessen am gesamten Konsum der Nutzen aus dem öffentlichen Gut relativ gering ist.

[6] Die partiellen Ableitungen einer differenzierbaren Funktion $y = f(x, \ldots)$ schreiben wir als $f_x := \partial f / \partial x$, $f_{xx} := \partial^2 f / \partial x^2$ etc.

bedingung von Samuelson (1954), die verlangt, daß die Summe der Grenzraten der Substitution zwischem öffentlichen und privaten (Numéraire-)Gut, abgekürzt ΣGRS, gleich der Grenzrate der Transformation, also GRT, ist. In Teil B, Abschnitt 1.2 werden wir auf dieses Modell zurückkommen.

2 Theorie der Allokationsverfahren[7]

Die Versorgung einer Ökonomie mit öffentlichen Gütern erfolgt durch sogenannte Allokationsverfahren. Was ist ein Allokationsverfahren und welche Eigenschaften hat es bzw. sollte es haben? Um solche Fragen beantworten zu können, scheint es uns nützlich zu sein, zunächst einmal die Grundstruktur der Theorie der Allokationsverfahren zu erläutern, die insbesondere auf die Arbeiten von Hurwicz (1960, 1972, 1973) zurückgeht. Konzeptionell ist dieses Forschungsprogramm eine Weiterentwicklung der paretianischen Wohlfahrtsökonomik, welche die Pareto-Effizienz der allokativen Ergebnisse von Koordinierungsverfahren untersucht. Dagegen stellt die neuere Wohlfahrtsökonomie das Allokationsverfahren selbst, also den Prozeß der Koordinierung, in das Zentrum ihrer Analyse.[8] Die Leistungsfähigkeit der Verfahren wird an vier Beurteilungskriterien gemessen, und zwar der Pareto-Zufriedenheit, der Transaktionskosteneffizienz, der informationsmäßigen Durchführbarkeit (oder Informationseffizienz) sowie der individuellen und gruppenspezifischen Anreizkompatibilität. Die Effizienz der allokativen Ergebnisse ist darin eine, aber nicht notwendigerweise die wichtigste Eigenschaft von Allokationsverfahren.[9]

Auch die dynamische Effizienz ist für eine komparative Analyse von Allokationsverfahren ein wichtiges Vergleichskriterium. Dadurch, daß im Hurwiczschen Ansatz Allokationsverfahren Gegenstand der Analyse sind, werden gewisse dynamische Aspekte behandelt insbesondere durch die Untersuchung der Entscheidungs- und Anreizstrukturen. Dennoch ist es schwierig, ein befriedigendes Konzept für einen dynamischen Effizienzvergleich zu finden.[10]

---

[7] Einen Überblick über diesen Forschungsgegenstand geben Reiter (1977), Conn (1978), Seidl (1978) und Pethig (1979, 137-151). Die Theorie der Allokationsverfahren eignet sich gleichermaßen zur Beschreibung der Koordinierung privater und öffentlicher Güter.

[8] Die Fragestellung der „neuesten" Wohlfahrtsökonomik ist nicht grundsätzlich neu. In der traditionellen Wirtschaftssystem-Debatte wurden bereits ähnliche Fragen erörtert. Die Theorie der Allokationsverfahren ist eine formal-theoretische Fortführung dieser überwiegend verbalen Debatte. Vgl. Seidl (1982) und Neck (1982).

[9] Das Transaktionskostenkriterium behandelt Hurwicz (1972, 303f.) nur am Rande, ohne dessen Relevanz zu bestreiten. Wir werden später sehen, daß es nicht einfach ist, diese Kosten in einigermaßen anspruchsvoller Weise in eine rigorose Analyse einzubeziehen. Die Auswahl von Beurteilungskriterien ist zwangsläufig subjektiv. Andere wichtige Aspekte von Allokationsverfahren sind das Tempo und die Exaktheit des Informationsaustauschprozesses, ökonomisches Wachstum, Vollbeschäftigung, individuelle Freiheit, Verteilungsgerechtigkeit und dergleichen mehr. Mit steigender Zahl der Kriterien wird allerdings eine Gesamtbeurteilung zunehmend schwieriger.

Wir werden uns deshalb auf die vier Hurwiczschen Vergleichskriterien stützen.

Der Hurwiczsche Analyserahmen kann wie folgt skizziert werden. Die N Individuen der Ökonomie werden durch ihre Nutzenfunktion u^i (oder auch ihre Präferenzen), ihre Technologie T^i und ihre Ressourcenausstattung r^i beschrieben. Die Charakteristik einer Person hat dann die Form

(6) $$e^i = (u^i, T^i, r^i) \; i = 1, \ldots, N,$$

und eine Ökonomie ist dann der Vektor der individuellen Charakteristiken, nämlich

(7) $$e = (e^1, \ldots, e^N),$$

was manchmal auch als Datenkranz einer Volkswirtschaft bezeichnet wird. Aus einer Klasse von Ökonomien E sind wegen der obigen Restriktionen nur ganz bestimmte Allokationen erreichbar. In der Menge erreichbarer Allokationen $F(e)$ gibt es wiederum eine Menge wünschbarer Allokationen $P(e)$. Beispielsweise können wir $P(e)$ als die Menge der pareto-effizienten Allokationen in $F(e)$ interpretieren.

Typischerweise sind die Informationen über die individuellen Eigenschaften e^i privat, weil jede Person a priori nur die eigene Charakteristik kennt. Um ihre ökonomischen Aktivitäten zu koordinieren, müssen die Personen miteinander kommunizieren. Der Informationsprozeß besteht aus einer Sprache M^i, aus der eine Person ihre Mitteilung (oder auch Strategie) $m^i(t)$ zum Zeitpunkt t auswählt. Die Informationsemission einer Person heißt Antwort und wird bestimmt durch

(8) $$m^i(t) = f^i[m(t-1), e^i] \; i = 1, \ldots, N,$$

wobei $m^i(t)$ in M^i und $m(t) = [m^1(t), \ldots, m^N(t)]$ ein Element der Sprache $M = M^1 x \ldots x M^N$ ist. f^i ist die Antwortregel. Das Merkmal dieser Regel heißt Privatheit der Information (Hurwicz 1972), weil jede Person nur sich selbst und die Mitteilungen aus der Vorperiode kennt.

Auf die Dialogphase folgt die Implementierungs- oder Allokationsphase, in der konkrete Handlungen getätigt werden. In Anlehnung an die Fiktion eines walrasianischen Auktionators wird unterstellt, daß Aktionen erst ausgeführt werden, wenn der Informationsprozeß ein (Nash-)Gleichgewicht $m^* = f(m^*, e)$ erreicht hat (Tâtonnement), wobei $m^* = m^{*1}, \ldots, m^{*N}$ ist. Die Handlungsausführung

(9) $$a = h(m^*)$$

[10] Wenn die Mengenänderung eines öffentlichen Gutes in der Zeit erfolgt, ist das Pareto-Kriterium als statischer Effizienzmaßstab nicht ohne weiteres anwendbar. Sollten die Individuen unterschiedliche Zeitpräferenzraten haben, so muß sich entweder eine effektive Angleichung über den Kapitalmarkt vollziehen, oder die Diskontierung wird durch eine gesellschaftliche Zeitpräferenzrate vorgenommen.

heißt Ergebnisregel. Der so beschriebene Mechanismus erzeugt das Ergebnis *a*. Die Menge aller möglichen Ergebnisse sei *A*.

Dieser zweistufige Anpassungsprozeß *q* heißt Allokationsverfahren, der durch eine Sprache *M*, eine Antwortregel *f* und eine Ergebnisregel *h* vollständig beschrieben wird:

(10) $$q = \{M, f, h\}.$$

Graphisch können wir ein Allokationsverfahren durch die folgende, von Reiter (1977, 229) vorgeschlagene Abbildung veranschaulichen

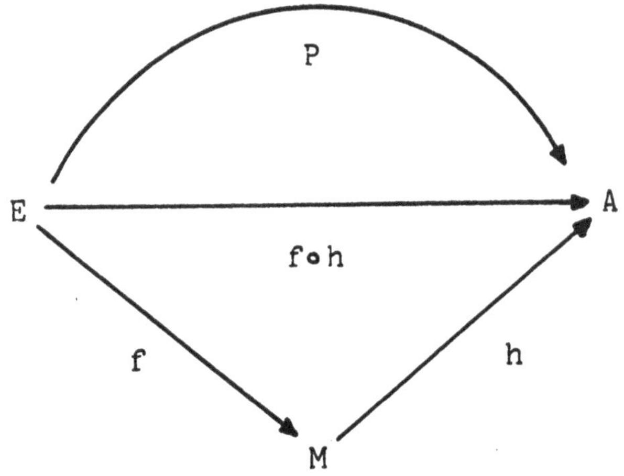

Abb. 1: Allokationsverfahren

In Worten: Die Antwortregel *f* wählt für jede Ökonomie *e* aus *E* die Mitteilungen aus der Sprache *M* aus. Die Kommunikationen werden anschließend über die Ergebnisregel *h* in eine Allokation *a* aus *A* übertragen. Der Mechanismus *q* erzeugt die Finalallokation *a*, was durch die Verknüpfung $f \circ h = h(f(e))$ zusammengefaßt wird.

Bis hierher haben wir sehr abstrakt beschrieben, wie die Koordinierung von Ressourcen abläuft, und definiert, was ein Allokationsverfahren ist. Wenden wir uns jetzt den wünschenswerten Eigenschaften zu, die ein Allokationsverfahren aufweisen „sollte".

2.1 *Pareto-Zufriedenheit*

Nach Hurwicz (1972, 304-307) ist ein Allokationsverfahren pareto-zufriedenstellend oder -befriedigend,

— wenn keine Ressourcen vergeudet werden, d.h., wenn jede Finalallokation des Verfahrens pareto-optimal ist, wenn also $h(f(e))$ in $P(e)$ für alle *e* aus *E*;

— wenn es unverzerrt ist, d.h., wenn jede pareto-effiziente Allokation durch eine geeignete Umverteilung der Ressourcenbestände erreichbar ist und
— wenn es im wesentlichen einwertig ist, d.h., wenn alle pareto-effizienten Allokationen von den Individuen als gleichwertig eingeschätzt werden.

Etwas vereinfacht formuliert ist demnach ein Allokationsverfahren pareto-zufriedenstellend, wenn sein Ergebnis eine pareto-effiziente Allokation ist. Dieses Konzept ist nicht sehr „innovativ", denn das bekannte Pareto-Kriterium, das allokative Ergebnisse bewertet, wird auch zum Beurteilungskriterium von Allokationsverfahren erhoben, wie dies der Pfeil *P* in Abb. 1 illustriert.

2.2 *Transaktionskosten*

Die Erweiterung des wohlfahrtsökonomischen Kriteriums der Pareto-Effizienz auf Pareto-Zufriedenheit wäre keinesfalls trivial, wenn die sogenannten „running costs" (Arrow 1969, 48) oder „operational costs" (Hurwicz 1972, 229) analytisch explizit berücksichtigt würden. Transaktionskosten sind die Kosten der Koordinierung ökonomischer Aktivitäten schlechthin, die die Wirtschaftssubjekte infolge einer unvollständigen Information über die tauschrelevanten Daten aufwenden müssen. Eine ökonomische Transaktion verursacht vor allem Such- und Informationskosten, Verhandlungs- und Entscheidungskosten, Überwachungs- und Durchsetzungskosten (vgl. dazu Dahlman 1979, 146). Wie andere Kostenarten auch haben Transaktionskosten einen ambivalenten Charakter. Denn zum einen müssen Ressourcen aufgewendet werden, damit eine ökonomische Transaktion überhaupt zustande kommt. Zum anderen aber sind diese spezifischen Kosten selbst die Quelle möglicher Ressourcenverluste. Das bedeutet ökonomisch, daß die Transaktionskosten bei gegebenem Ertrag, sprich allokativem Ergebnis, minimiert werden müssen. Dann und nur dann ist ein Allokationsverfahren „transaktionskosteneffizient".

Konzeptionell ließen sich die Kosten, die das Allokationsverfahren selbst verursacht, durchaus im Hurwiczschen Analyserahmen behandeln. In der Theorie der Allokationsverfahren werden jedoch in aller Regel implizit oder explizit Transaktionskosten von Null unterstellt. In der Tat gibt es Konsens darüber, daß es notwendig ist, Transaktionskosten zu berücksichtigen. Denn eine Analyse, die von einer transaktionskostenlosen Welt ausgeht, gilt zu Recht als unvollständig und inadäquat zur Beschreibung und Erklärung ökonomischer Zusammenhänge (vgl. Williamson 1981 und Toumanoff 1984). Sie ist auch keine besonders gut geeignete Grundlage für wirtschaftspolitische Empfehlungen. Allokative Eingriffe des Staates, die aus einem Modell mit Null-Transaktionskosten hergeleitet werden, stehen vor einem nicht trivalen Rechtfertigungsproblem. Eine Welt ohne Transaktionskosten ist bestenfalls aus didaktisch-analytischen Gründen gerechtfertigt. Sie ist aber „nur ein nützliches Experiment zur Formulierung der adäquaten ökonomischen Perspektive" (Monissen 1983, 69). Auf der anderen Seite scheint es aber keinen einfachen Weg zu geben,

Transaktionskosten in systematischer und einigermaßen anspruchsvoller Weise in die Analyse miteinzubeziehen. Dies erklärt auch zum Teil, warum Transaktionskosten meistens nur in einem verbalen Anhang von andererseits formaltheoretischen Ansätzen behandelt werden.[11]

Wir wollen hier zumindest die allokations- und wohlfahrtstheoretischen Konsequenzen von Transaktionskosten in einfacher Weise analytisch präzisieren. Sei $Z^i(q, e)$ der Konsum- oder Produktionsplan der Person i (mit nicht-negativen Komponenten als Outputs und nicht-positiven als Inputs), der in der Ökonomie e das Ergebnis des Allokationsverfahrens q wäre, wenn keine allokationsverfahrensspezifischen Kosten $C^i(q, e) > 0$ anfielen. Die für substantielle (Konsum- oder Produktions-)Zwecke übrigbleibende Allokation in e unter dem Mechanismus q ist daher

$$(11) \qquad s = S(q, e) := Z(q, e) - C(q, e),$$

wobei $Z(q, e) = [Z^1(q, e), \ldots, Z^N(q, e)]$ etc. Wir unterstellen, daß die Allokation $S(q, e)$ das (im wesentliche eindeutige) Ergebnis des Allokationsverfahrens q ist. Da $C(q, e) > 0$, ist auch $Z(q, e) > S(q, e)$. Die spezifischen Ressourcen, die das Allokationsverfahren „verbraucht", reduzieren die Konsum- und Produktionsmöglichkeiten der Individuen. Konzeptionell ist ein Allokationsverfahren ein „Produktionsprozeß", in welchem mit den üblichen Produktionsfaktoren und den verfahrensspezifischen Inputs $C(q, e)$ der für substantielle Zwecke verbleibende „Outputvektor" $S(q, e)$ produziert wird. Die Menge aller verfügbaren Allokationsverfahren $Q = (q^1, \ldots, q^K) j = 1, \ldots, K$ entspricht einer „Allokationstechnologie" $Y(Q)$, wobei $(S(q, e), C(q, e))$ in $Y(Q)$ genau dann, wenn q in Q.

Eine vergleichende Bewertung verschiedener Allokationsverfahren bedeutet dann, daß über $Y(Q)$ eine gesellschaftliche Präferenzrelation, beispielsweise eine soziale Wohlfahrtsfunktion, definiert sein muß. Tatsächlich werden meistens nur die Konsumallokationen alternativer Verfahren miteinander verglichen, so daß bei gegebenen Ressourcen und Technologien die komparative Effizienz letztlich eine Frage der Rangordnung der resultierenden Konsumallokationen ist. Dies entspricht einer Präferenzrelation über $S_K(q, e)$, wobei dies derjenige Teilvektor von $S(q, e)$ ist, welcher sämtliche Konsumenten erfaßt. Ein Verfahren q^1 kann dann im Sinne von Pareto einem Verfahren q^2 als überlegen bezeichnet werden, wenn $S_K(q^1, e)$ pareto-superior gegenüber $S_K(q^2, e)$ ist. Es ist dabei wichtig zu beachten, daß höhere Transaktionskosten logisch keine Pareto-Inferiorität der damit verbundenen Konsumallokation implizieren. Es ist nämlich denkbar, daß ein Verfahren mit geringen Transaktionskosten zu einer solchen Allokation führt, in welcher der Vorteil geringer Transaktionskosten durch eingeschränkte Konsummöglichkeiten überkompensiert wird.[12] Kurzum: Die Höhe der Trans-

---

[11] Die Probleme der analytischen Handhabung von Transaktionskosten diskutieren neben Dahlman (1979) auch Monissen (1983), Pethig (1983a) sowie Hess (1983, Kap. 4).

[12] Auch für den Fall, daß zwei Verfahren q^j in $Q (j = 1, 2)$ pareto-unvergleichbar und die

aktionskosten ist allein kein ausschlaggebender Beleg für die Unter- oder Überlegenheit von Allokationsverfahren.

2.3 *Informationsmäßige Durchführbarkeit*

Informationen über individuelle Präferenzen haben wir als private Informationen eingestuft. Folglich ist ein Allokationsverfahren, in welchem irgendeine Person definitionsgemäß vollkommen informiert ist, informationsmäßig nicht durchführbar. Dies ist der Grund, warum von vornherein einige politische und privatwirtschaftliche Allokationsverfahren „aussortiert" werden müssen, die in der Literatur diskutiert werden. Denn ein politisches Arrangement mit einem allwissenden und wohlwollenden Diktator kommt wegen informationsmäßiger Undurchführbarkeit für realistische Leistungsvergleiche von Allokationsverfahren ebensowenig in Betracht wie ein „Marktverfahren", in welchem vorausgesetzt wird, daß die privaten Anbieter eines Gutes die individuelle Präferenzen kennen.[13]

Nach Hurwicz (1972, 307-320) ist ein Allokationsverfahren informationsmäßig erreichbar, wenn

— die primären Informationen derart verstreut sind, daß die Charakteristik der Personen private Informationen sind, und
— die Kapazität des Kommunikationsprozesses derart beschränkt ist, daß keine Person alle relevanten Daten über die Ökonomie erlangen kann.

Wenn zwei Allokationsverfahren informatorisch realisierbar sind, können sie auf ihre Informationseffizienz hin untersucht werden. Ein informationsmäßig durchführbares Allokationsverfahren ist — vereinfacht gesagt — informationseffizient, wenn es kein anderes Verfahren gibt, das die gleiche Allokation erzeugt und dessen Informationskanäle einen „kleineren Durchmesser" haben.[14] Die Analyse der Informationsanforderungen an Allokationsverfahren hat zu zwei wichtigen Resultaten geführt. Bei privaten Gütern gilt für den Konkurrenzmechanismus, „that there can be no other mechanism whose performance is the same as that of the competitive mechanism ... which uses a message space locally

---

Transaktionskosten $C(q^1, e) > C(q^2, e)$ sind, spricht dies noch nicht für die Überlegenheit von q^2. Vgl. auch Buhbe (1980, 75-83).

[13] Gemeint sind damit vor allem die Marktprozesse von Thompson (1968) und Demsetz (1970). Unter bestimmten Bedingungen können diese Verfahren aber als Referenzkonzepte dienen. Zu beachten ist, daß aus solchen Vergleichen keine definitiven Schlußfolgerungen oder gar Empfehlungen für die staatliche Allokationspolitik gezogen werden können. Vgl. dazu die ausführliche Diskussion dieses Problems in Teil B, Abschnitt 1 dieser Arbeit.

[14] Informations- und Transaktionskosteneffizienz beleuchten verschiedene Aspekte von Allokationsverfahren. Während die zur Übermittlung von Informationen notwendigen Ressourcen Transaktionskosten sind, meint die Informationseffizienz die Dimension des übermittelenden Informationskanals. Ein gegebener Informationskanal kann je nach Allokationsverfahren unterschiedliche Transaktionskosten aufweisen.

informationally smaller than that of the competitive mechanism" (Reiter 1977, 231). Was für private Güter das Wettbewerbsverfahren ist, das ist für öffentliche Güter das Lindahl-Verfahren: Sato (1981) hat gezeigt, daß es die geringsten Informationsansprüche stellt.

2.4 Anreizkompatibilität

Wenn wir davon ausgehen, daß die individuellen Präferenzen niemand anderem als dem jeweiligen Individuum selbst direkt bekannt sind, dann stellt sich die Frage, ob ein Individuum Vorteile dadurch erlangen könnte, daß es andere, also „verfälschte" Präferenzen vorgibt. Sind die „Spielregeln" oder ist die Anreizstruktur des betrachteten Allokationsverfahrens dergestalt, daß die Mitteilung wahrer Präferenzen individuell rational bzw. nutzenmaximal ist? Nach Hurwicz (1972) ist ein Allokationsverfahren (individuell) anreizkompatibel, wenn die wahrheitsgemäße Präferenzoffenbarung der Individuen einem Nash-Gleichgewicht entspricht, welches ein *N*-Tupel miteinander kompatibler individueller optimaler Strategien ist. „In effect, our concept of incentive compatibility merely requires that no one should find it profitable to ‚cheat', where cheating is defined as behavior that can be made to look ‚legal' by a misrepresentation of the participants' preferences" (Hurwicz 1972, 323).[15]

Gibbard (1973) und Satterthwaite (1975) haben gezeigt, daß es ohne Beschränkungen der Präferenzen unmöglich ist, ein nicht-manipulierbares kollektives Entscheidungsverfahren zu finden. Dieses sogenannte „Unmöglichkeitstheorem" von Gibbard/Satterthwaite hat auch für die Allokationsverfahren öffentlicher Güter weitreichende Konsequenzen. Es impliziert nämlich, daß in einem nicht-diktatorischen Koordinierungsverfahren die Personen nicht ohne weiteres aus eigenem Interesse ihre tatsächlichen Präferenzen für öffentliche Güter offenlegen (vgl. Green/Laffont 1979, 5ff.). Mit anderen Worten: Es gibt keine Allokationsverfahren, in denen es für die Individuen nicht von Vorteil wäre, ihre Präferenzen für öffentliche Güter zu verfälschen bzw. sich als sog. „Freifahrer" zu verhalten.

Die fehlende Anreizkompatibilität bei der Allokation öffentlicher Güter wurde bereits von David Hume (1739-40) beobachtet. In bezug auf die kollektive Entscheidungsfindung stellte Hume fest, daß „each seeks a pretext to free himself of the trouble and expense, and wou'd lay the whole burden on others" (Hume 1739-40, 304). Seit dem 19. Jahrhundert behandelt die Finanzwissenschaft dieses Thema, wobei insbesondere Wicksell (1896, 81) die „Freifah-

---

[15] Neben der Hurwiczschen Definition gibt es noch zwei andere Definitionen von Anreizkompatibilität. Die eine ist die sog. streng individuelle Anreizkompatibilität, wonach Wahrheitsagen unabhängig von dem Verhalten der übrigen Akteure immer die beste Strategie ist (dominantes (!) Gleichgewichtskonzept). Die andere ist die sog. schwache individuelle Anreizkompatibilität, bei der Wahrheitsagen die beste Strategie ist, wenn alle anderen auch wahre Angaben machen. Für Details siehe Pethig (1978).

rermöglichkeit“ klar gesehen hat. Die moderne Forschung über kollektive Entscheidungen hat die Freifahrer-Hypothese bzw. das Gefangenen-Dilemma rigoros formuliert. Diese Forschungen führten jedoch zu dem überraschenden Resultat, daß Anreizkompatibilität nicht nur ein Problem von öffentlichen Gütern ist, sondern daß auch private Güter in einer reinen Wettbewerbsökonomie unter klassischen Bedingungen davon betroffen sind (vgl. Hurwicz 1972, 320). Ist „Freifahren“ dann überhaupt noch ein spezifisches Phänomen öffentlicher Güter? Roberts/Postlewaite (1976) und Roberts (1976) konnten zeigen, daß im Falle privater Güter der individuelle Vorteil der falschen Präferenzbekundung abnimmt, wenn die Anzahl der Personen wächst. Für öffentliche Güter ließ sich ein solcher Zusammenhang nicht nachweisen. Dies deutet darauf hin, daß öffentliche Güter ernsthaftere Anreizprobleme aufwerfen. Es fragt sich aber, ob es nicht dennoch Möglichkeiten gibt, auch bei öffentlichen Gütern Anreizkompatibilität zu gewährleisten. In der Tat können Allolationsverfahren für öffentliche Güter anreizkompatibel sein, wenn bestimmte einschränkende Annahmen getroffen werden. Wir werden später solche Fälle diskutieren.

3 Alternative Allokationsverfahren für öffentliche Güter

Allokationsverfahren zur Bereitstellung öffentlicher Güter umfassen den unregulierten Markt, marktnahe Verfahren und politische Versorgungskonzepte. Da diese Allokationsverfahren recht unterschiedlich gestaltet sein können, ist eine genauere Typisierung bedeutsam. Dabei beschränken wir uns jedoch auf die für unsere Fragestellung relevanten Allokationsbereiche „Markt“ und „Staat“. Die strikte Gegenüberstellung von marktmäßigen und staatlichen Konzepten ist — zugegebenermaßen — „idealtypisch“ und in der Realität nicht aufrechtzuerhalten. In einem marktwirtschaftlich orientierten Wirtschaftssystem sind die Institutionen Markt und Staat notwendigerweise interdependent. Empirisch gibt es zahlreiche Mischformen von Bereitstellungsverfahren mit unterschiedlicher Staats- und Marktnähe.[16] Der Einfachheit halber machen wir trotzdem eine polarisierende Überzeichnung, die aber nicht so interpretiert werden sollte, als gäbe es marktmäßige Allokation „ohne Staat“ und vice versa.

Nach Hurwicz haben wir Koordinierungsverfahren formal durch eine Sprache, Antwort- und Ergebnisregel vollständig beschrieben. Der Mitteilungsraum M, also die Möglichkeiten, über welche die Individuen ihre Präferenzen

[16] Häufig wird neben den Sektoren „Staat“ und „Markt“ noch ein dritter Sektor unterschieden, der die privaten Organisationen ohne Erwerbscharakter umfaßt (vgl. Weisbrod 1977, Badelt 1980). Die vielfältigen Organisationsformen in diesem Sektor gehen von kirchlichen und karitativen Initiativen über Selbsthilfegruppen und Bürgerinitiativen bis hin zu „alternativen“ Arbeits- und Lebensformen. Obwohl wir diesen Sektor aus Platzgründen nicht explizit behandeln, werden wir bei der privaten Versorgung öffentlicher Güter ohne Konsumentenausschluß (Teil B, Abschnitt 2.1) ein Verfahren kennenlernen, das, wie Sugden (1984) feststellt, durchaus als eine Koordinierung der Selbstorganisation interpretiert werden kann.

zum Ausdruck bringen können, ist in politischen und marktmäßigen Allokationssystemen nicht grundsätzlich verschieden. Mit der Antwortregel f^i (vgl. Gleichung 8) teilen die Personen den übrigen Personen ihre Angebots- und Nachfragewünsche bzw. ihre Preisvorstellungen $m^i(t)$ mit. In der Regel sind Marktprozesse preisgesteuert. Die Konsumenten reagieren bei gegebenem Einkommen r^i und vorgegebenen Marktpreisen p_z mit ihrem optimalen Konsumplan $\hat{z} = Z(r^i, p_z)$, so daß $m^i(t) = \hat{z}$. Analog erstellen die Unternehmen ihren Produktionsplan. Politische Allokationsverfahren können preis- und/oder mengengesteuert sein. Im Falle der Mengensteuerung wird beispielsweise von der Regierung die Allokation z mit dem öffentlichen Gut vorgegeben. Bei gegegebenem Einkommen r^i teilen die Individuen dann etwa durch eine Abstimmung mit, wieviel Steuern sie bereit sind, für das Gut zu bezahlen, was formal $m^i(t) = GRS^i = G(r^i, z)$ entspricht.

Über die Ergebnisregel werden dann die gleichgewichtigen Mitteilungen in ökonomische Aktivitäten umgesetzt, d. h. $a = h(m^*)$. Bei einer Versorgung über den Markt legt jede Person für sich die Menge fest, die es tatsächlich kauft bzw. verkauft. Eine Person kauft das öffentliche Gut dann und nur dann, wenn $GRS^i \geq p_z$ ist. Sei z_M die Marktversorgung, dann gilt $z_M = a = h(\hat{z}^{*1}, \ldots, \hat{z}^{*N})$. Kurzum: Die Ergebnisregel des Marktverfahrens ist entscheidungsdezentral. Es findet sozusagen eine „nichtkooperative Modellierung von Kooperation" (Selten 1982, 83) statt. Nachdem im politischen Sektor die Regierung die staatliche Versorgung z_P beispielsweise nach der Regel $\partial z/\partial t = \Sigma_i GRS^i - p_z$ für $z > 0$ bzw. $\partial z/\partial t = \max(0, \Sigma_i GRS^i - p_z)$ für $z = 0$ bestimmt hat, wird in der politischen Allokationsphase das Versorgungsniveau z_P realisiert. Es gilt demnach $z_P = a = h(GRS^{*1}, \ldots, GRS^N)$. Dabei hat die Regierung die Möglichkeit, das öffentliche Gut bei einem privaten Anbieter zu erwerben — wir sprechen in diesem Fall von staatlicher Bereitstellung bei privatwirtschaftlicher Produktion —, oder sie kann das Gut selbst (Bürokratie, staatliches Unternehmen) produzieren — was wir staatliche Produktion nennen wollen. In der Regel sind politische Arrangements entscheidungszentralisiert.

Daneben lassen sich für Allokationsverfahren aber auch noch andere Klassifikationskriterien finden. Beispielsweise unterscheiden sich marktmäßige und politische Allokationsverfahren für öffentliche Güter noch nach der Struktur der Verfügungsrechte und dem Ausmaß der staatlichen Regulierung. Verfügungsrechte und Regeln legen den rechtlichen Rahmen für individuelles Verhalten fest. Der Datenkranz der Volkswirtschaft wird dann um eine rechtliche Komponente, die wir als Bestandteil der individuellen Charakteristik — wie in Gleichung 7 — verstehen können, erweitert. In Teil C dieser Arbeit werden wir ausführlich auf diese Zusammenhänge eingehen. Ferner können wir Allokationsverfahren auch nach den akzessorischen Eigenschaften öffentlicher Güter kennzeichnen. Wir werden hier insbesondere auf die Ausschlußproblematik bei öffentlichen Gütern eingehen. Wenn in einem Verfahren Konsumentenausschluß praktiziert wird, dann sprechen wir von einem exklusiven Koordinierungsverfahren; anderenfalls heißt das Verfahren nicht-exklusiv.

Es ist ohne weiteres möglich und bei bestimmten Fragestellungen auch nützlich, Allokationsverfahren für öffentliche Güter noch tiefer zu strukturieren. Für unsere Zwecke reicht die bis hierher vorgenommene Klassifikation aber völlig aus. In Tabelle 1 haben wir die Palette von Allokationsverfahren für öffentliche Güter zusammengefaßt.

Tabelle 1: **Klassifikationsschema** — Allokationsverfahren für öffentliche Güter

<table>
<tr><th>Allokationsverfahren / Merkmale</th><th>1</th><th>2</th><th>3</th><th>4</th><th>5</th><th>6</th><th>7</th><th>8</th><th>9</th><th>10</th><th>11</th><th>12</th><th>13</th></tr>
<tr><td>Sprache M</td><td colspan="13">M = (M¹ x...x M^N)</td></tr>
<tr><td>Antwortregel f</td><td colspan="6">preisgesteuert</td><td></td><td colspan="6">preis- und/oder mengengesteuert</td></tr>
<tr><td>Ergebnisregel h</td><td colspan="6">entscheidungsdezentral</td><td></td><td colspan="6">entscheidungszentral</td></tr>
<tr><td>Bereitstellung</td><td colspan="6">privat- bzw. marktwirtschaftlich</td><td></td><td colspan="6">politisch bzw. staatlich</td></tr>
<tr><td>Produktion</td><td colspan="10">privat</td><td colspan="3">staatlich</td></tr>
<tr><td>staatliche Regulierung</td><td colspan="2">keine</td><td colspan="4">marktspezifisch</td><td></td><td colspan="6">staatlich bzw. bürokratisch</td></tr>
<tr><td>Verfügungsrechte</td><td>kollekt.</td><td colspan="2">privat</td><td colspan="3">kollektiv</td><td></td><td colspan="6">politisch und/oder kollektiv</td></tr>
<tr><td>Nicht-Ausschluß (schraffiert)</td><td>///</td><td colspan="4">Preis-Ausschluß</td><td>///</td><td>Nicht-Preis-Ausschluß</td><td colspan="2">///</td><td colspan="2">Preis- oder Gebührenausschluß</td><td colspan="2">///</td></tr>
<tr><td>prohibitiv hohe Ausschlußkosten (schraffiert)</td><td>///</td><td></td><td></td><td></td><td></td><td></td><td></td><td>///</td><td></td><td></td><td></td><td>///</td><td></td></tr>
</table>

Die Übersicht wird erleichtert, wenn wir von den numerierten Feldern in der Kopfzeile von Tabelle 1 ausgehen. Die Felder 1-6 umfassen die marktmäßigen und die Felder 7-13 die politischen Allokationsverfahren. Durch die Kombination der verschiedenen Eigenschaften erhalten wir recht unterschiedliche Allokationsformen. Eine Vergleichsstudie bräuchte sich also nicht auf die Gegenüberstellung von Markt und Staat zu beschränken, denn auch innerhalb der jeweiligen Sektoren gibt es interessante Vergleichsmöglichkeiten.[17] Wir beschränken uns jedoch auf die Gegenüberstellung von Markt und Staat. Aus den immer noch zahlreichen Vergleichsmöglichkeiten stellen wir die folgenden, als typisch erachteten Allokationskonzepte einander gegenüber:

(1) Freiwillige, nicht-exklusive Bereitstellung über den Markt (Feld 1/5) versus nicht-exklusive Versorgung durch den Staat (Feld 8/9 bzw. 12/13) — Teil B, Abschnitt 2.

---

[17] Einen Effizienz-Vergleich zwischen exklusiven und nicht-exklusiven privaten Allokationsverfahren für öffentliche Güter führt beispielsweise Walsh (1985) durch.

(2) Nicht-exklusive Versorgung durch den Staat (Feld 8/9 bzw. 12/13 versus exklusive Bereitstellung über den Markt (Feld 2-4) — Teil B, Abschnitt 3.

(3) Exklusive Bereitstellung über den Markt (Feld 2-4) versus exklusive Versorgung durch den Staat (Feld 10/11) — Teil B, Abschnitt 4.

(4) Marktwirtschaftliche Produktion (Feld 1-10) versus staatliche Produktion (Feld 11-13) — Teil B, Abschnitt 5.

Bisher haben wir die Spalten 6 und 7 nicht angesprochen. Diese Felder umfassen Allokationsverfahren, in denen Klubgüter und lokale öffentliche Güter bereitgestellt werden. Bei diesen Gütern ist die gemeinsame Konsumierbarkeit auf einen in der Regel geographisch bestimmten Personenkreis eingegrenzt. Der Ausschluß wird anhand bestimmter Eigenschaften wie beispielsweise der regionalen Zuordnung, Mitgliedschaft oder auch demographischer Merkmale vollzogen. Ein treffendes Beispiel dafür ist die „Wohnqualität" eines Stadtviertels. Die damit verbundenen Allokationsprobleme werden wir aber nicht berücksichtigen, weil die Theorie der lokalen öffentlichen Güter[18] inzwischen so umfangreich geworden ist, daß eine angemessene Berücksichtigung dieser Güter den Rahmen dieser Arbeit sprengen würde. Sofern Preis-Ausschluß bei lokalen öffentlichen Gütern und Klubgütern eine gewisse Rolle spielt, werden wir in Teil B, Abschnitt 4 beim Vergleich der Felder 2-4 mit 10/11 dennoch einige Aspekte dieser exklusiven Allokationssysteme diskutieren.

Bevor wir den Stand der Literatur bezüglich der ausgewählten Allokationskonzepte darstellen wollen und bevor wir den Effizienzvergleich für die ausgewählten „konkreten" Allokationsverfahren in Angriff nehmen können, wollen wir zunächst die Gründe für die Notwendigkeit des Vergleichs alternativer Allokationskonzepte darlegen.

[18] Die Theorie lokaler öffentlicher Güter geht auf Tiebout (1956) zurück. Obwohl Tiebouts Pionierarbeit schon fast 30 Jahre zurückliegt, ist das Interesse an dieser Klasse öffentlicher Güter in jüngerer Zeit beträchtlich gestiegen. Einen umfassenden Überblick geben Dudenhöffer/Gebauer (1982) und Pestieau (1983).

Teil B

Vergleich alternativer Allokationsverfahren für öffentliche Güter

1 Die Notwendigkeit des Vergleichs von Allokationsverfahren

1.1 Der Informationswert des Konzepts der Allokationsineffizienz

Die Ineffizienz eines einzelnen Allokationsverfahrens wird typischerweise festgestellt, indem das zu erwartende allokative Ergebnis dieses Verfahrens an eine abstrakte Effizienz-Meßlatte angelegt wird, deren Grundlage häufig das Pareto-Kriterium ist. Anhand dieses Effizienzmaßes werden bei der Versorgung mit öffentlichen Gütern sowohl bei privatwirtschaftlichen als auch staatlichen Koordinierungsarrangements allokative Mängel „deduziert".[1] Auf eine bequeme, schlagwortartige Kurzformel gebracht findet man in der Literatur dafür auch häufig die Begriffe „Marktversagen" bzw. „Politikversagen". Man sollte sich aber stets darüber im klaren sein, daß diese Kürzel vereinfachend, überzeichnet und normativ sind und den tatsächlichen Sachverhalt äußerst undifferenziert widerspiegeln.[2]

Ineffizienzen sind ein unbefriedigender Zustand. Knappe Ressourcen werden vergeudet; das gesellschaftliche „Wohlbefinden" wird geschmälert. Die Deduktion allokativer Mißstände impliziert aber andererseits, daß es zumindest einen denkbaren Zustand gibt, in dem mindestens eine Person bessergestellt werden kann, ohne daß irgendeine andere Person eine Nutzeneinbuße erleidet. Konzeptionell ließe sich daher jede Fehlallokation durch die Implementierung der pareto-superioren Referenzallokation beheben. Der Patient „Allokationsverfahren" könnte von seiner Krankheit „Ineffizienz" genesen und gesund, sprich „effizient", werden. Die Heilungsmöglichkeit sagt jedoch noch nichts darüber aus, welcher Weg bzw. welche Therapie am besten geeignet ist, die Krankheit tatsächlich zu beheben. Die entscheidende Frage ist, ob es ein anderes Allokationsverfahren oder in dem jeweiligen Allokationsverfahren die Möglichkeit zu einer institutionellen Reform gibt, wodurch die pareto-superiore Allokation erreicht werden kann.

---

[1] „Marktversagen" und „Politikversagen" bei der Allokation öffentlicher Güter werden ausführlich in Blümel (1982) diskutiert.

[2] Der Begriff „Versagen" erweckt nämlich den Eindruck, als ob das jeweilige Verfahren völlig ungeeignet wäre, die betrachteten ökonomischen Aktivitäten zu koordinieren. In aller Regel ist das aber nicht gemeint. Statt dessen soll eine Situation illustriert werden, in der gewisse allokative Mängel, Defizite, Schwächen oder Fehler auftreten.

Wenn wir die Ineffizienz als eine Krankheit auffassen, dann kann die Frage — vereinfacht — auch so formuliert werden: Welche Medizin ist angemessen? Wie soll die Medizin dosiert sein? Wie lange soll die Behandlung dauern? Könnte die Therapie schlimmere Folgen als die unbehandelte Krankheit haben? Wenn wir weiter davon ausgehen, daß „Marktversagen" und/oder „Politikversagen" irgendeinen allokativen Handlungsbedarf der politischen Entscheidungsträger begründen, dann können wir diese Fragen etwa folgendermaßen „übersetzen": Wie sollte staatliche Allokationspolitik zur Behebung von Fehlallokationen bemessen sein? Welche Politikalternativen sind vorhanden? Ist staatlich-interventionistische Politik überhaupt nötig?

In der ökonomischen Literatur gibt es über diesen Streit zwei grundsätzlich verschiedene, polare Auffassungen. Auf der einen Seite stehen hauptsächlich Wohlfahrtsökonomen wie Musgrave (1959), Baumol (1965) oder Arrow (1969). Historisch fußen diese und andere Wohlfahrtsökonomen auf dem einflußreichen Werk von Pigou (1920). Dieser hatte die Möglichkeit und Notwendigkeit dafür aufgezeigt, daß eine adäquate staatliche Steuer- und Transferpolitik marktbedingte Ineffizienzen infolge externer Effekte korrigieren kann. In einen einfachen — bewußt überspitzt formulierten — Satz gekleidet, lautet die zentrale These dieser sogenannten Pigouschen Wohlfahrtsökonomik: „Marktversagen" genügt als Rechtfertigung allokativer Eingriffe des Staates.

Wir würden den meisten Wohlfahrtsökonomen Unrecht tun, wenn wir behaupteten, daß sie einen staatlichen Eingriff bzw. ein politisches Allokationsverfahren als einen friktionslosen, fehlerfreien Prozeß betrachteten. Der Defekt im Markt wird von ihnen aber im allgemeinen für so fundamental und aus den eigenen Marktkräften heraus für nicht behebbar gehalten, daß ein politisches Handeln zwingend geboten ist. Obwohl dieses Konzept noch nicht die Art, den Umfang und die Qualität des politischen Eingriffs festlegt, so wird in der Regel bei der Allokation öffentlicher Güter explizit die Notwendigkeit der staatlichen Bereitstellung „deduziert" und nicht irgendeine Reform des Marktverfahrens. Insbesondere Musgrave (1959, 1969, 1982) hat diese Forderung immer wieder und energisch unterstrichen. Nach diesem Verständnis ist die neoklassische Theorie der öffentlichen Güter, die ein „Marktversagen" diagnostiziert, nichts anderes als eine normative Begründungslehre wirtschaftlicher Staatstätigkeit im Bereich öffentlicher Güter.

Auf der anderen Seite gibt es eine Reihe von Ökonomen, die — zugegebenermaßen auch überspitzt formuliert — ihrerseits „Politikversagen" als hinreichenden Grund dafür nehmen, daß der Markt das effizientere Allokationsverfahren ist. Die Ökonomen, die diesen Standpunkt mehr oder minder vehement vertreten, kommen insbesondere aus der Chicago-Schule wie Demsetz (1968) und Stigler (1975) oder sie sind der Public-Choice-Richtung zuzurechnen wie Tullock (1970). Konsequenterweise ist aus dieser Perspektive ein „Marktversagen", sofern dieses Konzept nicht von vornherein abgelehnt wird, keine überzeugende Rechtfertigung für politische Maßnahmen. Im Gegenteil wird im

Sinne von Coase (1960) argumentiert, daß die im Eigeninteresse handelnden Wirtschaftssubjekte bei jeder Fehlallokation einen starken Anreiz hätten, die vorhandenen wechselseitigen Vorteile auszuschöpfen, und durch kooperatives Verhalten würde dann eine pareto-superiore Allokation erreicht. Da der Markt sich selbst korrigierte, wären Staatseingriffe nicht erforderlich, sondern statt dessen schädlich. Vor dem Hintergrund dieser ökonomischen Politikkritik ist die Theorie der öffentlichen Güter, die ein „Politikversagen" modellmäßig feststellt, nichts anderes als eine normative Theorie zur Rechtfertigung unregulierter marktwirtschaftlicher Aktivitäten im Bereich öffentlicher Güter.

Offensichtlich diagnostiziert jede „Schule", daß eine ökonomische Aktivität, die ein Allokationsverfahren ineffizient ausführt, mehr oder weniger vollständig aus diesem Allokationsverfahren herausgenommen und diese Aufgabe dem anderen Allokationsverfahren übertragen wird. Damit wird gerade das konkurrierende Allokationsverfahren als Therapie empfohlen, um die beobachtete oder deduzierte Ineffizienz im anderen Allokationsverfahren zu beheben. Wie kann aber ein Verfahren als Heilmittel vorgeschlagen werden, das sich zuvor selbst als ineffizient erwiesen hat? Die so begründeten Politikempfehlungen sind nicht miteinander kompatibel. Sie beruhen auf einem Trugschluß, weil die allokative Ineffizienz eines Verfahrens fälschlicherweise als hinreichende Bedingung für die Überlegenheit des anderen Verfahrens angesehen wird. Stigler (1975) veranschaulicht diesen Trugschluß an einem treffenden Beispiel. Ein römischer Kaiser hatte in einem Musikwettbewerb zwei Musikanten zu beurteilen. Nachdem er jedoch den ersten Spieler gehört hatte, kürte er den zweiten Musikanten zum Sieger, ohne dessen Spielkunst geprüft zu haben. Anstatt von einem „Versagen" des Marktes respektive der Politik zu sprechen, läge vielmehr, wie Buchanan (1983) feststellt, ein „Versagen der ökonomischen Theorie" vor.

Diese normativen Schlußfolgerungen sind in der ökonomischen Literatur schon frühzeitig unter anderem durch Little (1957, 261), Coase (1964), Kapp (1965, 61) oder Demsetz (1969, 1ff.) auf heftigen Widerspruch gestoßen. Dabei werden insbesondere die wohlfahrtsökonomischen Politikempfehlungen aufgrund von „Marktversagen" angegriffen. Der Pigouschen Wohlfahrtsökonomie wird vorgehalten, daß sie nahezu uneingeschränkt politische Allokationsverfahren bevorteilt und insofern eine „ordnungspolitische Asymmetrie" (Wille 1983, 5) beinhaltet. Windisch (1980, 315) spricht sogar von einem „interventionistischen A-Priori-Bias" dieser „deduktiven Marktkritik". Die wohl schärfste Kritik wird von Demsetz (1969) vorgebracht. Dessen grundlegender Einwand gipfelt in dem Vorwurf, die traditionelle Wohlfahrtsökonomie sei ein „Nirwana-Ansatz", weil sie unzulässigerweise eine ineffiziente Marktallokation an dem Resultat eines idealen politischen Prozesses mißt, der annahmegemäß perfekt funktioniert. Der Vergleich ist genau deswegen unzulässig, weil ein informationsmäßig durchführbarer Marktprozeß einem informatorisch nicht durchführbaren politischen Allokationsverfahren gegenübergestellt wird, in welchem die Samuelsonsche Summenbedingung ohne Zusatzkosten durch einen allwissenden und wohlwollenden Diktator implementiert wird. Kurzum: Ein „reales“ Allokationsverfahren wird an einem nicht durchführbaren, idealtypischen Allokationskonzept gemessen.[3] In der Tat ist der Einwand von Demsetz gegen eine Politikempfehlung berechtigt, die das politische Verfahren allein deshalb vorzieht, weil der Markt eine Fehlallokation bewirkt. Andererseits impliziert die Demsetz-Kritik nicht, daß der Marktmechanismus das überlegene Allokationsverfahren wäre.

Die normativen Schlußfolgerungen im Zuge des „Politikversagens“ sind für sich betrachtet mindestens ebenso fragwürdig. Denn an das allokative Ergebnis eines „realen“ politischen Allokationsverfahrens wird die Pareto-Meßlatte angelegt und „Politikversagen“ deduziert. Wenn daraus gefolgert wird, daß die Versorgung der Ökonomie über den Wettbewerbsmechanismus zu realisieren sei, da dieser ein pareto-effizientes Resultat garantiere, so wird übersehen, daß das Marktverfahren zur Bereitstellung öffentlicher Güter informationsmäßig genausowenig durchführbar ist, wie zuvor das politische Verfahren mit einen wohlmeinenden, allwissenden Diktator. Die ökonomische Politikanalyse setzt sich einem „inversen“ Nirwana-Vorwurf aus. Die deduktive Politikkritik hat einen A-Priori-Bias zugunsten unregulierter Marktaktivitäten und ist insofern Marktapologetik.

Wie kann dieses Dilemma oder diese Konfusion vermieden werden, ohne ungerechtfertigterweise die neoklassische Wohlfahrtsökonomie oder die ökonomische Politikanalyse dafür verantwortlich zu machen? Die Antwort darauf lautet, daß nicht die theoretische Vorgehensweise als solche, sondern die unzulässigen normativen Schlußfolgerungen daraus der Anlaß sind, auf den sich die kritischen Einwände korrekterweise beziehen. Die Feststellung von Ineffizienzen bei isolierter Betrachtung verschiedener Allokationsverfahren ist zwar nützlich zum besseren Verständnis der Wirkungsweise des jeweiligen Verfahrens, sie ist aber nicht als ausschlaggebende Grundlage für allokationspolitische Empfehlungen geeignet.

Denn die Pareto-Ineffizienz eines bestimmten Verfahrens gibt nur die notwendige Bedingung für die allokative Überlegenheit des alternativen Verfahrens an. Ob und wieweit alternative Allokationsverfahren in der Lage sind, pareto-superiore Allokationen sicherzustellen, darüber wird nichts ausgesagt. Zwar können festgestellte Fehlallokationen einen allokationspolitischen Lenkungs- oder Handlungsbedarf des Staates begründen (vgl. Streit 1982, 31f.). Allokative Eingriffe des Staates sind damit aber noch keineswegs gerechtfertigt, selbst wenn Lenkungsmöglichkeiten vorhanden sind. Eine staatliche Allokationspolitik bei öffentlichen Gütern — und nicht nur bei diesen Gütern — muß Lenkungsertrag und -aufwand gegenüberstellen und Kosten und Nutzen eines „Eingriffs“ mit denen eines „Nicht-Eingriffs“ vergleichen.

---

[3] Zum „ökonomischen Nirwana“ vgl. auch Krüsselberg (1983, 59-63), Monissen (1983) und Toumanoff (1984).

Dies ist keine neue Erkenntnis. Bereits 1887 beobachtete Sidgwick, daß „it does not follow that whenever laissez faire falls short government interference is expedient; since the inevitable drawbacks of the latter may, in any particular case, be worse than the shortcomings of private enterprise" (zitiert nach Monissen 1983, 64). Dies gilt aber auch umgekehrt, wie korrekterweise hinzugefügt werden sollte. Dieser Sachverhalt ist eigentlich so offensichtlich, daß es schon verwundern muß, warum viele namhafte Ökonomen diesen einfach „übersehen" konnten.[4] Andererseits haben beispielsweise Minasian (1964, 77; 1967), McKean (1965), Forte (1967), Samuelson (1967, 1969), Davis/Whinston (1967), Buchanan (1968, Kap. 9) oder auch Schmidt (1970, 19ff.) immer wieder deutlich und eindringlich auf diesen Punkt hingewiesen.

Die herkömmliche paretianische Wohlfahrtsökonomik ist für diese Problematik auch deswegen nur bedingt anwendbar, da sie Institutionen — Markt wie Staat — nur in rudimentärer Form berücksichtigt. Auf eine prägnante Kurzformel gebracht heißt das, daß weder die Rolle des Staates bei der Allokation öffentlicher Güter determiniert ist, noch daß eine wohldefinierte Funktion für den Markt bei der Versorgung mit öffentlichen Gütern deduziert werden kann. Wenn die neoklassische Theorie öffentlicher Güter aber indeterminiert ist in bezug auf das vergleichsweise effiziente Allokationsverfahren für öffentliche Güter, dann ist dieses Konzept weder für die wirtschaftliche Staatstätigkeit noch für das ungehinderte, sich selbst überlassene Marktgeschehen eine normative Begründungslehre. Dies sollte schon wegen der in der Fachliteratur vorhandenen Mißverständlichkeiten und Fehlinterpretationen unbedingt festgehalten werden.

Fazit: Die Feststellung der Fehlallokation eines Koordinierungskonzeptes ist keine hinreichende Grundlage für eine Politikberatung; sie sollte aber stets der Anlaß dafür sein, alternative, erreichbare Arrangements zu untersuchen. Diese Verfahren können sich als weniger ineffizient erweisen oder auch nicht. Es ist immer eine Auswahl zu treffen zwischen Allokationsverfahren, die im Sinne von Pareto „unvollkommen" sind. In jedem Fall kann die Rechtfertigung oder Empfehlung eines bestimmten Allokationsverfahrens nur aus umfassenden Effizienzvergleichen erfolgen.

Für die Notwendigkeit einer komparativen Analyse von Allokationsverfahren lassen sich also gute Gründe anführen. Bereits früh haben Ökonomen wie McKean (1965) oder Tullock (1970, IV) eine derartige Analyse von Allokationsverfahren gefordert, was Demsetz (1969, 1) „comparative institution approach" nennt. In jüngerer Zeit wird diese Forderung erneut und mit Vehemenz vorgebracht von Slutsky (1977), Blankart (1980b), Haveman (1980), Frey

[4] Mögliche Erklärungen dafür sind, daß die Bevorzugung eines Allokationsverfahrens zumindest das Ergebnis einer impliziten Nutzen-Kosten-Analyse der betrachteten Allokationsverfahren ist oder daß aufgrund bestimmter Grundüberzeugungen eine „Vorliebe" zugunsten irgendeines Allokationsverfahrens besteht.

(1981 b), Hauser (1981), Hanusch (1981), Vogelsang (1983), Buchanan (1983), Monissen (1983) oder McCaleb (1983), um nur einige Autoren zu nennen.

Eine komparative Analyse von Allokationsverfahren müßte konzeptionell ihre Anstrengungen darauf ausrichten, daß die „relative Effizienz“ bzw. die „relative allokative Vorteilhaftigkeit“ das Ergebnis der Untersuchung ist. Wenn bei zwei zu vergleichenden Allokationsverfahren beide allokative Ergebnisse pareto-ineffizient sind, dann ist nach einem utilitaristischen Konzept der relativen Effizienz dasjenige Verfahren dem anderen allokativ überlegen, das gemessen am hypothetischen Pareto-Optimum die geringsten „Verluste“ aufweist.[5] Folglich ist die vergleichsweise „beste“ Allokation eine zweitbeste Lösung, die nächstbeste Allokation eine drittbeste Lösung usw. Dabei wäre es wünschenswert, wenn für eine genügend große Klasse von Ökonomien eine eindeutige Rangfolge marktlicher und politischer Allokationsverfahren nach dem Pareto-Kriterium, einem adäquaten Konzept der komparativen Pareto-Effizienz oder auch einem anderen, allgemein akzeptierten Vergleichskriterium aufgestellt werden könnte. Das Feststellen der Überlegenheit eines bestimmten Allokationsverfahrens hat gegenüber dem üblichen Vorgehen der isolierten Effizienzbetrachtung weitreichende Konsequenzen für die staatliche Allokationspolitik. Der Nachweis der relativen Effizienz ist ökonomisch hinreichend dafür, daß das effizienzmäßig überlegenere Allokationsverfahren die Koordinierung der betrachteten ökonomischen Aktivität ausführen sollte. Diese allokationspolitische Empfehlung ist theoretisch fundiert.

Eine rigorose Analyse in diesem Sinne gibt es jedoch noch nicht. Zwar könnte ein Allokationsverfahren als „komparativ pareto-effizient“ bezeichnet werden, wenn dessen Allokation entweder pareto-effizient ist oder wenn es kein pareto-ineffizientes Verfahren gibt, dessen Ergebnis pareto-superior ist. Eine derartige Definition hat jedoch den Nachteil, daß in einer Welt des Zweitbesten viele pareto-ineffiziente Verfahren pareto-unvergleichbar sind und wegen obiger Definition als „komparativ pareto-effizient“ einzustufen wären. Wir können dies auch so formulieren: Ein Effizienzvergleich, der zwei pareto-ineffiziente Allokationen betrachtet und in der die eine Allokation der Status quo ist, bevorzugt im allgemeinen den Status quo (vgl. Randall 1975).

Als ein denkbarer Ausweg aus diesem Dilemma böten sich die bekannten wohlfahrtsökonomischen Kompensationskriterien bzw. -tests an.[6] Eine weitere Möglichkeit ist die Anwendung der sogenannten Bergson-Samuelsonschen

---

[5] In den Worten von Randall (1975, 741) können wir dies so formulieren: „In general, the most efficient (but not necessarily Pareto-efficient) solution in a conflict situation will be that solution which ... minimizes the sum of (1) the ‚losses‘ due to deviating from the (imaginary) transaction-cost-free optimum, and (2) transaction costs.“

[6] Während das Kaldor/Hicks-Kriterium, das Scitovsky-Kriterium und das Samuelson-Kriterium die Aussagefähigkeit des Pareto-Kriteriums erweitern, berücksichtigt das Little-Kriterium explizit das Verteilungsproblem. Zum Überblick vgl. Sohmen (1976, 307-325) oder Fritsch (1983, 44-55). Siehe neuerdings Ng (1984).

Wohlfahrtsfunktionen. Diese formalen Ansätze sind ja der Versuch, aus der unvollständigen Pareto-Rangordnungsregel eine vollständige Ordnung zu machen, wobei insbesondere Verteilungsaspekte eine zentrale Rolle spielen. Nach unserer Auffassung sind diese Ansätze jedoch wenig geeignet, das Problem des Effizienzvergleichs von Allokationsverfahren zu lösen. Was kann die paretianische Wohlfahrtsökonomik für eine komparative Analyse von Allokationsverfahren überhaupt leisten? Was man bräuchte, wäre eine metrische Skala, anhand derer die „Abstände" zweier pareto-ineffizienter Allokationen vom Pareto-Optimum zu bestimmen und somit zu vergleichen wären. Die herkömmliche Wohlfahrtsökonomie mit ordinaler Nutzenmessung kann diesem Anspruch nicht gerecht werden. Denn aus der qualitativen Aussage der Pareto-Ineffizienz kann im allgemeinen weder auf die Richtung der Abweichung vom Pareto-Optimum geschlossen (Unter- oder Überversorgung) noch kann die tatsächliche Größe der Abweichung festgestellt werden.

Offensichtlich sind wir im Rahmen der paretianischen Konzeption außerstande, die relative Effizienz bei der Allokation öffentlicher Güter festzustellen. Eine fundierte Politikberatung ist somit nicht möglich. Ist der theoretische Effizienzvergleich von Allokationsverfahren im Bereich öffentlicher Güter vielleicht unmöglich? Es scheint, als ob der einzig gangbare Weg für definitive allokationspolitische Schlußfolgerungen und für eine fundierte Beratung der staatlichen Allokationspolitik darin besteht, empirische Fallstudien auf Grundlage der angewandten Wohlfahrtsökonomik bzw. der Kosten-Nutzen-Analyse anzufertigen. Diese Auffassung vertreten etwa Haveman (1980), Buchanan (1983) und Vogelsang (1983). Wir müssen uns aber daran erinnern, daß die Kosten-Nutzen-Analyse explizit oder implizit immer mit Verteilungsfragen verbunden ist, die irgendwie „gelöst" werden müssen. Diese Methode ist genaugenommen eine Anwendung einer sozialen utilitaristischen Wohlfahrtsfunktion und daher normativer als die paretianische Wohlfahrtsökonomik.

Bietet vielleicht die Theorie der Allokationsverfahren einen Ausweg aus dem Dilemma der paretianischen Wohlfahrtsökonomik? Auf den ersten Blick scheint nämlich gerade dieser Ansatz dazu geeignet zu sein. Aber auch hier bleibt zu fragen, wie aus den verschiedenen Allokationsverfahren für öffentliche Güter das „beste" Allokationsverfahren gefunden werden kann. Konzeptionell wäre dies einfach, wenn wir ein sogenanntes dominantes Allokationsverfahren finden könnten, das bei jedem einzelnen Beurteilungskriterium mindestens so gut abschneidet wie jedes andere Regime. Ein dominantes Verfahren wäre das in allen Dimensionen überlegene Allokationsverfahren. Leider wird die Suche nach einem dominanten Allokationsverfahren durch ein negatives Literaturresultat entmutigt. Nach Hurwicz (1972, 330) und Ledyard/Roberts (1974) ist es unter allgemeinen Bedingungen nicht möglich, ein informationsmäßig durchführbares Allokationsverfahren zu finden, das gleichzeitig individuell rational[7], pareto-

[7] Ein Allokationsverfahren ist individuell rational, wenn alle Personen die sich

befriedigend und anreizkompatibel ist. Das bedeutet, daß es insbesondere einen Zielkonflikt gibt zwischen der Effizienz und der Anreizkompatibilität von Allokationsverfahren.

Es gibt anreizkompatible Allokationskonzepte wie den Nachfrageaufdekkungsmechanismus bei öffentlichen Gütern von Clarke-Groves (vgl. Green/Laffont 1979, Kap. 4). Dieses Verfahren ist aber nicht pareto-effizient. Die Pareto-Ineffizienz ist also der Preis für die Anreizkombatibilität des Verfahrens. Auf der anderen Seite gibt es pareto-befriedigende Arrangements, wenn die Personen „indoktrinierte Wahrheitssager" sind. Da diese Verfahren jedoch anreizinkompatibel sind, besagt die Tatsache der Pareto-Effizienz wenig, wenn die Individuen sich nicht strategisch verhalten. Darüber hinaus gibt es noch Allokationsverfahren wie den Nachfrageaufdeckungsmechanismus von Groves-Ledyard (1977), der zwar pareto-effizient, aber nur schwach individuell anreizkompatibel ist. Hier wird die Pareto-Effizienz auf Kosten einer abgeschwächten Anreizeigenschaft des Verfahrens erreicht. Alle diese Ergebnisse lassen uns aber im Unklaren darüber, wie genau strategisches Verhalten oder Mißrepräsentation von Präferenzen das allokative Ergebnis eines Verfahrens beeinflußt. Es erscheint plausibel, daß fehlende Anreizkompatibilität zu Einbußen an Effizienz führt. Von daher müßte Anreizinkompatibilität in Effizienzverluste umgerechnet werden.

Zu diesem Zweck brauchen wir aber eine positive Theorie des Verhaltens von Individuen. Einen Ansatz in dieser Richtung stellen die sogenannten „manipulativen Nash-Gleichgewichte" dar (vgl. Hurwicz/Schmeidler 1978). Für den Fall, daß die individuellen Strategien einem Nash-Gleichgewicht entsprechen, wird gezeigt, daß eine pareto-effiziente Allokation erreicht werden kann, obwohl die Präferenzmitteilungen „manipuliert" sind. Ein ähnliches Resultat konnte auch für das sogenannte MDP-Verfahren hergeleitet werden, das als Planungsverfahren für öffentliche Güter bekannt ist. Dieses Verfahren ist unabhängig voneinander von Malinvaud (1971) und Drèze/de la Vallée Pousin (1971) entwickelt worden. Das MDP-Verfahren hat unter anderem die wichtige Eigenschaft, daß es im Zeitverlauf zu einem Pareto-Optimum konvergiert und daß sich im Falle strategischen Verhaltens nur das Anpassungstempo zum Pareto-Optimum verlangsamt (vgl. Roberts 1979 und Henry 1979). Die Kosten der inkompatiblen Anreizstruktur eines Verfahrens sind also als Effizienzverluste „berechenbar". Unseres Wissens ist eine solche Analyse aber noch nicht für verschiedene Klassen von Allokationsverfahren durchgeführt worden. Es ist also gegenwärtig nicht zu erwarten, den Zielkonflikt zwischen Pareto-Effizienz und Anreizkompatibilität dadurch zu beheben, daß wir zu jedem Allokationsverfahren einen Bewertungsindex „Effizienz" konstruieren, der einen irgendwie gewogenen Durchschnitt der Zielerreichungsgrade darstellt.[8]

---

einstellende Allokation der Anfangsallokation, d.h. dem Status quo, vorziehen. Vgl. Green/Laffont (1979, 121).

Dies ist kein Widerspruch dazu, daß es prinzipiell möglich ist, die Hurwiczschen Beurteilungskriterien in einen einzigen Bewertungsmaßstab zusammenzufassen. Denn die wohlfahrtsökonomischen Kriterien: Pareto-Zufriedenheit (einschließlich Transaktionskosten), Informationseffizienz und Anreizkompatibilität, in der angegebenen Reihenfolge mit $j = 1, 2, 3$ indiziert, können wir „ohne weiteres" für jedes Allokationsverfahren mit ihrem Zielerreichungsgrad K^j in $[0, 1]$ in einem Vektor $K = (K^1, K^2, K^3)$ abtragen. Dabei bezeichnen 0 und 1 die Grenzfälle der totalen Nicht-Erfüllung bzw. Erfüllung eines Kriteriums. Jetzt benötigen wir noch einen gesellschaftlichen Gewichtungsvektor $G = (G^1, G^2, G^3)$, worin G^j in $[0, 1]$ $(j = 1, 2, 3)$ den Wert angibt, für wie wichtig die Gesellschaft das jeweilige Kriterium erachtet. Diese Werte addieren sich jeweils genau zu 1. Wir erhalten schließlich mit $L = \Sigma_j G^j K^j$ einen zusammenfassenden Bewertungsindex (L in $[0, 1]$) für jedes Allokationsverfahren. Bei zwei zu vergleichenden Allokationsverfahren k und l $(k \neq l)$ bräuchten wir nur noch die Indizes L^k und L^l gegenüberstellen. Das eigentliche Problem besteht aber darin, wie die Gewichtungsfaktoren für die einzelnen Kriterien festgelegt werden. Dies ist ein normatives Problem. Wir wollen diesen Weg — so reizvoll er auch sein mag — hier nicht weiter verfolgen.

Statt dessen bleibt uns nichts anderes übrig, als jedes wohlfahrtsökonomische Kriterium für sich und unter Beachtung der ceteris-paribus Klausel isoliert abzuhandeln. Für jedes Allokationsverfahren können wir dann die Erfüllung oder Nicht-Erfüllung der einzelnen Eigenschaften ermitteln.[9] Möglicherweise ließe sich schließlich eine Rangordnung der Allokationsverfahren pro Beurteilungskriterium aufstellen. Leider sind Einzelbetrachtungen im Rahmen der normativen Theorie der Allokationsverfahren auch nicht ohne weiteres möglich. Der Grund dafür ist, daß die Hurwiczschen Vergleichskriterien streng formal für einen sehr abstrakten Analyserahmen definiert worden sind. Es ist sehr schwierig, sie systematisch für weniger abstrakte Argumentationsebenen fruchtbar zu machen, ohne dabei den Hurwiczschen Analyserahmen zu verlassen.

Was kann dann aber die Theorie der Allokationsverfahren für den konkreten Vergleich alternativer Allokationsverfahren leisten, außer einen definitorischen, deskriptiven Rahmen vorzugeben? Es scheint, als ob wir mit der Theorie der Allokationsverfahren das Problem der komparativen Analyse von Allokationsverfahren nicht gelöst, sondern nur verlagert haben. Die Antwort auf diese Frage — wie auch jene nach der Leistungsfähigkeit der paretianischen Wohlfahrtsökonomie — ist kein einfaches Ja oder Nein. Die Antwort hängt entscheidend davon

---

[8] Einen anderen Zielkonflikt, nämlich den zwischen Anreizkompatibilität und Informationseffizienz, hat Reichelstein (1984) untersucht. Streng individuell anreizkompatible Allokationsverfahren wie das Clarke-Groves Verfahren sind nicht informationseffizient, wohingegen schwach individuell anreizkompatible Allokationsverfahren wie das Groves-Ledyard Verfahren minimale Informationsanforderungen stellen.

[9] Man bedenke, daß einige Kriterien einen Null-Eins-Charakter haben und eine abstufende Bewertung daher nicht möglich ist.

ab, wieviel Verlust an Allgemeingültigkeit und welches Abstraktionsniveau man gerade noch bereit ist zu akzeptieren, um einigermaßen konkrete Informationen über die komparative Effizienz von Allokationsverfahren zu gewinnen. Tatsächlich ist der Zielkonflikt zwischen Allgemeingültigkeit und Konkretheit der Ergebnisse bei diesem Gegenstand sehr groß. Einerseits läßt eine möglichst allgemeine Analyse kaum substantielle, also empirisch gehaltvolle Schlüsse auf die relative allokative Vorteilhaftigkeit zu. Andererseits ist es mit Hilfe restriktiver Annahmen zwar möglich, die „gewünschten" Informationen zu erhalten. Aber es können kaum verallgemeinerbare Schlußfolgerungen über das jeweilige Beispiel hinaus gezogen werden. Wir stehen vor einem Dilemma, für das es keine einfache Lösung zu geben scheint. Um zumindest eine Mindestmenge an Informationen über die komparative Leistungsfähigkeit von Allokationsverfahren gewinnen zu können, entscheiden wir uns zunächst einmal für die Konkretheit der Untersuchung. Diese Entscheidung ist notgedrungen subjektiv, und das gewisse Maß an Willkür wird nur von den Erfordernissen der analytischen Handhabbarkeit des Vorgehens eingeschränkt. Fest steht, daß die Aussagekraft unserer komparativen Analyse dadurch zwangsläufig begrenzt ist. Politische Schlußfolgerungen sind daher nur mit erheblichen Einschränkungen möglich bzw. zulässig.

Fazit: Sowohl die paretianische Wohlfahrtsökonomik als auch deren Weiterentwicklung in der Theorie der Allokationsverfahren „zwingen" den Analytiker beim Vergleich von Allokationsverfahren zu einem nicht unproblematischen Kompromiß. Die Konkretheit der Ergebnisse wird durch einen nicht unerheblichen Verlust an allgemeiner Analyse „erkauft".

1.2 Die Allokation öffentlicher Güter in einer Referenzökonomie

In diesem Abschnitt wollen wir mit der Modellierung einer einfachen Referenzökonomie die Grundlage für den in den Abschnitten 2-4 folgenden Effizienzvergleich schaffen. Zu diesem Zweck spezifizieren wir die Nutzenfunktion (1) wie folgt

$$u^i = U(i, z, x^i) = i\sqrt{z} + x^i \quad i = 1, \ldots, N. \tag{12}$$

Die Individuen haben ähnliche Präferenzen für das öffentliche Gut. Sie unterscheiden sich nur durch den Niveauparameter i. Das hat den Vorteil, daß die Personen eindeutig nach ihrer totalen und marginalen Zahlungsbereitschaft für das öffentliche Gut „geordnet" werden können. Individuum 2 ($i = 2$) hat also eine höhere Zahlungsbereitschaft für das öffentliche Gut als Individuum 1 ($i = 1$) etc. Die Wertschätzungen für das öffentliche Gut sind damit interpersonell vergleichbar. Darüber hinaus besitzt die Nutzenfunktion die ökonomischen Standardeigenschaften positiven, aber fallenden Grenznutzens, d.h. $U_z > 0$ und $U_{zz} < 0$.

Um das Pareto-Optimum in dieser Ökonomie bestimmen zu können, gehen wir wie folgt vor. Wir definieren eine gesellschaftliche Netto-Zahlungsbereitschaft $K(n, z)$, unter welcher wir eine Art gesellschaftliche Gewinnfunktion verstehen können, die über die Anzahl der Nutzer und die Menge des öffentlichen Gutes zu maximieren ist. $W(n, z)$ ist die aggregierte absolute Zahlungsbereitschaft der n Konsumenten mit der höchsten Nachfrage nach dem öffentlichen Gut, die wir schreiben können als

$$W(n, z) := \sum_{k=N-n+1}^{k=N} k\sqrt{z}. \tag{13}$$

Für analytische Zwecke ist es von Vorteil, k und n wie reelle Zahlen zu behandeln. Da annahmegemäß die gesamtwirtschaftlichen Kosten des öffentlichen Gutes $p_z z$ betragen, erhalten wir die absolute gesellschaftliche Netto-Zahlungsbereitschaft mit[10]

$$K(n, z) = \int_{m=N-n}^{m=N} (m\sqrt{z})\, dm - p_z z = (nN - 1/2\, n^2)\sqrt{z} - p_z z. \tag{14}$$

Über diese Funktion können wir die Nutzerzahl und die Menge des öffentlichen Gutes explizit bestimmen, die eine pareto-effiziente Allokation erfüllen. Die Bedingungen erster Ordnung für ein Maximum von K lauten

$$\frac{\partial K}{\partial z} = \frac{1}{2\sqrt{z}}(nN - (1/2)n^2) - p_z = 0$$

$$\frac{\partial K}{\partial n} = \sqrt{z}(N - n) = 0.$$

Daraus ergibt sich die eindeutige pareto-effizienten Allokation

$$n_{PO} = N, \qquad z_{PO} = \frac{1}{16}\frac{N^4}{p_z^2}. \tag{15}$$

Die Effizienzbedingung (15) für die Allokation öffentlicher Güter besteht aus zwei Teilen, und zwar

(1) aus einer Mengen- bzw. Outputeffizienz z_{PO}, welche der üblichen Samuelsonschen Effizienzformel entspricht, und

(2) aus einer sogenannten Konsumeffizienz n_{PO}, die besagt, daß alle angebotenen Einheiten des Gutes von allen potentiellen Konsumenten voll und ganz konsumiert werden können.

---

[10] Für die hier gewählte Nutzenfunktion hätten wir auch direkt $K(z) = \int_0^N (i\sqrt{z})\, di - p_z z = (1/2)N^2\sqrt{z} - p_z z$ bestimmen können. Unsere Vorgehensweise hat aber den Vorteil, K als Funktion von z und n schreiben zu können, wodurch wir sowohl die einem Pareto-Optimum entsprechende Menge als auch Nutzerzahl des öffentlichen Gutes ermitteln können.

Bei der zugrundeliegenden Referenzökonomie zeichnet sich die pareto-effiziente Allokation (z_{PO}, n_{PO}) dadurch aus, daß alle N Personen die gesamte Menge z_{PO} des öffentlichen Gutes konsumieren können.

Sowohl zur Herleitung der Effizienzbedingung (15) als auch der Samuelson-Bedingung (5) war kein konkretes Allokationsverfahren erforderlich. Es ist also keineswegs sicher, daß es Allokationsverfahren gibt, die einen pareto-effizienten Zustand erzeugen können. In der Literatur werden aber mehrere Verfahren behandelt, die diese Eigenschaft erfüllen. Sehr bekannt ist das von Lindahl (1919) beschriebene und nach diesem Ökonomen benannte Lindahl-Verfahren.[11] Als ältere Arbeiten hierzu sind insbesondere Musgrave (1959), Head (1963) und Johansen (1963; 1965, 129ff.) zu nennen. Eine sehr gelungene verbale Beschreibung gibt Roberts (1974). Neuere Diskussionen finden sich bei Mueller (1979, 22-27), McCaleb (1979, 1983), Roskamp (1981) und Bohanon (1983). Ein anderes Verfahren ist das MDP-Verfahren, das wir bereits kurz angesprochen haben. Schließlich wäre noch das Allokationskonzept von Foley (1967) zu erwähnen, das zu einem allgemeinen „public-competitive equilibrium" führt.

Mit Hilfe dieses — zugegebenermaßen — sehr speziellen Ansatzes können wir jetzt die ausgewählten Allokationsverfahren untersuchen, deren Allokationen bestimmen und miteinander vergleichen. Dies ist möglich, weil wir eine parametrische Nutzenfunktion verwenden. Über die Bedingungen 1. Ordnung können wir jetzt direkt die bereitgestellte Menge und die Anzahl der Nutzer des öffentlichen Gutes ermitteln. Wir können Unter- oder Überversorgungsgrade, soweit Abweichungen von der pareto-effizienten Menge des öffentlichen Gutes auftreten, feststellen und Konsumineffizienzen, falls vorhanden, quantifizieren.

2 Die nicht-exklusive Allokation öffentlicher Güter über den Markt und durch den Staat

Betrachten wir zunächst den Fall, in dem zu tragbaren Kosten kein potentieller Konsument vom Konsum des öffentlichen Gutes ausgeschlossen werden kann oder in dem, aus welchen Gründen auch immer, das Ausschlußprinzip nicht angewendet wird.

2.1 Die freiwillige Bereitstellung öffentlicher Güter über den Markt[1]

2.1.1 Stand der Forschung

Bei der privaten Bereitstellung eines öffentlichen Gutes ohne Konsumentenausschluß stößt man sofort auf eine grundsätzliche Schwierigkeit: Wie kann der

---

[11] Einen Überblick über die wichtigsten Eigenschaften des Lindahl-Verfahrens geben Blümel/Pehtig/von dem Hagen (1986).

[1] Es ist nützlich, sich noch einmal an die Eigenschaften dieses Allokationsverfahrens zu erinnern, wie wir sie in Spalte 1 der Tabelle 1 aufgeführt haben. Danach ist das Verfahren

private Anbieter eines solchen Gutes einen Preis für dieses Gut verlangen, wenn die Konsumenten, auch ohne zu bezahlen, in den Genuß dieses Gutes kommen können? Denn annahmegemäß wird niemand vom Konsum ausgeschlossen. Die Konsumenten haben insofern einen starken Anreiz zum „Freifahren". Daraus folgt aber noch nicht, wie man zunächst meinen könnte, daß die Nicht-Bereitstellung des Gutes das einzig mögliche oder denkbare Ergebnis unter diesen Bedingungen wäre.

Die Ergebnisse einer freiwilligen Bereitstellung öffentlicher Güter hängen entscheidend von den Erwartungen und dem Verhalten der beteiligten Wirtschaftssubjekte ab. Im allgemeinen geht man davon aus, daß sich das Versorgungsniveau mit dem öffentlichen Gut aus der Summe der freiwillig geleisteten Beiträge der Akteure ergibt und daß jeder die gesamte Menge des öffentlichen Gutes konsumieren kann. Das Entscheidungskalkül für eine beliebige Person i ist dann, $U^i(x^i, z^i)$ unter den Nebenbedingungen $p_z s^i = r^i - x^i$ und $z^i = z = \Sigma_j s^j$ $(j = 1, \ldots, N)$ zu maximieren, wobei s^i die von Person i gekaufte Menge des öffentlichen Gutes ist. In dieses Maximierungskalkül müssen, damit es lösbar ist, noch Erwartungen über die Kaufabsichten der übrigen Personen, d.h. $s^{-i} := \Sigma_{i \neq j} s^j$ für $i \neq j$, eingehen. Wenn wir das Konzept des Nash-Verhaltens verwenden, nach dem jede Person das Verhalten der anderen Personen als gegeben betrachtet, dann erhalten wir $GRS^i = p_z$ für alle i. Danach bestimmt jede Person ihre Kaufmenge, indem sie ihre marginale Zahlungsbereitschaft GRS mit dem vollen Angebotspreis p_z des öffentlichen Gutes ausgleicht genau so, als ob das öffentliche Gut ein privates Gut wäre.

Dabei können wir mindestens zwei Situationen unterscheiden. Wenn die GRS aller Konsumenten kleiner als p_z sind, dann wird niemand bereit sein, freiwillig für das öffentliche Gut zu zahlen. Das Gut wird dann überhaupt nicht bereitgestellt, obwohl es gesellschaftlich wünschenswert wäre, falls bei $z = 0$ $\Sigma_i GRS^i > p_z$ ist. Wenn überdies jede Person versucht „freizufahren", weil sie erwartet, das öffentliche Gut auch ohne eigenen Finanzierungsbeitrag konsumieren zu können, dann liegt die typische Situation eines Gefangenen-Dilemmas vor. In einem nicht unwesentlichen Teil der Literatur wird die totale Nicht-Bereitstellung als das „natürliche" Ergebnis einer auf freiwillige Beitragsleistungen beruhenden privaten Bereitstellung öffentlicher Güter vorhergesagt.

Diese Schlußfolgerung ist jedoch keineswegs zwingend, wie ein Blick auf die Bedingung erster Ordnung des Nash-Gleichgewichts zeigt. Solange nämlich bei $z = 0$ für mindestens eine Person $GRS^i > p_z$ gilt, resultiert eine positive Versorgung mit dem öffentlichen Gut.[2] Obwohl dann meistens argumentiert wird, daß

---

nicht-exklusiv, hat eine kollektive Verfügungsrechtsstruktur, ist frei von staatlicher Regulierung, Produktion und Bereitstellung erfolgen über den Markt, das Verfahren ist preisgesteuert und die Allokationsentscheidungen werden dezentral gefällt.

[2] In der Spieltheorie ist eine solche Situation als „Game of Chicken" bekannt. Vgl. dazu Fogarty (1981), Lipnowski/Maital (1983).

eine Unterversorgung resultiert, kann eine Überversorgung nicht ausgeschlossen werden.[3] Über die Tendenz der Pareto-Ineffizienz können wir im allgemeinen keine Aussagen machen. Atkinson/Stiglitz (1980, 506) zeigen aber, daß in einem Nash-Gleichgewicht das Wohlfahrtsniveau mit der angebotenen Menge des öffentlichen Gutes steigt, wenn die Grenznutzen für das Gut stets positiv sind.

McGuire (1974) ist der Frage nachgegangen, inwieweit das Versorgungsniveau des freiwillig bereitgestellten öffentlichen Gutes von der Anzahl der beitragzahlenden Personen, also der Gruppengröße, abhängt. Mit Hilfe einer Nash-Cournot-Reaktionshypothese kommt er zu dem Ergebnis, daß je nach Steigung der Reaktionsfunktion die bereitgestellte Menge des öffentlichen Gutes positiv oder negativ mit der Gruppengröße korreliert ist. Die Stabilität des so bestimmten Gleichgewichts untersucht Frasca (1980). Wenn die Anzahl der Personen eine bestimmte kritische Größe übersteigt, dann ist das Gleichgewicht instabil. Die Stabilitätsbedingung, die Frasca formuliert, ist in vielen Fällen nur dann erfüllt, wenn das Versorgungsniveau des öffentlichen Gutes bei ansteigender Personenzahl wächst. In einem etwas modifizierten Ansatz zeigt Okuguchi (1984), daß die positive Korrelation der Normalfall ist.

Dem Konzept des Nash-Gleichgewichts liegt eine bestimmte Verhaltenshypothese zugrunde, und zwar wird eine konjekturale Variation von Null bzw. formal $\partial s^{-i}/\partial s^i = 0$ für $i \neq j$ unterstellt. Nach dieser Erwartungshypothese vermutet jede einzelne Person, daß ihr Verhalten nicht das Verhalten der übrigen beeinflußt. Diese Verhaltensannahme ist für entscheidungsdezentrale Allokationsverfahren nicht untypisch. Andererseits impliziert sie aber eine Art des Nicht-Lernens, weil die Personen auf die Aktivitäten der übrigen nicht reagieren, selbst wenn diese ihr Verhalten ändern. Wenn die Individuen aber erkennen, daß Verhaltensinterdependenzen bestehen, dann ist nicht ohne weiteres ein Nash-Verhalten zu erwarten. Es liegt also nahe, alternative Hypothesen über konjekturale Variationen, mithin ein Nicht-Nash-Verhalten, zu studieren. Diesen Weg gehen Cornes/Sandler (1984a), indem sie die Fälle positiver konjekturaler Variationen $0 \leq \partial s^{-i}/\partial s^i \leq 1$ untersuchen. Interessant ist dabei besonders der Typ $\partial s^{-i}/\partial s^i = 1$, den die Autoren „Kantianisches“ Verhalten nennen. Wenn „each individual, instead of taking his fellow citizen's behaviour as given, acts on the assumption that they will act as he does“ (Cornes/Sandler 1984a, 591), dann führt die freiwillige Bereitstellung des öffentlichen Gutes sogar zu einer pareto-effizienten Allokation. Fraglich ist nur, wie plausibel und allgemeingültig eine solche Verhaltensannahme ist. Dagegen führen positive, aber nicht Kantianische konjekturale Variationen zu einer pareto-ineffizienten Versorgung, wobei das Ausmaß der Fehlallokation um so mehr abnimmt, je näher $\partial s^{-i}/\partial s^i$ dem Wert von eins kommt. Dieses Ergebnis erzielt auch Wickström (1985), der den Fall

---

[3] In einem einfachen Beispiel zeigen Blümel/Pethig/von dem Hagen (1986), daß die freiwillige Bereitstellung eines öffentlichen Gutes in eine Überversorgung einmünden kann.

untersucht, in welchem jede Person ihren eigenen Beitrag am durchschnittlichen Finanzierungsbeitrag aller orientiert.

Das Gegenstück zur positiven ist die negative konjekturale Variation $\partial s^{-i}/\partial s^i < 0$, wonach die Individuen erwarten, daß die Finanzierungsbeiträge der anderen Personen negativ mit dem eigenen Beitrag korreliert sind. Im Extremfall wird ein Beitrag sogar durch ein entgegengesetztes Verhalten der übrigen genau kompensiert, so daß das öffentliche Gut überhaupt nicht bereitgestellt wird. Sugden (1984, 1985) argumentiert, daß die negative konjekturale Variation mit dem tatsächlichen Verhalten konsistent ist, weil typischerweise eine Person weniger zahlt, wenn die anderen mehr beisteuern. Dies ist sogar das Ergebnis bei der Nash-Verhaltenshypothese. Denn die Steigung der Nash-Reaktionsfunktion ds^i/ds^{-i} ist genau dann negativ, wenn das private Gut superior ist, d.h. wenn der Einkommenseffekt dx^i/dr^i positiv ist.[4] Angesichts dieses Ergebnisses scheint die Nash-Verhaltensannahme recht willkürlich zu sein. Es sprechen gute Gründe dafür, statt dessen von einer konsistenten, also negativen konjekturalen Variation auszugehen (vgl. Sugden 1985). Dies schließt jedoch nicht aus, daß inkonsistente Verhaltenshypothesen völlig unwahrscheinlich oder probleminadäquat wären (vgl. Corner/Sandler 1985). Doch wie dem auch sei, fest steht, daß ein sich selbst überlassener Markt, auf dem die Individuen freiwillige Beitragszahlungen leisten, im allgemeinen keine paretoeffiziente Allokation öffentlicher Güter erreicht.

Die Bereitstellungsmenge eines öffentlichen Gutes muß aber nicht in jedem Falle über die Summe der individuellen Beiträge ermittelt werden. Eine andere Möglichkeit ist, daß das öffentliche Gut, etwa der Gesundheitsstandard, als Kuppelprodukt eines privaten Gutes, z.B. eine Impfung, anfällt (vgl. Cornes/Sandler 1984b). Während Bliss/Nalebuff (1984) den Fall studieren, in dem sich die Menge des öffentlichen Gutes nach der größten individuellen Kaufmenge richtet (z.B. bei Insektenbekämpfung), behandelt Hirshleifer (1983) die polare Situation, in der die kleinste individuelle Bereitstellungsmenge zugleich das aggregierte Niveau des öffentlichen Gutes festlegt. Ein treffendes Beispiel dafür ist der Hochwasserschutz, wenn die Sicherheit vor Überflutungen von dem Deich abhängt, der die geringste Höhe aufweist.

Als eine weitere Möglichkeit schlägt Sudgen (1984) ein sogenanntes Gegenseitigkeitsprinzip („reciprocity principle") vor, wonach die Personen aufgrund einer moralischen Verpflichtung, die exogen bestimmt ist, zur Finanzierung des öffentlichen Gutes beitragen. Und zwar ist der eigene Beitrag mindestens so groß wie der kleinste Beitrag, den ein anderes Individuum beisteuert, es sei denn, die eigene *GRS* ist kleiner als dieser Beitrag. Trotzdem ist die resultierende Allokation typischerweise pareto-ineffizient.

---

[4] Die Steigung der Reaktionskurve ist positiv, wenn das private Gut ein inferiores Gut ist. Dieser Fall ist jedoch eher unwahrscheinlich.

Bis hierher haben wir die allokativen Schwächen der freiwilligen Bereitstellung ausschließlich auf der Grundlage eines nicht-kooperativen Verhaltens der Personen abgeleitet. Von daher ist es nur natürlich zu fragen, ob nicht ein entgegengesetztes Verhaltensmuster, und zwar Kooperation, eine Verbesserung der freiwilligen Allokation erwarten läßt. Leider ist es unmöglich, im Rahmen dieser Arbeit einen angemessenen Überblick über den Zusammenhang von Effizienz und Kooperation bei nicht-exklusiv angebotenen öffentlichen Gütern zu geben. Einige kurze Anmerkungen sind dennoch angebracht. Eine Sichtweise ist das, was Cooter (1982, 15) plakativ optimistisches Verhandlungstheorem nennt. Mit einem anderen Stichwort können wir es auch als „Pangloss-Theorem"[5] bezeichnen. Das Konzept effizienter Verhandlungsmärkte geht auf die Arbeit von Coase (1960) zurück; aber letztlich geht die heutige Diskussion über diesen Beitrag weit hinaus. Im Grunde genommen besagt das Theorem, daß alle Verhandlungsspiele effiziente Ergebnise erzielen. Um dies zu „zeigen", nehmen wir an, diese Proposition sei falsch. In diesem Fall gibt es für mindestens zwei Parteien gemeinsame Verhandlungsgewinne. Dies läßt jedoch rationale Personen solange nicht ruhen und deshalb in Verhandlungen eintreten, bis alle wechselseitigen Vorteile ausgeschöpft sind. Die genau entgegengesetzte Konstellation, nämlich das pessimistische Verhandlungstheorem, nennt Cooter (1982, 18) „Hobbes-Theorem". Es hat zur Grundlage, daß die Annahme nicht-kooperativen Verhaltens am besten geeignet ist, um Verhandlungsergebnisse zu erklären (vgl. Johansen 1979, Buchanan 1984). Die Verhandlungsergebnisse sind in der Regel ineffizient, weil unabhängig von Transaktionskosten sich die dem Eigeninteresse verschriebenen Parteien nicht darüber einigen können, wie sie die gemeinsamen Vorteile kooperativen Handelns untereinander aufteilen.[6] Im Falle eines nicht-exklusiv angebotenen öffentlichen Gutes ist das Verteilungsproblem genau das Problem der Kostenaufteilung, das eine Gefangenen-Dilemma-Situation bewirken kann. Wahrscheinlich entspricht keiner dieser polaren Ansätze der Realität. Dennoch ist unseres Erachtens ein gewisser Ineffizienzgrad zu erwarten, wenn die Bereitstellung öffentlicher Güter durch Verhandlungen gelöst werden soll. Diese Vermutung wird auch durch die Theorie des kollektiven Handelns von Olson (1965) bestätigt.[7]

Zusammengefaßt können wir feststellen, daß freiwillige Aktionen ohne staatliche Regulierung oder Intervention im allgemeinen in eine pareto-ineffiziente Versorgung mit öffentlichen Gütern münden. Die Theorie läßt uns aber systematisch im Ungewissen über die Größe und das Ausmaß der tatsächlichen Fehlallokation.

---

[5] Das „Pangloss-Theorem" behandeln wir im Schlußteil ausführlich.

[6] Diese Situation veranlaßt Buchanan (1984), die These aufzustellen, Transaktionskosten seien überhaupt irrelevant.

[7] In der Olsonschen Theorie ist das öffentliche Gut komplementär zu einem privaten Gut, welches selektive Anreizfunktionen ausübt.

2.1.2 Das Subskriptionsverfahren

Nach diesem allgemeinen Überblick wollen wir jetzt das sogenannte Subskriptionsverfahren (Malinvaud 1972) in den Effizienzvergleich einbeziehen. Es ist ein Verfahren, welches trotz der Schwierigkeit des Nicht-Ausschlusses einen Markt für öffentliche Güter modellmäßig beschreibt. Es wurde von Olson (1965), Buchanan (1968) und Malinvaud (1972, 213f.) vorgeschlagen. Jede Person kauft, d.h. genau „bestellt" bzw. „subskribiert" zum vollen Angebotspreis p_z die von ihr gewünschte Menge s^i des öffentlichen Gutes. Bei dieser Kaufentscheidung berücksichtigt Person i, wieviel die übrigen Konsumenten von dem öffentlichen Gut zu kaufen beabsichtigen, da die Menge s^{-i} ja auch für die Person i konsumierbar ist. Und zwar nimmt i an, daß die Subskriptionsbeiträge aller übrigen gegeben sind (Konzept des Nash-Gleichgewichts). Aber bei der Festlegung ihrer eigenen Subskription betrachtet i nur den Vorteil, den ihr die eigene Subskription bringt. Eine Person i maximiert über s^i und x^i die Nutzenfunktion

$$u^i = U(i, z^i, x^i) = i\sqrt{z^i} + x^i \tag{16}$$

unter den Nebenbedingungen $E^i = x^i + p_z s^i$ und $z^i = s^i + s^{-i}$, wobei E^i das gegebene Einkommen der Person i ist. Da der Grenznutzen für das öffentliche Gut annahmegemäß stets positiv ist (Nicht-Sättigung), muß in der Budgetrestriktion das Gleichheitszeichen gelten. Sei L die entsprechende Lagrange-Funktion. Für eine innere Lösung des Maximierungsproblems erhalten wir

$$\frac{\partial L}{\partial s^i} = \frac{i}{2\sqrt{z^i}} - p_z = 0.$$

Daraus ermitteln wir die Menge s^i des öffentlichen Gutes, die Person i zu kaufen wünscht:

$$s^i \begin{cases} = (i/2p_z)^2 - s^{-i} & \text{für} \quad s^i \leq (i/2p_z)^2 \\ = 0 \text{ sonst.} \end{cases} \tag{17}$$

Gleichung (17) ist die beste Reaktion des i auf alternativ gegebene s^{-i}, also seine Reaktionsfunktion. Da alle Reaktionsfunktionen Parallelen mit einer (negativen) 45-Grad-Steigung sind, erhalten wir für das Nash-Gleichgewicht[8], das Malinvaud (1972) „Subskriptionsgleichgewicht" und Buchanan (1968) „unabhängiges Anpassungsgleichgewicht" nennt,

$$z_S = s^N = \frac{N^2}{4p_z^2}. \tag{18}$$

Im Nash-Gleichgewicht kauft nur die nachfragekräftigste Person N. Dieses Ergebnis folgt daraus, daß für quasi-lineare Nutzenfunktionen die Reaktions-

---

[8] Ein Strategien N-Tupel $(s^{1*}, \ldots, s^{N*})$ ist ein Nash-Gleichgewicht, wenn für alle i und s^i in einer geeigneten Strategienmenge gilt $U^i(s^{i*}, s^{-i*}) \geq U^i(s^i, s^{-i*})$.

funktionen 45-Grad-Parallelen sind. In dem üblichen Preis-Mengen-Diagramm entspricht dies der Stelle, an welcher die marginale Zahlungsbereitschaftskurve des nachfragekräftigsten Individuums $i = N$ die Kurve der volkswirtschaftlichen Grenzkosten schneidet. Hier sind die marginalen Zahlungsbereitschaften der übrigen Personen kleiner als der Marktpreis, so daß diese Personen das Gut nicht kaufen. Allerdings können diese Personen das bereitgestellte öffentliche Gut konsumieren, weil kein Ausschluß stattfindet. Die Nutzerzahl im Subskriptionsgleichgewicht entspricht daher

$$n_S = N(= n_{PO}). \tag{19}$$

Die Tatsache, daß nur der nachfragekräftigste Konsument das öffentliche Gut subskribiert und somit als einziger für die Bereitstellung des öffentlichen Gutes sorgt, das die anderen Personen kostenlos mitnutzen können, ist von Olson (1965, 29) als „exploitation of the great by the small" bezeichnet worden. Unser Beispiel ist ein besonders krasser Fall dieser „Ausbeutung".

2.2 Die politische Bereitstellung öffentlicher Güter durch Abstimmung[9]

2.2.1 Stand der Forschung

Das Verfahren der privatwirtschaftlichen, freiwilligen Bereitstellung wollen wir mit einem nicht-exklusiven politischen Verfahren vergleichen, in dem die Wähler mit dem Wahlzettel über die Versorgung mit dem öffentlichen Gut abstimmen. Dazu sind jedoch einige Vorüberlegungen anzustellen. Die Problematik des öffentlichen Gutes besteht darin, daß sich bei kollektiven Entscheidungen alle Konsumentenwähler auf ein und dasselbe Vorsorgungsniveau einigen müssen, während bei individuellen Entscheidungen wie im Falle privater Güter oder auch des soeben diskutierten freiwilligen Versorgungskonzepts jeder einzelne ein seinem Einkommen und seinen Präferenzen entsprechendes maßgeschneidertes Vorsorgungsniveau wählt.

Der Einigungsprozeß im Falle öffentlicher Güter wäre trivial, wenn bei allen Wählern Präferenzen, Einkommen und Steuerbelastung identisch wären. Die Abstimmung würde einstimmig erfolgen, und die resultierende Versorgung mit dem öffentlichen Gut wäre notwendigerweise pareto-effizient. Wenn wir jedoch die Annahme identischer Präferenzen und gleichen Einkommens aufgeben — was als Annäherung an die Realität unbedingt geboten ist —, dann ist Einstimmigkeit wegen hoher Kosten der Entscheidungsfindung als Abstim-

[9] Nach Tabelle 1 sind die vielfältigen Varianten dieser politischen Allokationsverfahren in den Spalten 8/9 bzw. 12/13 anzusiedeln, je nachdem, ob das öffentliche Gut in Fremd- oder Eigenregie produziert wird. Im Unterschied zu den Spalten 8/12 besagen die Felder 9/13, daß das öffentliche Gut prinzipiell ausschließbar ist, das Ausschluß — aus welchen Gründen auch immer — nicht praktiziert wird.

mungsregel im allgemeinen selbst nicht mehr effizient und praktikabel (vgl. Buchanan/Tullock 1962, 68f.). Denn jede Person bekäme damit ein Veto-Recht eingeräumt, und eine einzige Person kann eine Einigung verhindern, auch wenn alle übrigen Personen vorher zugestimmt haben. Auf der anderen Seite besteht bei einer kollektiven Entscheidungsregel, die keine Einstimmigkeit mehr verlangt, die Gefahr, daß die getroffenen Entscheidungen nicht für alle Personen individuell rational sein müssen. Möglicherweise erleiden diese Personen einen Schaden dadurch, daß sie überstimmt werden. Dies bezeichnen Buchanan/Tullock (1962, 45) als „externe Kosten". Aus diesem Konflikt zwischen Konsensfindungs- und externen Kosten haben Buchanan/Tullock (1962, 69-72) versucht, eine kollektive Entscheidungsregel abzuleiten, die als „optimal" bezeichnet wird, wenn die Summe dieser Kostenkomponenten minimal ist. Leider führt dieser Ansatz zu keiner Entscheidungsregel, die bei allen Abstimmungsproblemen die „optimale" wäre.

Es stellt sich die Frage nach „praktikablen" Entscheidungsregeln. Wenn die einstimmige Entscheidungsregel zu teuer und nicht sehr praktikabel ist und es „die" optimale Entscheidungsregel nicht gibt, dann bleibt fast nur noch die Entscheidung durch Mehrheitswahl.[10] Am einfachsten ist die einfache Mehrheitswahl, bei der diejenige Versorgung mit dem öffentlichen Gut realisiert wird, die die (einfache) Mehrheit der Stimmen der Bürger erhält. Die Mehrheitsregel spielt in den politischen Entscheidungsprozessen der meisten demokratischen Staaten eine zentrale Rolle und kann insofern als allgemein akzeptiert gelten. Sie hat den großen Vorteil, relativ einfach zu sein und schnell zu einem Ergebnis zu führen, welches jedoch nicht widerspruchsfrei sein muß. Diese mögliche Nicht-Konsistenz ist ein Nachteil der einfachen Mehrheitswahl.

Um diese Zusammenhänge zu diskutieren, gehen wir davon aus, daß die Wähler direkt über die bereitzustellende Menge mit einem öffentlichen Gut abstimmen.[11] Ferner gehen wir von einer quasi-konkaven Nutzenfunktion $u^i = U^i(x^i, z)$, einem gegebenen Einkommen E^i und konstanten Grenzkosten p_z des öffentlichen Gutes aus. Außerdem wird ein einheitlicher Steuersatz $t^i = t$ für jede Person vorgegeben. Das Staatsbudget soll ausgeglichen sein. Schließlich setzen wir noch voraus, daß die Anzahl der Wähler N ungerade ist und daß jeder Wähler an der Wahl teilnimmt und für diejenige Alternative stimmt, die für ihn nutzenmaximal ist. Als Bedingung 1. Ordnung für eine individuell rationale

---

[10] Neben der einfachen Majorität gibt es noch qualifizierte Mehrheiten wie die Zweidrittel- oder Dreiviertel-Mehrheit, die Pluralitätswahl als ordinale Ordnung von Alternativen oder die Punktwahl als kardinale Einschätzung bzw. Ausdruck der Präferenzintensitäten. Zum Überblick siehe Frey (1981, 142-148).

[11] Das Modell einer direkten Demokratie verwenden wir der Einfachheit halber. Wir könnten aber auch eine indirekte Demokratie modellieren, in der die Wähler Repräsentanten (Parlamentarier) wählen und in der der Gewinner diejenige Versorgung mit dem öffentlichen Gut realisiert, die er vorgeschlagen hat oder die dem Wahlprogramm seiner Partei entspricht. Zu dem Kandidaten- oder Parteienwettbewerb haben Downs (1957) und Herder-Dorneich (1959) unabhängig voneinander die grundlegenden Arbeiten geleistet.

Allokation erhalten wir $GRS^i = p_z(E^i/E)$. Unter der Bedingung der einfachen Mehrheitswahl sind wir dann an einem bestimmten Ausgang des Wahlverfahrens interessiert, das wir einfaches Mehrheitswahlgleichgewicht nennen wollen. Definitionsgemäß entspricht die Menge z^* des öffentlichen Gutes einem Gleichgewicht, wenn es kein anderes z in der Menge der erreichbaren Alternativen gibt derart, daß z gegenüber z^* von mehr als $N/2$-Wählern vorgezogen wird. Kurz: z^* ist die gleichgewichtige Menge des öffentlichen Gutes, die bei einfacher Mehrheitswahl von keiner anderen, erreichbaren Menge geschlagen wird.

Allerdings ist die Existenz eines solchen Wahlgleichgewichts bei einfacher Mehrheitsregel nicht ohne weiteres gewährleistet. Mindestens bereits seit 1785, als der Marquis de Condorcet die Möglichkeit beobachtete, daß die einfache Mehrheitsregel zu intransitiven gesellschaftlichen Entscheidungen führen kann (sog. Wahlparadoxon), sind immer wieder Beispiele dafür vorgebracht worden, daß ein Wahlgleichgewicht nicht existiert (vgl. Fischel 1972, Fishburn 1974). Es ist ein Verdienst von Arrow (1951), als erster systematisch und rigoros die Probleme der Aggregation individueller Präferenzen in eine konsistente Kollektiventscheidung untersucht zu haben. Indem er das sogenannte Condorcet-Paradoxon verallgemeinerte, stellte Arrow ein fundamentales Unmöglichkeitstheorem auf, wonach unter plausibel erscheinenden Forderungen keine Regel gefunden werden kann, die immer zu einer widerspruchsfreien gesellschaftlichen Entscheidung führt. Dieses auch als Arrow-Paradoxon bezeichnete Phänomen besagt zwar noch nicht, daß individuelle Präferenzen in keinem Fall durch die Mehrheitsregel in eine widerspruchsfreie und nicht-diktatorische Entscheidung zusammengefaßt werden können. Aber im Falle unbeschränkter individueller Präferenzprofile ist eine konsistente Mehrheitsentscheidung zumindest sehr unwahrscheinlich.

Dieses negative Resultat hat die Suche nach Auswegen aus dem Arrow-Paradoxon angeregt (vgl. zum Überblick Sen 1986, Gaertner 1978). Eine Möglichkeit ist, die Präferenzprofile zu beschränken. Für den Fall eines eindimensionalen Alternativenraums, wenn also nur über ein einziges öffentliches Gut abgestimmt wird, besagt ein Theorem von Black (1948), daß eingipflige Präferenzen eine hinreichende Bedingung für die Existenz eines Wahlgleichgewichts sind. Wenn der Nutzen jedes Wählers über die erreichbaren Allokationen des öffentlichen Gutes eingipflig ist, dann können wir einen sogenannten Medianwähler $M = N/2$ identifizieren. Er ist dasjenige Individuum, dessen bevorzugte Allokation z_M der mittlere Wert, d.h. der Median, aller individuell nutzenoptimalen Mengen ist. Wir erhalten dann $z^* = z_M$ bzw. die Gleichgewichtsallokation entspricht der Medianwählerallokation. Die obige Bedingung 1. Ordnung reduziert sich in diesem Fall auf eine Optimalitätsbedingung für den Medianwähler, also $GRS^M = p_z(E^M/E)$.

Es stellt sich sofort die Frage, unter welchen Bedingungen eingipflige Präferenzen erwartet werden können. Kramer (1977) zeigt, daß für den eindimensionalen Alternativenraum eine streng konvexe individuelle Präferenzordnung äquivalent zur Bedingung der Eingipfligkeit ist. Coughlin/Hinich (1984) haben dieses Ergebnis verallgemeinert. Damit individuelle Präferenzen eingipflig sind, ist es notwendig und hinreichend, daß die funktionale Beziehung zwischen der Menge der relevanten Politikvariablen[12], die für die Wähler von Interesse sind, und der linear geordneten Menge der Politikalternativen, über die abgestimmt wird, konstant oder streng monoton ist. Diese Voraussetzung ist unseres Erachtens sehr restriktiv. Im allgemeinen müssen wir nach wie vor davon ausgehen, daß bei einer Politikvariablen die Existenz eines Wahlgleichgewichts kein triviales Problem ist.

Dieser Vorbehalt trifft in einem noch viel stärkerem Maße für den Fall zu, daß simultan über zwei oder mehrere öffentliche Güter abzustimmen ist. Es ist sehr einfach, ein Beispiel zu konstruieren, in dem die individuellen Präferenzen für jede Politikvariable eingipflig sind, für das aber ein Wahlgleichgewicht nicht existiert (vgl. zur Illustration Atkinson/Stiglitz 1980, 306). Statt das Existenzproblem in einem mehrdimensionalen Politikraum eingehend zu diskutieren, wollen wir uns auf einige grundsätzliche Aspekte beschränken. Das Existenzproblem stellt sich dann nicht, wenn wir identische Individuen unterstellen (vgl. Kramer 1976 und Wagstaff 1976). Trivialerweise erfolgt dann — wie bereits eingangs angemerkt — die Wahlentscheidung einstimmig (vgl. auch Greenberg 1979). Ein anderer Existenzbeweis geht auf Plott (1967) zurück, wonach die Präferenzen eine bestimmte symmetrische Konfiguration annehmen müssen (vgl. auch Enelow/Hinich 1983). Slutsky (1977) zeigt eine weitere Möglichkeit auf, indem er die Dimension des Politikraums reduziert. Der Gesamteindruck ist aber dennoch, daß diese Restriktionen eher Spezialfällen als vernünftigen und allgemein akzeptierten ökonomischen Gegebenheiten entsprechen.[13]

Wenn ein Wahlgleichgewicht, insbesondere ein Medianwählergleichgewicht, existiert, dann stellt sich die normative Frage, ob es auch effizient ist. Zunächst zeigt sich, daß unter recht allgemeinen Annahmen, wenn die Wähler also unterschiedliche Präferenzen und Einkommen haben und die Steuersätze beliebig sind, die Optimalitätsbedingung für eine Medianwählerallokation nur für den Medianwähler optimal ist. Da es dann grundsätzlich möglich ist „to change the level of public goods from the equilibrium level, tax those whose utility is raised, and fully compensate those made worse off, hence raising the

[12] Diese Menge, die eine mehrdimensionale Struktur haben kann, ist konvex und enthält alle jenen möglichen Zustände im staatlichen Sektor, die für Wähler *i* von Interesse sind.

[13] Unsere bisherigen Erläuterungen bezogen sich ausschließlich auf deterministische Wahlmodelle. Im Falle probabilistischer Ansätze, wenn also ein Individuum eine gemischte Wahlstrategie verfolgt und für seine beste Alternative nicht mit einer Wahrscheinlichkeit von eins stimmt, erhalten wir grundlegend andere Ergebnisse. Insbesondere garantiert probabilistisches Wählen einen eindeutigen Wahlausgang. Dafür verliert allerdings der Medianwähler seine entscheidende Rolle. Für genauere Details vgl. Blümel/Pethig/von dem Hagen (1986) und die dort zitierte Originalliteratur.

utility of all individuals" (Slutsky 1977, 312), ist das Mehrheitswahlgleichgewicht nicht pareto-effizient, es sei denn, bei dem gewählten Niveau des öffentlichen Gutes erreichen zufällig alle Wähler ihr Nutzenmaximum.

Eine andere Möglichkeit zur Lösung dieses Existenz-Effizienz-Dilemmas besteht darin, daß wir im Sinne von Bowen (1943) annehmen, die individuellen Netto-Grenzraten der Substitution (*GRS*), also abzüglich der jeweiligen individuellen Kosten, sind so verteilt, daß die Mediangrenzrate der durchschnittlichen Grenzrate entspricht. Unter dieser (restriktiven) Annahme ist ein Wahlgleichgewicht pareto-effizient. Um dies zu zeigen, brauchen wir lediglich $GRS^M = p_z(E^M/E)$ über alle i zu summieren, und wir erhalten mit $\Sigma_i GRS^i = p_z$ die bekannte Samuelsonsche Effizienzbedingung für eine Allokation öffentlicher Güter (vgl. Bergstrom 1979 und Green/Laffont 1979, 253). Darüber hinaus behauptet Shubik (1968), daß ein pareto-effizientes Wahlgleichgewicht auch erreichbar ist, wenn keine einheitlichen Steuersätze für die Individuen verlangt werden. Dagegen zeigen Bernholz/Breyer (1984, 279-281), daß bei individuell verschiedenen Einkommensteuersätzen kein Wahlgleichgewicht mehr existiert. Shubiks Resultat ist also bedeutungslos.

Die Effizienzproblematik hat noch einen weiteren Aspekt. Die politische Bereitstellung öffentlicher Güter zum Null-Preis ist nämlich gleichbedeutend damit, daß sie durch Steuereinnahmen finanziert werden müssen. Im Hinblick auf die allokativen Konsequenzen ist zwischen einem neutralen und nichtneutralen Steuersystem zu unterscheiden. Eine neutrale („lump-sum") Besteuerung, wie etwa eine Kopfsteuer, läßt definitionsgemäß die Grenzbewertungen der Personen unverändert. Die Personen verhalten sich mithin so, als ob keine Besteuerung stattfände. Wir befinden uns dann in einer „erstbesten" Welt. Die zentrale Implikation für die Allokation öffentlicher Güter ist, daß $\Sigma_i GRS^i = p_z$ das korrekte Maß für die Effizienz wiedergibt. In diesem Abschnitt sind wir implizit von einer solchen Konstellation ausgegangen.

Die Situation ändert sich jedoch grundlegend, wenn die Besteuerung nichtneutral bzw. verzerrend („distortionary") ist, wie dies bei einer Einkommen- und Verbrauchssteuer meistens der Fall ist. Eine nicht-neutrale Steuer beeinflußt die individuellen Konsum- und Produktionspläne derart, daß Reaktionen induziert werden und Substitutionseffekte auftreten. Unter diesen Bedingungen ist das beste, was in der Ökonomie erreicht werden kann, eine Situation, in der die Wohlfahrtsverluste infolge der verzerrenden Besteuerung minimiert werden. Dieses ist Gegenstand der Theorie der optimalen Besteuerung, für die Diamond/Mirrless (1971 a/b) wichtige Beiträge geliefert haben. Die Theorie ist eine Theorie des Zweitbesten (vgl. die Überblicksartikel von Sandmo 1976 und 1982 sowie Rose/Wiegard 1982). Wir wollen diesen Gegenstand nicht näher behandeln, sondern nur auf eine zentrale Implikation hinweisen: Die Effizienzbedingung für die Allokation öffentlicher Güter wird nicht mehr durch die ursprüngliche, sondern durch eine modifizierte Samuelsonsche Effizienzformel $\Sigma_i GRS^i = k \cdot GRT$ wiedergegeben, in welcher k entweder größer, gleich oder kleiner als eins ist (vgl. etwa Wildasin 1984; zum Überblick Blümel/Pethig/von dem Hagen 1986). Leider kann theoretisch keine Aussage darüber gemacht werden, welcher Fall der wahrscheinlichere ist.

Tatsache ist aber, daß in modernen Gesellschaften — aus welchen Gründen auch immer — die Besteuerung im allgemeinen nicht-neutral ist. Außerdem zeigen empirische Studien (vgl. die Zusammenstellung bei Blümel/Pethig/von dem Hagen 1986), daß etwa ein steuerfinanziertes Infrastrukturprojekt ökonomisch nur dann vorteilhaft und dessen Realisierung gerechtfertigt ist, wenn die gesellschaftliche Wertschätzung die volkswirtschaftlichen Kosten des Projektes um das Doppelte übersteigt, d.h. $k = 2$. Die Wohlfahrtskosten der verzerrenden Besteuerung müssen in einem Effizienvergleich berücksichtigt werden.[14]

Nachdem wir die Existenz- und Effizienzeigenschaften von Wahlgleichgewichten untersucht haben, bleiben noch die Anreizeigenschaften eines Wahlverfahrens zu studieren. Im Zusammenhang mit Wahlverfahren impliziert das bereits vorgestellte Gibbard/Satterthwaite-Theorem, daß jeder Wähler zum Zwecke der Nutzensteigerung die Möglichkeit und den Anreiz hat, seine wahren Präferenzen für öffentliche Güter zu verfälschen. Wenn wir die individuellen Präferenzen aber einschränken, dann sind trotzdem positive Resultate möglich. Eingipflige Präferenzprofile in einem eindimensionalen Politikraum sind eine Möglichkeit.[15] Dies wird einsichtig, wenn wir den Strategienspielraum des Medianwählers und der Nicht-Medianwähler untersuchen. Wenn der Medianwähler seine Präferenzen mißrepräsentiert, indem dieser seinen wahren „Nutzenberg“ verschiebt, stellt er sich immer schlechter, weil nur die seinen wahren Präferenzen entsprechende Medianwählerallokation z_M für ihn nutzenmaximal ist. Für die Nicht-Medianwähler sind zwei Fälle zu unterscheiden. Erstens, wenn der mitgeteilte „Nutzengipfel“ auf der gleichen Seite von z_M bleibt, dann ist z_M nach wie vor das Wahlgleichgewicht, so daß keine Nutzen- und Allokationswirkung eintritt. Zweitens, wenn der „Nutzengipfel“ z_M überquert, dann resultiert eine neue Wahlallokation, die mit einer Nutzenverschlechterung einhergeht. Folglich hat kein Wähler einen Anreiz, „falsch“ abzustimmen.[16] Korrektes Wählen ist sogar eine dominante Strategie, und ein solches Wahlverfahren ist streng individuell anreizkompatibel im Sinne von Green/Laffont (1979, 56).

---

[14] Dies ist vor allem eine empirische Frage. Im obigen Abstimmungsmodell treten allerdings keine Substitutionseffekte auf. Der einfache Grund dafür ist, daß Einkommen und Steuersätze gegeben sind. Die ursprüngliche Samuelsonsche Optimalitätsbedingung ist in diesem Modell daher das korrekte Effizienzmaß.

[15] Eine weitere Möglichkeit ist die Verwendung quasi-linearer Nutzenfunktionen.

[16] Noch allgemeiner können wir sagen, daß ein Abstimmungsverfahren anreizkompatibel ist, wenn ein Wahlgleichgewicht existiert (vgl. Dummett/Farquharson 1961 sowie neuerdings Green/Laffont (1979, 251ff.), Moulin (1980; 1983, Kap. 4) und Dudenhöffer (1983, 116-126).

2.2.2 Das Medianwählerverfahren

Um den Effizienzvergleich mit dem privatwirtschaftlichen Subskriptionsverfahren anstellen zu können, beschränken wir uns im Politiksektor auf das Medianwählerkonzept. Dabei legen wir ein Modell zugrunde, das ein Wahlgleichgewicht sicherstellt, weil sonst der Vergleich willkürlich wäre. Wenn aber ein Wahlgleichgewicht existiert, dann ist — wie soeben erläutert — auch die Anreizeigenschaft des Wahlverfahrens festgelegt. Die Modellstruktur ist wie folgt.

Zur Finanzierung des öffentlichen Gutes erhebt der Staat eine Einkommensteuer mit dem proportionalen Steuersatz $t^i = t$. Die staatlichen Ausgaben für das öffentliche Gut belaufen sich auf $p_z z$. Für ein ausgeglichenes Staatsbudget gilt dann $p_z z = tE$ mit $E = \Sigma_i E^i$. Wir können $t = p_z z/E$ aus der staatlichen Budgetbeschränkung in die individuelle Budgetrestriktion substituieren und erhalten $x^i + g^i z \leq E^i$ mit $g^i = p_z(E^i/E)$ als individuellen Steuerpreis für das öffentliche Gut. Wegen der Spezifizierung der Nutzenfunktion (Nicht-Sättigungsannahme) muß für die Budgetrestriktion das Gleichheitszeichen gelten. In $U(i, z, x^i)$ setzen wir $x^i = E^i - g^i z$ und erhalten so die abgeleitete Nutzenfunktion

(20) $$V(i, z) = i\sqrt{z} + E^i - g^i z.$$

Es ist leicht zu sehen, daß V^i eine eingipflige Funktion in z ist. Bei einfacher Mehrheitswahl existiert dann ein einfaches — wie oben definiertes — Mehrheitswahlgleichgewicht, das mit derjenigen Allokation übereinstimmt, die in der Verteilung der individuell optimalen Mengen genau dem Median der Verteilung entspricht. Diese Allokation nennen wir Medianwählerallokation. Als Lösung des Maximierungsproblems erhalten wir für den Medianwähler $M = N/2$

$$\frac{N}{4\sqrt{z}} = g^M,$$

oder

(21) $$z_M = \frac{1}{16}\frac{N^2}{[p_z(E^M/E)]^2}.$$

Die Zahl der Nutzer im Medianwählergleichgewicht ist

(22) $$n_M = N,$$

da niemand von Konsum des öffentlichen Gutes preis-ausgeschlossen wird.

Neben der proportionalen Einkommensteuer können wir aber auch noch andere Besteuerungsformen betrachten. Im Falle einer indirekten Steuerprogression, bei der eine proportionale Einkommensteuer mit Steuerfreibetrag eine steigende Durchschnittsbesteuerung impliziert, wird $g^i = p_z(E^i/E)$ ersetzt durch $g^i = p_z(E^i - b\underline{E})/E(1-b)$. Darin ist $\underline{E} = E/N$ das Durchschnittseinkommen und

$b(0<b<1)$ der Anteil von $\underline{E}$, bis zu dem keine Steuerzahlungen zu leisten sind (vgl. dazu Bös 1980b). Die Medianwählerallokation ist dann

$$z_M = \frac{1}{16} \frac{N^2}{[p_z(E^M/ - b\underline{E})/E(1-b)]^2} . \tag{23}$$

Ferner besteht die Möglichkeit, eine sogenannte Kopfsteuer in Höhe von $p_z z/N$ für jedes Individuum festzulegen. Wenn wir das Maximierungskalkül entsprechend umformulieren, dann erhalten wir schließlich $z_M = z_{PO}$. Da in unserem Beispiel die *GRS* symmetrisch verteilt sind, d.h. bei der Verteilung der Netto-Zahlungsbereitschaften stimmen Median- und Durchschnittswerte überein, erhalten wir das gleiche Resultat wie Bowen (1943), der in seiner Pionierarbeit erstmalig die Versorgung mit einem öffentlichen Gut durch ein demokratisches Wahlverfahren untersucht hat.

Schließlich können wir untersuchen, wie die Medianwählerallokation ausfällt, wenn Lindahl-Steuerpreise, für die $p_z^i = GRS^i$ mit $\Sigma_i p_z^i = p_z$ gilt, erhoben werden. Da dann jeder Wähler bei der resultierenden Lindahl-Medianwählerallokation $z_L = z_M$ einen nutzenmaximalen bzw. -äquivalenten Steuerpreis zahlt, ist die Versorgung mit dem öffentlichen Gut auch pareto-effizient. Diese Situation muß wohl auch Shubik (1968) vor Augen gehabt haben, als er die Pareto-Effizienz für ein bestimmtes Wahlgleichgewicht behauptete. Da dieses Gleichgewicht aber nicht existiert, ist diese Allokation allenfalls eine hypothetische Referenzversorgung. Zusätzlich ist bei der Lindahl-Allokation noch das informationsbedingte Problem ungelöst, p_z^i zu ermitteln.

2.3 Vergleich zwischen Subskriptions- und Medianwählerverfahren

Nachdem wir beispielhaft eine marktmäßige und politische Allokation für die nicht-exklusive Bereitstellung öffentlicher Güter bestimmt haben, können wir diese mit der pareto-effizienten Allokation vergleichen und die ermittelten Ergebnisse einander gegenüberstellen.

2.3.1 Vergleich der bereitgestellten Mengen

Als Differenz zwischen der pareto-optimalen und der Subskriptionsmenge des öffentlichen Gutes ermitteln wir

$$z_{PO} - z_S = \frac{1}{16} \frac{N^2}{p_z^2} (N^2 - 4). \tag{24}$$

Daraus folgt

$$z_{PO} \geqq z_S, \quad \text{wenn} \quad N \geqq 2.$$

Bei einer Konsumentenzahl $N > 2$ liegt im Subskriptionsgleichgewicht eine Unterversorgung mit dem öffentlichen Gut vor. Die beiden anderen Versorgungsgrade, nämlich eine effiziente Versorgung bzw. eine Überversorgung, sind in dem von uns dargestellten Fall sehr unwahrscheinlich. Suboptimalität ist typischerweise das Ergebnis der in der Literatur diskutierten Varianten des Subskriptionsverfahrens (vgl. Malinvaud 1972, 213f.).[17]

Die Abweichung der Medianmenge von der pareto-effizienten ist

(25) $$z_{PO} - z_M = \frac{1}{16} \frac{N^2}{p_z^2} (N^2 - (E/E^M)^2).$$

Wir erhalten

$$z_{PO} \gtreqless z_M, \quad \text{wenn} \quad E^M \lesseqgtr E/N.$$

Die ökonomische Interpretation dieser Bedingung ist wegen ihres empirischen Gehalts sehr interessant, wenn wir dabei die nicht unproblematische Annahme treffen, Medianwähler und Medianeinkommensbezieher seien identisch (vgl. Romer/Rosenthal 1979, Bös 1980b). Unter dieser Voraussetzung wird durch die Wahl eine pareto-effiziente Menge des öffentlichen Gutes bestimmt, wenn der wahlentscheidende Pivot-Wähler der Durchschnittseinkommensbezieher ist. Liegt das Medianeinkommen jedoch über (unter) dem durchschnittlichen Einkommen, dann resultiert eine Unterversorgung (Überversorgung) mit diesem öffentlichen Gut. Empirische Untersuchungen über Einkommensverteilungen belegen, daß typischerweise das Medianeinkommen unterhalb des Durchschnittseinkommens liegt (vgl. z.B. Bös 1980b). Dieser empirische Befund impliziert für das zugrundeliegende Modell, daß die vom Medianwähler festgelegte Menge des öffentlichen Gutes über derjenigen liegt, die einem Pareto-Optimum entspricht. Dieses Ergebnis mag zunächst überraschen; es ist aber leicht zu erklären. Der einfache Grund ist, daß im vorliegenden Modell der Medianwähler bei einem unterdurchschnittlichen Einkommen auch nur ein unterdurchschnittlicher Steuerpreis $g^M = p_z(E^M/E)$ auferlegt wird. Bei diesem Steuerpreis wünscht der Medianwähler aber eine größere Menge von dem öffentlichen Gut, als er es täte, wenn er einen durchschnittlichen Steuerpreis zahlen müßte, der hier genau zu einer pareto-effizienten Bereitstellungsmenge führen würde.

Der Unterversorgung auf dem Markt steht also eine Überversorgung durch den Staat (= Wahlen) gegenüber. Welche Angebotsmenge liegt relativ näher an der pareto-optimalen Menge? Im Falle quasi-konkaver Nutzenfunktionen erhielten wir für das Subskriptionsgleichgewicht $GRS^i = p_z$ und für das Medianwählergleichgewicht $GRS^M = p_z(E^M/E)$ als Bedingung 1. Ordnung. Summieren wir diese Marginalbedingungen über alle Personen, dann folgt aus dem Subskriptionsgleichgewicht $\Sigma_i GRS^i = N \cdot p_z$, also ein pareto-ineffizientes Ange-

[17] Im Falle quadratischer Nutzenfunktionen und Nicht-Ablehnbarkeit ist eine Überversorgung wahrscheinlicher. Ein treffendes Beispiel dafür könnte die Raketennachrüstung der NATO sein.

bot öffentlicher Güter. Für die Medianwählerallokation erhalten wir dagegen unter der Annahme einer symmetrischen Präferenz- und Einkommensverteilung genau die Samuelsonsche Summenbedingung, nämlich $\Sigma_i GRS^i = p_z$. Wenn diese Bedingungen vorliegen, dann ist das Wahlverfahren tatsächlich das vergleichsweise effiziente Allokationsverfahren.[18] Leider kann dieser Vergleich wegen der äußerst restriktiven Annahmen kaum verallgemeinert werden. Unsere Vermutung geht aber dahin, daß bei einer graduellen Abschwächung der einschränkenden Annahmen die Medianwählerallokation trotzdem „näher" am Pareto-Optimum liegt als die Subskriptionsallokation. Dies gilt insbesondere dann, wenn die private Versorgung in eine Null-Versorgung mündet (vgl. auch Blümel 1985).

Aus dem Vergleich der konkret ermittelten Versorgungsmengen z_M und z_S erhalten wir jedoch konkretere Informationen. Die jeweiligen Abstände der zu vergleichenden Mengen von der pareto-effizienten Menge betragen für die politische Versorgungsmenge $\Delta M := z_M - z_{PO}$ (Überversorgung, vgl. Gleichung 24) und für die Subskriptionsmenge $\Delta S := z_{PO} - z_S$ (Unterversorgung, vgl. Gleichung 25). Der relative Mengenvergleich führt zu

$$\Delta M \gtreqless \Delta S, \quad \text{wenn} \quad (E/E^M)^2 + 4 \gtreqless 2N^2.$$

Neben der Anzahl der Individuen ist vor allem die Einkommensposition des Medianwählers für diesen Mengenvergleich ausschlaggebend. Wenn Median- und Durchschnittseinkommen nur geringfügig auseinanderfallen, dann kann der Term $(E/E^M)^2$ durch N^2 angenähert werden. Für diesen eingeschränkten Fall lautet die Bedingung $2 < N$. Der Output z_M ist dann nahezu mit z_{PO} identisch, so daß die Medianwählerallokation gegenüber der Subskriptionsallokation die superiore Menge mit dem öffentlichen Gut aufweist.

Zwar ist das Medianwählerverfahren wohlfahrtsmäßig, also utilitaristisch dem Subskriptionsverfahren überlegen. Aber das günstigere Versorgungsniveau impliziert nicht notwendigerweise auch die Pareto-Überlegenheit der Medianversorgung. Beim Subskriptionsverfahren konsumiert beispielsweise das Individuum $i = 1$ die Menge z_S des öffentlichen Gutes kostenlos. Sein Netto-Nutzen beträgt daher $\hat{u}_S := U(1, z_S) = N/(2p_z)$. Beim Medianwählerverfahren nutzt dasselbe Individuum den Output z_M und zahlt dafür einen Steuerbetrag in Höhe von $g^1 z_M = p_z z_M (E^1/E)$. Sein Netto-Nutzen $\hat{u}_M := U(1, z_M) - g^1 z_M$ ist dann gleich $(N/4p_z)(E/E^M)(1 - (N/4)(E^1/E^M))$. Die Subskriptionsallokation ist für $i = 1$ gegenüber der Medianwählerallokation genau dann vorteilhafter, wenn $\hat{u}_S > \hat{u}_M$. Eine solche Situation kann für „akzeptable" Werte von N, E^1, E^M und p_z nicht ausgeschlossen werden.

[18] Die pareto-ineffiziente freiwillige Bereitstellung öffentlicher Güter muß aber nicht pareto-inferior gegenüber einer pareto-effizienten Wahlallokation sein. In diesem Fall würde das Wahlverfahren auch nicht mit Einstimmigkeit als Verfassungsregel akzeptiert werden.

2.3.2 Vergleich der Nutzerzahlen

Eine Gegenüberstellung der Nutzerzahlen in den betrachteten Verfahren ergibt

$$n_M = n_S = N (= n_{PO}).$$

In beiden Verfahren kann die pareto-effiziente Anzahl von Individuen das öffentliche Gut konsumieren. Subskriptions- und Wahlverfahren realisieren also die sogenannte „Konsumeffizienz".

2.3.3 Vergleich der Transaktionskosten

Bisher sind wir implizit davon ausgegangen, daß das öffentliche Gut in beiden Allokationsverfahren kosteneffizient produziert wird. Das kann man sich etwa so vorstellen, daß die Produktion des öffentlichen Gutes auf einem wettbewerbsmäßig organisierten Markt erfolgt. Bei diesem privaten Anbieter können dann sowohl die Subskribenten als auch die Regierung das öffentliche Gut kaufen. Allerdings ist es ebenso denkbar, daß der staatliche Sektor die Produktion des öffentlichen Gutes in Eigenregie durchführt. In bezug auf Tabelle 1 wechseln wir von Feld 8/9 zu Feld 12/13. In der Literatur wird dann häufig argumentiert, daß die staatliche Produktion mit erheblichen Transaktionskosten verbunden ist, weil, um nur einen Grund zu nennen, der staatliche Produzent als Monopolist nicht dem Zwang zur Kostenminimierung unterliegt. Inwieweit diese relative Kostenineffizienz der staatlichen Eigenfertigung gerechtfertigt ist, sei zunächst dahingestellt. In Abschnitt 5 werden wir diese Frage näher untersuchen. Wir unterstellen daher, daß der Vorwurf der Kostenineffizienz zu Recht erhoben wird.

Eine einfache Möglichkeit, die höheren Transaktionskosten des politischen Verfahrens in das Modell einzubauen, besteht darin, die Produktionskosten $p_z z$ um einen Kosten-Ineffizienzparameter $a > 1$ zu erhöhen. Die tatsächlichen Produktionskosten betragen dann $ap_z z$. In diesem Fall ist die Medianwählerallokation

$$z_M(a) = \frac{1}{16} \frac{N^2}{[ap_z(E^M/E)]^2} \,. \tag{26}$$

Aus $a > 1$ folgt $z_M(a) < z_M$. Die Überversorgung mit dem öffentlichen Gut wird kleiner. Es ist sogar eine suboptimale Menge denkbar. Für diesen Fall lautet die Vergleichsbedingung zwischen politischer und privater Allokation

$$z_M(a) \gtreqless z_S, \quad \text{wenn} \quad E/aE^M \gtreqless 2.$$

Selbst wenn die tatsächlichen staatlichen Produktionskosten beispielsweise doppelt so hoch sind wie die kostenminimalen, d.h. $a = 2$, und im Subskriptionsverfahren kosteneffizient produziert wird, dann besitzt die Medianwählerallokation ceteris paribus einen mengenmäßigen Vorteil, wenn $E/E^M > 4$. In aller Regel wird dieser Wert in der Realität erfüllt. Die Kosteneineffizienz des Medianwählerverfahrens kompensiert also noch nicht den mengenmäßigen Vorteil des politischen Verfahrens.

Bei den Transaktionskosten im Politiksektor sind zusätzlich noch die
- Kosten des Abstimmungsverfahrens,
- Kosten der Steueradministration sowie
- Kosten, die durch Substitutionseffekte einer nicht neutralen Besteuerung verursacht werden,

als weitere Transaktionskosten zu berücksichtigen. Die Transaktionskosten-„überlegenheit" des privaten Arrangements nimmt weiter zu, es sei denn, auch im Markt treten Transaktionskosten auf.

2.3.4 Vergleich der Informationsanforderungen

Nach Sato (1981) gibt es kein Allokationsverfahren für öffentliche Güter, das informationsmäßig dem Lindahl-Verfahren überlegen wäre. Wie lassen sich unter diesem Blickwinkel das Subskriptions- und Medianwählerverfahren beurteilen? Da beide Verfahren informationsmäßig erreichbar sind (private Information und beschränkte Informationskanäle), müßte deren Informationseffizienz verglichen werden. Wie wir bereits in Abschnitt 1.1 festgestellt haben, ist es auch nicht einfach, die Hurwiczschen Vergleichskriterien auf einer weniger abstrakten Argumentationsebene fruchtbar anzuwenden. Dies trifft insbesondere für die Informationseffizienz von Allokationsverfahren zu. Da es nicht unser Ziel ist, im Sinne der Analyse von Hurwicz die Informationseffizienz der für den Vergleich ausgewählten Allokationsverfahren umfassend zu diskutieren, wollen wir uns auf eine knappe Beschreibung der jeweiligen Informationsanforderungen beschränken.

Eine mögliche Interpretation des Medianwählerverfahrens ist, daß die (wohlmeinende) Regierung den Wählern paarweise Steuer-Mengenbündel (t, z) vorgibt, über welche die Wähler abstimmen, bis ein Paar gefunden worden ist, das eine Mehrheit von Wählern jeder anderen Alternative vorzieht.[19] Dieser 2-Tupel entspricht den Wünschen des Medianwählers und gewährleistet den staatlichen Budgetausgleich. Obwohl dieser mehrstufige Prozeß erhebliche Transaktionskosten verursachen kann, ist er informationsmäßig durchführbar. Der Informationskanal von der Regierung zu den Wählern muß nach der Dimension der Wahlvorschlagspaare und derjenige von den Wählern zur Regierung nach dem Umfang der Ja-Nein-Information bemessen sein.

Der Informationsaustausch im Subskriptionsverfahren läuft etwa wie folgt ab. Der Anbieter teilt den Individuen den Angebotspreis für das öffentliche Gut mit. Jedes Individuum kennt die Menge des öffentlichen Gutes, welche die anderen

---

[19] Eine ähnliche Interpretation kann auch im Rahmen eines Zweiparteienmodells gegeben werden. Vgl. dazu insbesondere Bernholz/Breyer (1984, 272ff.).

Individuen gekauft haben. Diese Menge kann Null sein. Das Individuum nimmt an, daß die eigenen Käufe keine Auswirkungen auf die Subskription der übrigen haben (Nash-Verhaltensannahme). Eine Person, deren marginale Zahlungsbereitschaft mindestens dem Verkaufspreis entspricht, wird das öffentliche Gut erwerben. Wie beim Wahlverfahren können wir uns auch hier einen mehrstufigen, informationsmäßig durchführbaren Subskriptionsprozeß vorstellen, der zwar verfahrensspezifische Kosten verursachen mag, aber dennoch in ein Nash-Gleichgewicht einmündet.

2.3.5 Vergleich der Anreizkompatibilität

Wir haben eingangs argumentiert, daß die Individuen im Falle einer freiwilligen, nicht-exklusiven Bereitstellung des öffentlichen Gutes einen starken Anreiz zum „Freifahren" haben. Die Feststellung eines solchen Anreizes ist aber gleichbedeutend damit, daß die Regeln des Allokationsverfahrens nicht anreizkompatibel sind. Gilt dieses Ergebnis ohne Einschränkung für das modellierte Subskriptionsverfahren? Versetzen wir uns dazu in die Lage des nachfragekräftigsten Konsumenten $i = N$, der ja im Gleichgewicht allein für die Bereitstellung des öffentlichen Gutes sorgen würde. Angenommen, N erwartet, daß kein anderer Konsument sich an der Finanzierung des öffentlichen Gutes beteiligt.[20] N steht dann vor der Wahl, das öffentliche Gut gemäß seinen wahren Präferenzen allein bereitzustellen oder in die Haut eines anderen Individuums zu „schlüpfen" und konsequent vorzugeben, dessen Präferenzen für das öffentliche Gut zu haben.[21] Diese Handlungsalternativen wird N nutzenmäßig bewerten und vergleichen. Es ist leicht zu sehen, daß N seinen Nutzen maximiert, wenn er in die Haut des N-2 „schlüpft". Denn dann ist N-1 der nachfragestärkste Konsument. Obwohl dieser (etwas) weniger nachfragt als N bei wahrheitsgemäßem Verhalten, ist diese Strategie für ihn nutzenmaximal, weil er die zugehörige Menge des Gutes kostenlos nutzen kann. Die Vorgabe „falscher" Präferenzen ist dann aber für alle Individuen nutzenmaximal und das Subskriptionsverfahren damit anreizinkompatibel. Das Zustandekommen der Subskriptionsallokation ist überhaupt in Frage gestellt.

Die Anreizeigenschaften des Medianwählerverfahrens haben wir bereits allgemein am Schluß von Abschnitt 2.2.1 behandelt. Die dort gezogene

---

[20] Man könnte einwenden, daß der kostenlose Mitkonsum der anderen dem Subskribenten möglicherweise nicht „gefällt". Dieser könnte vielleicht damit drohen, die Bereitstellung des Gutes einzustellen, es sei denn, die übrigen Personen wären bereit, für das Gut zu bezahlen. Dies setzt allerdings eine glaubhafte Drohstrategie des N voraus. Unter Umständen könnte dann die alleinige Bereitstellung für N anreizinkompatibel sein, so daß letztlich niemand mehr bereit ist, einen Beitrag für die Finanzierung des öffentlichen Gutes zu leisten. Dies wäre der typische Fall eines Gefangenen-Dilemmas. Allerdings sind wir dann in einem ganz anderen als dem vorgestellten Modell.

[21] Man bedenke, daß dieses Verhalten wegen privater Informationen über individuelle Präferenzen von den anderen Individuen nicht falsifiziert werden kann.

Schlußfolgerung, das Medianwählerverfahren sei anreizkompatibel, gilt auch für das behandelte Abstimmungsmodell, so daß wir auf eine Wiederholung der Begründung verzichten können. Man sollte sich aber darüber im klaren sein, daß die Nicht-Vorteilhaftigkeit der strategischen Manipulation eine Folge des gegebenen Steuersystems (mit Zwangscharakter) und der eingipfligen Präferenzordnung im eindimensionalen Politikraum ist.

Ein anderes Problem ist, ob wegen der Steuerfinanzierung die staatliche Bereitstellung des öffentlichen Gutes noch individuell rational ist. Denn es ist denkbar, daß für einige Personen der zu zahlende Steuerbetrag höher ist als der Nutzen aus dem öffentlichen Gut. Individuelle Rationalität ist dann erfüllt, wenn $U^i(z_M, E^i - g^i z_M) \geq U^i(0, E^i)$ für alle i ist. Einsetzen der Werte von z_M und g^i sowie Umformungen ergeben $i - g^i \sqrt{z_M} = i - (E^i/E^M)(N/4)$. Bei plausiblen Wertekonstellationen kann nicht ausgeschlossen werden, daß dieser Ausdruck für einige Wähler negativ ist. In diesem Fall ist die Medianwählerallokation aber individuell nicht-rational.

Zusammenfassung: Wir haben das Subskriptions- und Medianwählerverfahren zur Bereitstellung öffentlicher Güter ohne Konsumentenausschluß anhand von fünf Kriterien miteinander verglichen. Insgesamt ergibt sich ein sehr differenziertes Bild. Das Medianwählerverfahren hat insbesondere komparative Vorteile hinsichtlich des Versorgungsniveaus. Das Subskriptionsverfahren dagegen ist bei der Transaktionskosteneffizienz vergleichsweise günstig. Während das Subskriptionsverfahren anreizinkompatibel ist, erweist sich das Abstimmungsverfahren als anreizverträglich. Dagegen muß das Medianwählerverfahren wegen der zwangsweisen Steuererhebung nicht für alle Individuen individuell rational sein. Beide Verfahren sind informationsmäßig durchführbar und konsumeffizient. Man ist geneigt, alle Vor- und Nachteile gegeneinander aufzurechnen, um den Nettovorteil eines Verfahrens zu ermitteln. Wir haben aber bereits deutlich gemacht, daß gegen ein aggregiertes Gesamtkriterium prinzipielle Bedenken bestehen. Außerdem sind wegen der unterschiedlichen Nutzen-Distributionen die Verfahren pareto-unvergleichbar. Letztlich können wir aufgrund theoretischer Überlegungen keine eindeutigen Aussagen über die komparativen Vorteile der betrachteten Arrangements machen.

2.4 Die Allokationsausführung durch eine staatliche Administration

Das durch demokratische Mehrheitsentscheidung bestimmte Versorgungsniveau mit dem öffentlichen Gut muß realisiert bzw. implementiert werden. Konzeptionell hat eine Regierung mehrere Möglichkeiten, die Wahlentscheidung umzusetzen. Zum einen könnte sie die Menge des öffentlichen Gutes bei einem privaten Anbieter erwerben (Fremdbezug). Andererseits könnte die Regierung diese Aufgabe auch einer eigenen Behörde übertragen (Eigenfertigung). In der Wahl-Literatur wird meistens implizit davon ausgegangen, daß die von der Wählermehrheit gewünschte Allokation quasi automatisch, unmodifiziert und ohne zusätzliche Transaktionskosten umgesetzt wird (vgl. Mueller 1979, 148). Damit werden aber die allokativen Schwierigkeiten, die im Implementierungsprozeß liegen können, außer acht gelassen. Es wäre daher „kurzsichtig", die Allokationsprobleme im politischen Sektor ausschließlich auf der Nachfrageseite öffentlicher Güter zu suchen. Denn die Wählerwünsche müssen ja keineswegs mit derjenigen Allokation übereinstimmen, die eine nutzenmaximierende Regierung oder eine mit der Allokationsausführung beauftragte eigennützige staatliche Administration bevorzugt. Daraus ergibt sich die Forderung, die nachfrageorientierten Modelle staatlicher Allokationsverfahren durch Modelle der Angebotsseite zu ergänzen und das Verhalten der Anbieter öffentlicher Güter zu studieren. Mit diesem Thema hat sich intensiv ein wesentlicher Teil der Public Choice-Forschung befaßt. Für unseren Vergleich wollen wir uns auf den Teil der Literatur beschränken, der als ökonomische Theorie der Bürokratie bekannt ist.[22] Diese Literatur wird in Überblicksarbeiten von Blankart (1975), Orzechowsky (1977), Roppel (1979) und Jackson (1982) umfassend dargestellt.

2.4.1 Stand der Forschung

Angenommen, eine staatliche Administration oder Bürokratie soll die Ökonomie mit einem öffentlichen Gut versorgen. Die Regierung stattet die Administration, die durch den sogenannten Chef-Administrator repräsentiert wird, mit einem Budget B aus, das die Produktionskosten $c = C(z)$ decken soll. Wegen der unterstellten linearen Technologie hat die Kostenfunktion die Eigenschaften $C(0) = 0$, $C_z > 0$ und $C_{zz} = 0$. Außerdem gehen wir einfachheitshalber davon aus, daß die Regierung den Gesamtnutzen oder die totale Zahlungsbereitschaft $u = U(z)$ der Konsumentenwähler kennt, wobei wir $U(0) = 0$, $U_z > 0$ und $U_{zz} < 0$ annehmen.[23]

Wenn wir zusätzlich unterstellen, daß die Regierung „wohlwollend" ist und darüber hinaus die administrative Kostenfunktion kennt, dann ist das Ergebnis trivial. Die Regierung wählt dann z derart, daß die absolute Netto-Zahlungsbereitschaft $U(z) - C(z)$ maximal ist, und weist der Administration das Budget $B = C(z)$ zu. Diese administrative Versorgung ist pareto-effizient. Unter diesen Bedingungen hat die Präferenz des Chef-Administrators keinen Einfluß auf das allokative Resultat — und das unabhängig davon, ob seine Zielvorstellung mit derjenigen der Wähler übereinstimmt oder auch nicht.

---

[22] Ein anderer Zweig der Literatur erörtert das Verhalten von Regierungen. Diese Literatur ist makroökonomisch ausgerichtet. Es wird untersucht, ob und wieweit eine Regierung versucht, volkswirtschaftliche Größen wir Beschäftigung, Volkseinkommen, Inflationsrate usw. zu beeinflussen, um wiedergewählt zu werden. Zum Überblick vgl. Frey (1981, 4-17) und die dort angegebene Literatur.

[23] Der absolute Nutzen $u = U(z)$ ist gleich der aggregierten absoluten, also nicht marginalen, Zahlungsbereitschaft aller Individuen. Für den Fall quasi-linearer Nutzenfunktionen erhalten wir $U(z) := \Sigma_i V^i(z)$.

Die ökonomische Bürokratietheorie geht grundsätzlich davon aus, daß die Regierung über den administrativen Produktionsablauf im allgemeinen nur unvollständig informiert ist und möglicherweise überhaupt keine Informationen über die administrativen Kosten hat. In dieser Situation hat der Chef-Administrator aber einen großen Einfluß auf das allokative Ergebnis. Die Präferenzen des Chef-Administrators können sehr unterschiedlich spezifiziert werden, wobei es im wesentlichen drei Ansätze gibt.[24] Migué/Bélanger (1974) nehmen für den Chef-Administrator eine quasi-konkave Nutzenfunktion $u = V(B - C(z), z)$ an, deren erste partielle Ableitungen positiv sind. Mit anderen Worten: Dem Chef-Administrator geht es nutzenmäßig um so besser, je größer der ihm verfügbare Budgetüberschuß und je größer die Versorgungsmenge mit dem öffentlichen Gut ist. Der Chef-Administrator steht vor dem Entscheidungskalkül, seinen Nutzen über B und z zu maximieren, wobei er zu berücksichtigen hat, daß das zugewiesene Budget nicht den Gesamtnutzen der Wähler übersteigen kann, d.h. $B \leq U(z)$. Als notwendig und hinreichend für eine innere Lösung finden wir $V_z < C_z$ und $B = U(z)$.

Der Chef-Administrator wählt also ein Budget, das den Wählern keine Konsumentenrente überläßt. Statt dessen schöpft der Chef-Administrator die gesamte Rente ab, die er dazu verwendet, um erstens ein zu großes Angebot mit dem öffentlichen Gut zu realisieren (Überversorgung) und um zweitens einen Budgetüberschuß oder ein sogenanntes diskretionäres Budget zu erhalten. Diesen Budgetüberschuß, der als die Differenz zwischen tatsächlichen und minimalen Produktionskosten definiert ist, eignet sich der Chef-Administrator jedoch nicht monetär an. Sondern er verwendet diese Mittel für nutzenstiftende, jedoch im allgemeinen nicht produktionswirksame Ausgaben, wofür ein zu großer Mitarbeiterstab, eine großzügige Büroausstattung oder eine reduzierte Arbeitsanstrengung treffende Beispiele sein mögen. Die tatsächlichen Produktionskosten sind wegen „überflüssiger" Ausgaben höher als produktionstechnisch erforderlich (Produktions- bzw. Kosteneineffizienz). In dieser administrativen Modellvariante ist die Versorgung mit dem öffentlichen Gut also in einem doppelten Sinne ineffizient.

Ob die Output- oder die Kosteneineffizienz überwiegt, hängt zum einen von den Präferenzen des Chef-Administrators ab. Zum zweiten ist auch die Effektivität die politisch-administrativen Kontrollprozesses maßgebend. So vermuten Breton/Wintrobe (1975), daß ceteris paribus die Kosteneineffizienz relativ stärker ausgeprägt sein dürfte, weil die Kontrollkosten für die Kosteneineffizienz diejenigen der Outputineffizienz übersteigen. Schließlich spielt noch die implizite Preiselastizität der Nachfrage nach dem öffentlichen Gut eine Rolle. Für den Fall der Indifferenz zwischen den beiden Nutzenargumenten zeigen Cullis/Jones (1984), daß eine bürokratische Überversorgung mit Kosten-

[24] Orzechowsky (1977) und Jackson (1982) stellen die zahlreichen Nutzenargumente zusammen, die in die Zielfunktion des Chef-Administrators eingehen können.

ineffizienz resultiert, wenn die Preiselastizität kleiner als eins ist. Dagegen liegt eine Überversorgung mit Kosteneffizienz vor, wenn die Elastizität größer als eins ist.

Die beiden verbleibenden Ansätze, nämlich die Modelle von Niskanen (1971) und Williamson (1963), sind die extremen Varianten des soeben dargestellten Modells. Das bekannteste Bürokratiemodell ist wohl dasjenige von Niskanen (1971). In etwas modifizierter Schreibweise präferiert der Chef-Administrator ausschließlich die Höhe der Versorgung mit dem öffentlichen Gut, d.h. $u = V(z)$. Unter den Beschränkungen, daß $B \leq U(z)$ und $B \geq C(z)$ ist, wird die größtmögliche Menge des öffentlichen Gutes bereitgestellt, so daß das zugewiesene Budget maximal ist. Insofern spricht die Literatur auch von einer budgetmaximierenden Administration. Im Gegensatz zum obigen Ansatz erfolgt die Produktion des öffentlichen Gutes aber kosteneffizient.

Der genau entgegengesetzte Fall ist das sogenannte Management-Slack-Modell von Williamson (1963, 1964). Hier zieht der Chef-Administrator nur aus dem Budgetüberschuß Nutzen, so daß die Zielfunktion $u = V(B - C(z))$ lautet, wobei $B \leq U(z)$. Obgleich das Angebot des öffentlichen Gutes der pareto-effizienten Menge entspricht, verfehlt diese administrative Versorgung die Pareto-Effizienz, weil die Produktion unwirtschaftlich erfolgt. Während Williamson (1963) den Fall einer übergroßen Stabsabteilung behandelt, untersucht Hirsch (1978) den Fall, in dem es dem Chef-Administrator wegen organisatorischer Schwierigkeiten nicht gelingt, seine Mitarbeiter zum effizienten Arbeiten zu motivieren. Diese Personen haben einen dikretionären Spielraum, den sie durch Bummeln, Schlendrian, Drückebergerei am Arbeitsplatz etc. ausnutzen können. Obwohl die Belegschaftsgröße der pareto-effizienten Mitarbeiterzahl entspricht, ist auch diese Allokation wegen zu hoher Produktionskosten X-ineffizient im Sinne von Leibenstein (1966).

Die vollständige bzw. die unvollständige Kenntnis der Regierung über die Abläufe in der staatlichen Administration kennzeichnen lediglich die polaren Fälle möglicher Informationsniveaus (vgl. Spencer 1980). In dem Ausmaß, in welchem die Regierung besser, wenn auch nicht vollständig informiert ist, wird die bürokratische Fehlallokation reduziert. Ein gewisses Ausmaß an Ineffizienz ist aber auch dann zu erwarten, wie Spencer (1982) im Rahmen eines Prinzipal-Agent-Modells zeigt.

2.4.2 Administrative Allokationsverfahren

Wir wollen jetzt diese administrativen Implementierungsverfahren in den Effizienzvergleich einbeziehen. Der gewählte Modellrahmen gibt uns die Möglichkeit, zumindest interpretativ die Nachfrage- und Angebotsseite öffentlicher Güter zu verbinden. Die Vorstellung ist, daß eine staatliche Monopol-Administration die Ökonomie mit einem öffentlichen Gut versorgen soll. Diese Behörde schlägt den Wählern bestimmte Versorgungsniveaus mit dem Gut vor, über die die Wähler abstimmen sollen. Ferner nehmen wir an, daß die Wähler keine Information über den administrativen Produktionsprozeß haben. Ausschlaggebend ist jetzt aber, daß die Behörde die Wähler vor eine sogenannte „Alles-oder-Nichts-Entscheidung" stellt, so daß die Wähler nur noch zwischen der administrativen Versorgung z_B und der Null-Versorgung wählen können. D.h. die Wähler akzeptieren entweder das von der Behörde bevorzugte Versorgungsniveau oder sie können überhaupt kein öffentliches Gut konsumieren (vgl. Hunter 1983). Diese Versorgungsalternativen ziehen die Wähler in ihr Abstimmungskalkül. Sie stimmen schließlich für das Versorgungsniveau, welches unter den gegebenen Bedingungen für sie nutzenoptimal ist. Unter den Regeln der Mehrheitswahl ist dann diejenige Allokation gewählt, für die eine Mehrheit der Wähler votiert hat. Wir brauchen daher für den Wahlausgang nur das Entscheidungskalkül des Medianwählers zu betrachten. Der Medianwähler ($M = N/2$) stimmt für das bürokratische Angebot, solange seine totale Zahlungsbereitschaft gerade noch seiner Steuerzahlung entspricht. Formal gilt $(N/2)\sqrt{z} \geq g^M z = p_z z(E^M/E)$. Durch die „Alles-oder-Nichts"-Strategie schöpft die Monopolbehörde die Konsumentenrente des Medianwählers ab. Wenn Nutzen und Kosten gleich sind, ist der Medianwähler gerade indifferent zwischen der Null-Offerte und dem Angebot der Administration. Das Wahlgleichgewicht bei „Alles-oder-Nichts"-Option ermitteln wir demnach, wenn wir diese Gleichung nach z auflösen. Das administrative Versorgungsniveau ist dann

(27) $$z_B = \frac{1}{4} \frac{N^2}{[p_z(E^M/E)]^2}.$$

Gemessen an der Medianversorgung ist die bürokratische Allokation wegen $z_B = 4z_M$ zu groß. Da aber kein Ausschluß erfolgt, ist die Nutzung weiterhin pareto-effizient, d.h. $n_B = N$. Außerdem ist die Produktion kosteneffizient. Diese Allokation entspricht dem Ergebnis des Budgetmaximierungsmodells von Niskanen (1971). Der Ansatz von Niskanen ist jedoch nur eine Möglichkeit, administratives Verhalten zu modellieren. In den anderen Varianten spielen insbesondere die nicht-produktiven, aber nutzenstiftenden Ausgaben eine Rolle. Wenn wir annehmen, daß diese „überflüssigen" Ausgaben die minimalen Produktionskosten $p_z z$ um den Faktor $a > 1$ erhöhen, dann betragen die tatsächlichen administrativen Produktionskosten $ap_z z$. Das administrative Versorgungsniveau ist dann

(28) $$z_B(a) = \frac{1}{4} \frac{N^2}{[ap_z(E^M/E)]^2}.$$

Ein Vergleich mit der Menge der Medianwählerallokation, welche kosteneffizient produziert werden soll, gibt

$$z_B(a) \gtreqless z_M, \quad \text{wenn} \quad a \lesseqgtr 2.$$

Für $z_B(a) > z_M$ und $a < 2$ präferiert der Chef-Administrator sowohl das Outputniveau des öffentlichen Gutes als auch einen Budgetüberschuß, so daß gemessen an der Medianversorgung ein überhöhtes Versorgungsniveau mit einem größeren als zur Kostendeckung notwenigen Budget erstellt wird (vgl. Migué/Bélanger 1974). Die Allokation $z_B(a) = z_M$ mit $a = 2$ entspricht dem Management-Slack-Modell von Williamson (1963), in welchem der Chef-Administrator sein diskretionäres Budget maximiert. Zwar wird das von der Mehrheit der Bürger gewünschte Versorgungsniveau des öffentlichen Gutes realisiert, aber die Bereitstellungskosten sind überhöht. In der dritten Modellvariante mit $z_B(a) < z_M$ hat der Bürokrat Präferenzen für das Kostenniveau. Wegen erhebliche Kosteninefﬁzienz ($a > 2$) mündet die administrative Allokation gemessen an der Medianwählerallokation in eine Unterversorgung mit dem öffentlichen Gut (vgl. Bernholz/Breyer 1984, 339-348).

Diese Ergebnisse sind für die komparative Analyse von Allokationsverfahren bedeutsam. Insbesondere dann, wenn die administrative Allokationsausführung für den staatlichen Bereich typisch ist, müssen wir dieses Verfahren anstelle des einfachen Medianwählerverfahrens mit dem Subskriptionsverfahren vergleichen. Für den Niskanen-Fall, d.h. $a = 1$, erhalten wir

$$\Delta B > \Delta S,$$

weil $N^2 > -2$. Dabei ist $\Delta B := z_B - z_{PO}$ der Abstand der administrativen Menge von der pareto-effizienten Menge (Überversorgung) und ΔS (vgl. Gleichung 25) wie zuvor. Ferner haben wir den Term $(E/E^M)^2$ durch N^2 angenähert, was wir auch für die folgenden Fälle unterstellen. Die budgetmaximale administrative Allokation ist mengenmäßig weniger effizient als die private, nicht-exklusive Allokation.

Der Migué/Bélanger-Fall, wenn also $1 < a < 2$ ist, hinterläßt ein differenziertes Bild. Die Vergleichsbedingung lautet

$$\Delta B(a) \lesseqgtr \Delta S, \quad \text{wenn} \quad \left(\frac{1}{a^2} - \frac{1}{2}\right) N^2 \gtreqless -1.$$

Die relative Mengeneffizienz hängt von a und N ab. Für das obere Intervall $\sqrt{2} < a < 2$ ist bei großem N die administrative Menge näher an der pareto-effizienten Menge als die Subskriptionsmenge. Im unteren Intervall $1 < a < \sqrt{2}$ dagegen hat die Subskriptionsversorgung einen eindeutigen Mengenvorteil. Überdies hat mit wachsendem Kosteninefﬁzienzparameter „a" die administrative Allokation einen zunehmenden Transaktionskostennachteil.

Der Williamson-Fall, also $a = 2$, bringt die Bedingung

$$\Delta B(a) < \Delta S,$$

da im allgemeinen $N > 2$ ist. Die Williamson-Administration hat dann einen Mengenvorteil gegenüber der Subskriptionsallokation. Dieser Vorteil geht jedoch zu Lasten eines signifikanten Transaktionskostennachteils.

Im Unterversorgungsfall der Bernholz/Breyer-Administration, für die $a > 2$ ist, erhalten wir

$$z_B(a) \gtreqless z_S, \quad \text{wenn} \quad N \gtreqless a.$$

Da im allgemeinen $N > a$ zu erwarten ist, liegt die administrative Vorsorgungsmenge trotz erheblicher Kostenineffizienz relativ näher an der paretoeffizienten Menge des öffentlichen Gutes als die Subskriptionsmenge.

Wenn politische Allokationsverfahren durch die geschilderten administrativen Verhaltensweisen geprägt werden, dann erscheint der Markt entweder im Hinblick auf die Bereitstellungsmenge oder die Transaktionskosten in einem günstigeren Licht, es sei denn, daß ähnliche Bürokratisierungstendenzen auch im Markt auftreten. Wir werden später zeigen, daß auch in privatwirtschaftlichen Allokationskonzepten diese Probleme von Bedeutung sind. Das Ergebnis des Vergleichs hängt dann davon ab, welches relative Ausmaß die transaktionskostenverursachende Bürokratisierung einnimmt.

3 Die exklusive Allokation öffentlicher Güter über den Markt und die nicht-exklusive Allokation öffentlicher Güter durch den Staat

3.1 Die Bereitstellung öffentlicher Güter über den Markt mit Preis-Ausschluß[1]

3.1.1 Stand der Forschung

Die Theorie ausschließbarer öffentlicher Güter geht davon aus, daß bei der privaten Bereitstellung des öffentlichen Gutes das Ausschlußprinzip durch die Etablierung exklusiver Verfügungsrechte ohne nennenswerte Ausschlußkosten angewendet werden kann. Durch die kostenlose Ausschlußmöglichkeit ist das öffentliche Gut ein „marktfähiges" Gut. Die Trennung von zahlenden und nicht-zahlenden Personen — so wird argumentiert — soll einen Anreiz zur „besseren" Präferenzaufdeckung leisten und überdies zu einer weniger ineffizienten Allokation führen, als dies der Fall wäre, wenn der Ausschluß nicht angewendet würde. Dieser mögliche Vorteil ist jedoch mit dem Nachteil verbunden, daß der Ausschluß eines Konsumenten pareto-ineffizient ist, wenn dessen marginale Zahlungsbereitschaft zwar positiv, aber kleiner als der geforderte Preis ist und

[1] Ein marktmäßiges Allokationskonzept mit Preis-Ausschluß umfaßt die Felder 2-4 in der Tabelle 1. Es kann recht unterschiedlich gestaltet sein. Wichtigstes Kennzeichen ist der Preis-Ausschluß. Die Verfügungsrechte können privater oder kollektiver Art sein. Der Markt mag unreguliert oder staatlicherseits an gewisse Auflagen gebunden sein. Produktion und Bereitstellung erfolgen marktbezogen, die Allokationsentscheidung ist dezentralisiert und die Dialogphase ist preisgesteuert.

wenn dessen Zulassung aufgrund der gemeinsamen Konsumierbarkeit niemandes Konsum beeinträchtigt und keine Zusatzkosten verursacht.[2] Auf der anderen Seite würde jedoch seine Zulassung die bisher Zahlenden zur strategischen Unterschätzung ihrer Zahlungsbereitschaft veranlassen, was die exklusive Marktversorgung insgesamt in Frage stellen würde.

Wegen der gemeinsamen Konsumierbarkeit ist es möglich, ein und dieselbe Einheit eines öffentlichen Gutes an mehrere Konsumenten zugleich verkaufen zu können. Die Erlöse eines Anbieters sind damit aber nicht mehr $p_z \cdot z$ wie bei privaten Gütern, sondern sie betragen $n \cdot p \cdot z$, worin n die Zahl der Konsumenten ist, die die Menge z des Gutes zum Preis von p kaufen wollen. Die übliche Nachfragefunktion $z = Z(p)$ ist für diesen Zusammenhang dann aber nicht mehr das adäquate Analyseinstrument. Statt dessen haben wir eine Funktion $n = N(p, z)$, die Burns/Walsh (1981, 169) als „demand distribution" bezeichnen. Dieses Konzept ist ein wichtiger Baustein bei der Analyse preis-ausschließbarer öffentlicher Güter.

Die Theorie ausschließbarer öffentlicher Güter im Sinne einer Preistheorie für diese Güter ist seit den 70er Jahren stets weiterentwickelt worden. Dabei sind verschiedene Ansätze entwickelt worden, die sich vor allem hinsichtlich der Marktstruktur und der Preisbildung unterscheiden. Inzwischen liegen von Endres (1981), Walsh (1985), Burns/Walsh (1985) Überblicksartikel vor. Im folgenden wollen wir die wesentlichen Entwicklungen dieses Ansatzes kurz darstellen.

Die ersten Arbeiten sind die von Thompson (1968) und Demsetz (1970). In dem Modell von Thompson haben auf dem wettbewerblich organisierten Markt die Firmen annahmegemäß vollständige Information über die Nachfragefunktionen der Konsumenten. Gewinnmaximierung führt dazu, daß die Konkurrenzfirmen eine interpersonelle Preisdiskriminierung betreiben und die Konsumentenrenten voll abschöpfen.[3] Auf vollkommenen Konkurrenzmärkten können die Firmen jedoch lediglich einen Null-Gewinn realisieren. Insgesamt führt dies zu einer Überversorgung mit dem exklusiv bereitgestellten öffentlichen Gut. In dem Modell von Demsetz haben die Firmen einen etwas anderen Informationsstand, und zwar kennen die wettbewerblichen Firmen die wahre Zahlungsbereitschaft der Konsumenten im Gleichgewicht. Dadurch sind die Firmen in der Lage, den Konsumenten individualisierte Preise à la Lindahl (1919)

---

[2] Den Zielkonflikt zwischen Preis-Ausschluß und Effizienz bei der Allokation öffentlicher Güter behandelt Lee (1982), wobei dieser zusätzlich noch die Zeitdauer des Konsums berücksichtigt. Kritisch dazu Schwarz (1984) und die Erwiderung von Lee (1984).

[3] Dies bedeutet, daß sich die Anbieter an der Durchschnittsbewertung der Nachfrager für das öffentliche Gut orientieren, die unter bestimmten Bedingungen immer oberhalb der Grenzbewertung bzw. der marginalen Zahlungsbereitschaft liegt. Und zwar gelingt die Rentenabschöpfung dadurch, daß die Nachfrager vor eine „Alles-oder-Nichts"-Option gestellt werden insofern, als die Nichts-Option die Nachfrager nutzenmäßig nicht schlechter stellt als die Alles-Option. Vgl. Borcherding (1978), Pfähler (1981).

abzuverlangen. Diese Marktversorgung entspricht dann einer Lindahl-Allokation, die pareto-optimal ist. In beiden Ansätzen bleibt jedoch die Frage unbeantwortet, wie die Firmen vollständige Kenntnisse über die privaten Präferenzen erhalten haben. Unseres Erachtens ist aber die Annahme der vollständigen Transparenz marktrelevanter Daten deswegen problematisch, weil etwas vorausgesetzt wird, worüber das Marktgeschehen erst Informationen liefern sollte (vgl. Head 1977, Endres 1981). Überdies ist ein Allokationsverfahren mit vollständiger Information informationsmäßig undurchführbar (vgl. Hurwicz 1972). Die Verletzung dieses wohfahrtsökonomischen Kriteriums führt dazu, daß die Ansätze von Thompson und Demsetz, obwohl sie als Referenzmodelle durchaus interessant und wertvoll sein können, für einen Effizienzvergleich aus Gründen der Vergleichbarkeit nicht in Frage kommen.

Diese Informationsprobleme werden von Oakland (1974) vermieden, der annimmt, daß die Konkurrenzfirmen die Nachfrage der Individuen nach dem öffentlichen Gut nur unvollständig kennen. Ferner werden konstante Grenz- und Durchschnittskosten p_z für das öffentliche Gut unterstellt. Die Preisregel ist dann dergestalt, daß von den zahlungswilligen Personen ein (durchschnittlicher) Einheitspreis verlangt wird, der summiert über die zahlenden Personen gerade kostendeckend ist. Wenn es für die ersten z_1 Einheiten des öffentlichen Gutes $n_1 \leq N$ Konsumenten gibt, dessen marginale Zahlungsbereitschaften für die letzte Einheit dieses Gutes größer oder gleich p_z/n_1 ist, dann wird diese Menge den n_1 Personen zu einem einheitlichen Preis von $\hat{p} = p_z/n_1$ pro Einheit des Gutes verkauft.

Bei der so bestimmten Menge des öffentlichen Gutes ist nur der Grenzkonsument, dessen marginale Zahlungsbereitschaft gerade gleich $\hat{p}$ ist, zufriedengestellt. Dagegen würden die Nachfrager mit einer höheren Zahlungsbereitschaft als $\hat{p}$ ein größeres Angebot des Gutes vorziehen. Wenn es diese zahlungswilligen Nachfrager gibt, dann ist die erzielte Allokation nicht pareto-effizient, denn bei der realisierten Menge des Gutes gilt dann $\Sigma_i GRS^i > p_z$. Das Versorgungsniveau mit dem öffentlichen Gut steigt dann, wenn es genügend zahlungsbereite Nachfrager für zusätzliche Mengen des Gutes gibt. Die „schwächeren" Nachfrager werden dann aber schrittweise ausgeschlossen bzw. „preisrationiert". Andererseits kann es vorkommen, daß kein weiterer Nachfrager allein oder mit anderen zusammen mehr in der Lage ist, ein zusätzliches Angebot zu bezahlen, obwohl er und gegebenenfalls die anderen beim verlangten Preis ein größeres Angebot wünscht bzw. wünschen. Diese Nachfrager werden „mengenrationiert".

Das Marktgleichgewicht mündet im allgemeinen in eine pareto-ineffiziente Allokation, wobei die Fehlallokation zwei Elemente umfaßt. Zum einen impliziert der Preis-Ausschluß bzw. die Preisrationierung, daß die Nutzungsintensität der Marktversorgung zu gering ist, also Konsumineffizienzen entstehen. Konzeptionell könnten die ausgeschlossenen Nachfrager zum Konsum des Gutes zugelassen und dadurch bessergestellt werden, ohne daß zusätzliche Kosten entstünden. Da niemand eine Nutzeneinbuße erleiden müßte, würde eine pareto-überlegene Allokation erreicht. Zum anderen resultiert eine Unterversorgung, wenn ein oder mehrere Nachfrager mengenrationiert werden. Das Versorgungsniveau mit dem öffentlichen Gut würde nur dann der pareto-effizienten Menge entsprechen, wenn zufällig der „kräftigste“ Nachfrager das öffentliche Gut allein kauft und die Zahlungsbereitschaften der übrigen Personen bei dieser Menge des Gutes gerade Null wären.[4]

Es ist aber keineswegs klar, warum sich die Anbieter eines preis-ausschließbaren öffentlichen Gutes konkurrenzmäßig verhalten sollten. Wegen der gemeinsamen Konsumierbarkeit bei öffentlichen Gütern kann jedes Unternehmen sein Angebot zusätzlichen Konsumenten ohne Zusatzkosten anbieten. Aus konsumtechnischer Sicht kann also ein einziger Anbieter die Versorgung mit dem öffentlichen Gut sicherstellen. In der Literatur sind deshalb in zunehmenden Maße Modelle mit monopolistischen Preissetzungsstrategien studiert worden, so unter anderem von Baumol/Ordover (1977), Brennan/Walsh (1979, 1981, 1985), Brito/Oakland (1980), Drèze (1980), Burns/Walsh (1981), Brennan/Lee/Walsh (1983) und Pethig (1983b). Die dabei möglichen, recht zahlreichen Preissetzungsarten und deren theoretischen Implikationen werden eingehend von Burns/Walsh (1981, 1985) untersucht. Während die oben genannten Autoren davon ausgehen, daß der private Monopolist keine nennenswerten Ressourcen für den Preis-Ausschluß aufwenden muß, spielen in den Arbeiten von Millward (1970), Kamien/Schwartz (1972), Kamien/Schwartz/Roberts (1973) und Pethig (1984a, 1985) Ausschließungskosten eine zentrale Rolle. Alle Autoren kommen aber zu dem Ergebnis, daß die monopolistische Versorgung preis-ausschließbarer öffentlicher Güter unabhängig von Ausschließungskosten ernsthafte allokative Mängel aufweist.

Forschungsgegenstand dieser Arbeiten ist auch die Frage, wie der Markt auf einen nicht vollständigen Ausschluß von nicht-zahlenden Konsumenten reagiert. Sobald nämlich die Möglichkeit besteht, den Ausschluß zu umgehen und das öffentliche Gut dennoch zu konsumieren, ohne den vom privaten Anbieter verlangten Preis zu bezahlen, und sobald die Ressourcenaufwendungen für die alternative Beschaffung kleiner sind als der Marktpreis, kann das Phänomen des „illegalen“ Konsums auftreten. Diese Handlungsweise hat allokative Konsequenzen. Vor allem Endres (1980) und Pethig (1984a, 1985) haben diesen Zusammenhang eingehend untersucht. Da wir diesen Sachverhalt später behandeln wollen, verzichten wir an dieser Stelle auf eine weitere Erörterung. Statt dessen wollen wir unsere kurze Übersicht über die Preistheorie ausschließbarer öffentlicher Güter abschließen und uns wieder dem Effizienzvergleich von Allokationsverfahren zuwenden.

---

[4] Wenn aber bei jeder gegebenen Menge des öffentlichen Gutes die *GRS* des jeweils schwächsten Nachfragers kleiner ist, als sie sein müßte, damit die verlangten Einheitspreise kostendeckend sind, dann wird nur eine Null-Versorgung realisiert. In dem Modell von Oakland (1974) sind von der Null- bis zur pareto-effizienten Versorgung viele Allokatio-

3.1.2 Exklusive marktbezogene Allokationsverfahren

Für die Zwecke des Effizienzvergleichs wollen wir uns auf den Fall eines privaten Monopolisten konzentrieren, der für alle Konsumenten und Outputeinheiten das öffentliche Gut zu einem bestimmten Einheitspreis verkauft. Dabei untersuchen wir nur diejenige Preisstrategie des Monopolisten, die die Käufer vor eine „Alles-oder-Nichts"-Option stellt. Entweder sie kaufen die insgesamt angebotene Menge des Gutes zum verlangten Preis oder sie können nichts davon konsumieren. Auster (1977) und Lee (1977) sehen im „Alles-oder-Nichts"-Preis den charakteristischen Preis der Bereitstellung öffentlicher Güter über den Markt, da andere Preisstrategien, wie insbesondere die interpersonelle Preisdiskriminierung, unüberwindliche Informationsanforderungen stellen. Im Kern trifft dieses Argument zu. Andererseits dürfen wir nicht übersehen, wie Walsh (1985, 15) zu Recht betont, daß gerade die Preisstrategie eine unternehmerische Entscheidung ist und daß es viele realisierbare Preisregime gibt. In der Tat lassen sich empirisch mehrere Preissetzungsstrategien beobachten. Neben Einheitspreisen pro Outputeinheit gibt es Pro-Kopf-Beiträge oder Gebühren, Spitzen- und Schwachlastpreise, multiple oder gespaltene Preise sowie diverse Mischformen davon (vgl. Walsh 1985, 15).

Für den Effizienzvergleich untersuchen wir nur den Fall, in welchem der Monopolist eine „Alles-oder-Nichts"-Strategie mit Einheitspreisen fährt, so daß alle Käufer des Gutes denselben Preis zahlen. Bei dieser Preisstrategie gibt es im zugrundeliegenden Modell genau einen marginalen Käufer, der zwischen Kauf und Nicht-Kauf gerade indifferent ist. Für die Person $j = N - n$ gilt also $(N-n)\sqrt{z} \geq p_{MO} z$, wobei $n \leq N$ die Anzahl der Käufer des Gutes und p_{MO} der Einheitspreis des Monopolisten ist. Wenn wir diese Gleichung nach p_{MO} auflösen, erhalten wir den „Alles-oder-Nichts"-Preis des Monopolisten

$$(29) \qquad p_{MO} = \frac{(N-n)}{\sqrt{z}} \, .$$

Dies ist zugleich die „Alles-oder-Nichts"-Nachfragefunktion des Grenzkäufers, dessen Konsumentenrente gerade Null ist.[5] Der Einheitspreis des Monopolisten ist also eine Funktion der Menge des öffentlichen Gutes und der Käuferzahl, d.h. $p_{MO} = P(z, n)$. Die Umkehrfunktion $n = N(p_{MO}, z)$, die nach dem Theorem über implizite Funktionen wohldefiniert ist, bezeichnen wir in Anlehnung an Burns/Walsh (1981, 169) als „Alles-oder-Nichts-Nachfragedistribution". Sie gibt an, wieviel Individuen n mindestens die Menge z des öffentlichen Gutes zum Preis von p_{MO} kaufen wollen.

---

nen erreichbar, wobei das Ergebnis von den Präferenzen und Kosten abhängt. Vgl. dazu Head (1977).

[5] Die normale Nachfragefunktion dagegen resultiert aus dem Grenzkalkül und ist $p = i/2\sqrt{z}$.

Die Gewinnfunktion des Monopolisten $G(n, z) = p_{MO} \cdot n \cdot z - p_z \cdot z$ lautet explizit

$$G(n, z) = (Nn - n^2)\sqrt{z} - p_z z = K(n, z) - (1/2)\, n^2 \sqrt{z}, \tag{30}$$

wobei $K(n, z)$ aus Gleichung 14 bekannt ist. Die Maximierung von $G(n, z)$ über n und z gibt uns für eine innere Lösung des Problems die folgenden Bedingungen 1. Ordnung

$$\frac{\partial G}{\partial z} = \frac{Nn - n^2}{2\sqrt{z}} - p_z = 0\,,$$

$$\frac{\partial G}{\partial n} = (N - 2n)\sqrt{z} = 0\,.$$

Durch Auflösen dieser Gleichungen nach z und n bestimmen wir die Monopolallokation bei „Alles-oder-Nichts"-Einheitspreis-Ausschluß

$$z_{MO} = \frac{1}{64}\frac{N^4}{p_z^2} \tag{31}$$
$$n_{MO} = N/2\,.$$

Auf den ersten Blick wird deutlich, daß die vom Monopolisten bereitgestellte Menge des öffentlichen Gutes z_{MO} von $N/2$ Personen konsumiert wird. Eine gleich große Anzahl von Personen wird vom Konsum des öffentlichen Gutes preis-ausgeschlossen.

Bevor wir diese Monopolversorgung der Medianwählerversorgung gegenüberstellen, müssen wir noch einen wichtigen Einwand gegen das soeben diskutierte Monopolkonzept behandeln. Denn ein privater Monopolist, der einen Gewinn erwirtschaftet, muß damit rechnen, daß ein potentieller Konkurrent in den Markt eindringt. Der Anreiz zum Markteintritt ist für einen potentiellen Konkurrenten dann besonders stark, wenn er technisch mindestens ebenso effizient produzieren kann wie der eingesessene Monopolist und der Markteintritt für den Neuling kostenlos bzw. „ultrafrei" ist, wenn also die Transaktionskosten des Markteintritts Null sind. Der Markt für öffentliche Güter ist dann im Sinne der Theorie der „contestable markets" angreifbar oder streitbar.[6] Der eingesessene private Monopolist hat aber die Möglichkeit, den Angriff des Neulings abzuwehren, wenn er sich mit einem Null-Gewinn zufriedengibt, es sei denn, der Eindringling ist kostengünstiger. Der Druck der potentiellen Konkurrenz zwingt den eingesessenen Monopolisten zu einem quasi wettbewerblichen Verhalten. Inwiefern beeinflußt potentielle Konkurrenz die monopolistische Marktversorgung mit dem öffentlichen Gut?

[6] Die Theorie der „contestable markets" ist eine Entwicklung von Baumol (1982). Die zentrale Monographie zu diesem Gebiet ist Baumol/Panzer/Willig (1982). Überblicksartikel liegen inzwischen von Brock (1983) und Spence (1983) vor. Im deutschsprachigen Raum ist insbesondere die Arbeit von Fehl (1985) zu nennen.

Den Null-Gewinn erhalten wir durch Nullsetzen der Gleichung (30), wobei vorausgesetzt wird, daß die „Alles-oder-Nichts-Preisstrategie" beibehalten wird. Es gilt dann

(32) $$R(n,z) = (Nn - n^2)\sqrt{z} - p_z z = 0.$$

Aus dieser Gleichung können wir mit Ausnahme der Null-Aktivität auf dem so modellierten „Wettbewerbsmarkt" noch keine eindeutige Allokation ermitteln, da viele (n, z)-Paare Gleichung (32) erfüllen. Ein mögliches Kalkül des Anbieters auf dem Wettbewerbsmarkt könnte sein,

z über n unter Berücksichtigung von $R(n, z) = 0$

maximieren zu wollen. Auflösen von Gleichung (32) nach z gibt

$$z = (Nn - n^2)^2 / p_z^2 .$$

Diesen Ausdruck differenzieren wir nach n und erhalten

$$\frac{dz}{dn} = \frac{2}{p_z^2}(Nn - n^2)(N - 2n) = 0 .$$

z hat für $n = N$ ein Minimum und für $n = N/2$ ein Maximum, so daß

(33) $$n_R = N/2 = n_{MO} .$$

Dies ist die maximale Nutzerzahl auf dem Wettbewerbsmarkt des öffentlichen Gutes. Wenn wir n_R in $R(n, z)$ einsetzen und nach z auflösen, ermitteln wir das Outputniveau für das Gut mit[7]

(34) $$z_R = \frac{N^4}{16 p_z^2} = z_{PO} .$$

Die Allokation des Wettbewerbsmarktes (z_R, n_R) unterscheidet sich von der des Monopolmarktes (z_{MO}, n_{MO}) „nur" in der bereitgestellten Menge des Gutes. Und zwar hat der Wettbewerbs- gegenüber dem Monopolmarkt einen Mengenvorteil. Die Nullgewinnstrategie führt unter den genannten Bedingungen dazu, daß auf dem Wettbewerbsmarkt die pareto-effiziente Menge des öffentlichen Gutes bereitgestellt wird. Diese Outputsteigerung „zehrt" sozusagen den Gewinn auf.

Im Sinne der „contestable markets" ist aber zu fragen, ob die gewählte Strategie angreifbar ist. Zwar kommt eine Strategie der vollkommenen Preisdifferenzierung wegen informationeller Nicht-Durchführbarkeit nicht in Frage.

---

[7] Eine andere Möglichkeit ist, daß der private Anbieter bei Null-Gewinn die Menge anbieten möchte, die auch der private Monopolist bereitstellt. Wie hoch ist dann die Nutzerzahl? Dazu setzen wir einfach z_{MO} aus Gleichung (31) in Gleichung (32) ein und lösen nach n auf. Wir erhalten $n = (N/2)(1 + \sqrt{1/2}) < N$, also eine höhere, aber noch nicht pareto-effiziente Nutzerzahl auf diesem Typ des Wettbewerbsmarktes.

Dies gilt jedoch nicht für andere Preis-Mengenkombinationen, die schwächere Informationsanforderungen stellen. Es ist daher nicht auszuschließen, daß der potentielle Anbieter, der die Nachfragedistribution kennt, eine Preis-Mengenstrategie bei Null-Gewinn wählt, derart daß alle bisherigen Käufer zu ihm überlaufen. Möglicherweise könnte der eingesessene Anbieter seinerseits den Angriff des Eindringlings aber durch die Wahl eines alternativen Menüs von p und z verhindern, welches auch wiederum angreifbar sein könnte usw. Es ist dann fraglich, ob es überhaupt zu einer beständigen („sustainable") Allokation im Markt kommen kann.

3.2 Vergleich zwischen exklusiven Markt- und nicht-exklusiven politischen Allokationsverfahren

Die nicht-exklusive, steuerfinanzierte Medianwählerallokation, die wir mit den behandelten Marktallokationen vergleichen wollen, haben wir bereits in Abschnitt 2.2.2 bestimmt. Der entscheidende Unterschied zum Markt mit Preis-Ausschluß besteht darin, daß die Medianwählerallokation steuerfinanziert ist, das öffentliche Gut quasi zum Nullpreis abgegeben wird, so daß keine Person preis-ausgeschlossen wird. Die Gründe für den Nicht-Ausschluß können verteilungspolitische Zielsetzungen der Politiker, die Vermeidung von Konsumineffizienzen oder auch hohe Ausschlußkosten sein. Der Markt mit Preis-Ausschluß einerseits und die nicht-exklusive politische Bereitstellung andererseits sind wohl die in der Realität am häufigsten anzutreffenden Koordinierungsmechanismen für öffentliche Güter. Ihre Gegenüberstellung ist daher bedeutsam.

3.2.1 Vergleich der bereitgestellten Mengen

Die Differenz zwischen pareto-effizienter Menge und Monopolmenge ist

$$z_{PO} - z_{MO} = \frac{3}{64}\frac{N^4}{p_z^2}\,. \tag{35}$$

Daraus folgt

$$z_{PO} = z_R = 4 z_{MO}\,.$$

Die monopolistische Versorgung mit dem öffentlichen Gut führt gemessen an der pareto-effizienten Menge zu einer erheblichen Unterversorgung. Dagegen wird auf dem Wettbewerbsmarkt die pareto-optimale Menge des Gutes angeboten. Die zu geringe Menge auf dem Monopolmarkt impliziert jedoch noch nicht, daß diese Allokation pareto-inferior gegenüber der effizienten Allokation ist. Denn auf dem Monopolmarkt werden diejenigen Konsumenten begünstigt, die für das öffentliche Gut weniger als ihrer marginalen Wertschätzung nach zu bezahlen brauchen.

Während die Monopolallokation suboptimal ist, hatten wir bei der Medianwählerallokation unter der beobachteten Einkommensverteilung ein Überangebot mit dem öffentlichen Gut festgestellt. Welches Versorgungsniveau liegt näher an der pareto-effizienten Menge? Dazu vergleichen wir den Abstand zwischen Monopol- und pareto-effizienter Menge, der $\Delta MO := z_{MO} - z_{PO}$ ist (Unterversorgung, vgl. Gleichung 35), mit dem entsprechenden Abstand ΔM für die politische Allokation (Überversorgung, vgl. Gleichung 25), und wir erhalten

$$\Delta M \gtreqless \Delta MO, \quad \text{wenn} \quad 4(E/E^M)^2 \gtreqless 7N^2.$$

Wie zuvor hängt der mengenmäßige Vorteil der politischen Allokation gegenüber der Monopolallokation von der „Größe" der Ökonomie und dem Einkommen des Medianwählers ab. Wenn die Einkommensverteilung relativ symmetrisch ist, dann können wir den Term $(E/E^M)^2$ durch N^2 recht gut annähern. Die Medianwählerversorgung ist dann nahezu gleich der pareto-effizienten Menge des öffentlichen Gutes, so daß die politische Versorgung gegenüber der Monopolversorgung relativ „mengeneffizient" ist.

Ein Vergleich der Monopolversorgung mit der administrativen Versorgung z_B ohne Transaktionskosten ($a = 1$) führt zu

$$\Delta B > \Delta MO,$$

da $(3/8)\,(N^2/p_z) > 0$. Dabei ist $\Delta B := z_B - z_{PO}$ wie in Abschnitt 2.4.2 (Überversorgung) und für $(E/E^M)^2$ haben wir wieder N^2 eingesetzt. Die Monopolallokation hat einen eindeutigen Mengenvorteil gegenüber der administrativen Bereitstellung. Die zuvor festgestellte relative Mengeneffizienz der Medianwählerallokation kehrt sich zugunsten der Versorgung über den Monopolmarkt um, wenn eine budgetmaximierende Niskanen-Bürokratie die politische Allokation ausführt.

3.2.2 Vergleich der Nutzerzahlen

Aus den Gleichungen (15), (22) und (31) erhalten wir

$$n_M = 2n_{MO} = 2n_R = N (= n_{PO}).$$

Da doppelt so viele Personen bei der Medianwählerallokation das öffentliche Gut nutzen können, als es Käufer auf dem Monopolmarkt gibt, ist das politische Allokationsverfahren absolut und relativ „konsumeffizient". Die Unternutzung auf dem Monopolmarkt ist Folge des Preis-Ausschlusses. Wegen der gemeinsamen Konsumierbarkeit des Gutes könnten zusätzliche Nutzer — zumindest konzeptionell — kostenlos zum Konsum zugelassen werden. Da der zusätzliche Konsum in keiner Weise die Konsummöglichkeiten der Käufer des öffentlichen Gutes beeinträchtigt, erleiden diese Personen keine Nutzeneinbuße. Dafür stellen sich die zusätzlichen Nutzer eindeutig besser, so daß eine paretosuperiore Allokation erreichbar ist.

Allerdings mag man einwenden, daß die Pareto-Verbesserung nur eine theoretische Möglichkeit ohne Realisierungschance ist. Wir haben es dann mit einem Nirwana-Vergleich zu tun. Denn die Anbieter müßten die Nicht-Zahler kostenlos zum Konsum der von ihnen gekauften Menge des öffentlichen Gutes zulassen. Ein solches Marktverfahren hat aber eine fundamental andere Anreizstruktur für die Käufer des Gutes. Warum sollten die zahlenden Nachfrager weiterhin bereit sein, für das öffentliche Gut zu bezahlen, wenn sie wie die Nicht-Zahler kostenlos in den Genuß des Gutes kommen könnten? Das Zustandekommen einer solchen Marktallokation ist insgesamt sehr fraglich. Dennoch ist der Vorwurf der Konsumineffizienz gegen den exklusiven Markt kein Nirwana-Argument, weil sowohl das politische Abstimmungsverfahren als auch das privatwirtschaftliche Subskriptionskonzept eine konsumeffiziente Allokation erzeugen. Es besteht also durch einen Regimewechsel die Möglichkeit, eine pareto-superiore Allokation zu erreichen.

3.2.3 Vergleich der Transaktionskosten

Eingangs dieses Abschnitts haben wir unterstellt, daß die Ausschlußkosten für die marktmäßige Bereitstellung öffentlicher Güter vernachlässigbar gering sind. Damit ist der Markt annahmegemäß „transaktionskosteneffizient". Bei der Politikversorgung sind zwei Punkte wichtig. Da keine Konsumenten ausgeschlossen werden, sind die Ausschlußkosten Null. Dagegen fallen jedoch, wie im Abschnitt 2.3.3 dargestellt, verschiedene andere politische Transaktionskosten an. Auf den ersten Blick ist das private Koordinierungsverfahren also transaktionskostengünstiger. Der Transaktionskostenvorteil sagt aber noch nichts darüber aus, ob die resultierende Konsumallokation der Allokation des anderen Verfahrens auch pareto-überlegen ist. Obwohl die administrativen Transaktionskosten die individuellen Konsummöglichkeiten einschränken, ist es möglich, daß viele Personen die Politikallokation der Marktallokation vorziehen, weil diese output- und konsumeffizient ist.

Die Annahme von Null-Ausschlußkosten bei privater Bereitstellung wurde gemacht, um spezifische Fragestellungen besser analysieren zu können. Diese Bedingung ist jedoch nicht sehr realitätsnah. Als Ausschlußkosten fallen dann insbesondere jene Ressourcenaufwendungen ins Gewicht, die die Nicht-Käufer vom Konsum des öffentlichen Gutes fernhalten sollen. Zu denken ist an technische Einrichtungen (etwa Zäune) oder auch Kontroll- und Durchsetzungsaktivitäten (etwa Überwachungspersonal) zur Gewährleistung des Ausschlusses. Im weitesten Sinne können wir an eine „Ausschlußtechnologie" denken, die das Zusammenwirken verschiedener technischer, institutioneller und ökonomischer Faktoren zusammenfaßt. Wir machen hier die einfache Unterstellung, daß die Ausschlußkosten proportional zu den Produktionskosten sind, so daß die effektiven marktmäßigen Bereitstellungskosten $bp_z z$ betragen mit $b > 1$ als Parameter der Transaktionskostenineffizienz bei Preis-

Ausschluß.[8] Bei Aufwendung von b Kosteneinheiten pro Outputeinheit wird dann vollständiger Ausschluß erreicht. Das Versorgungsniveau auf dem Monopolmarkt wäre in diesem Fall

$$z_{MO}(b) = \frac{1}{64} \frac{N^4}{(bp_z)^2} . \tag{36}$$

Wegen höherer Grenzkosten (bp_z) ist $z_{MO}(b) < z_{MO}$. Unter Umständen wird die private Produktion dadurch dermaßen unwirtschaftlich, daß der Markt zusammenbricht. Ausschlußkosten können daher ausschlaggebend sein für eine erhebliche Fehlallokation der über den Markt angebotenen öffentlichen Güter.

Wir können einige interessante Informationen gewinnen, wenn wir das monopolistische und das administrative Versorgungsniveau miteinander vergleichen und dabei unterstellen, daß in beiden Verfahren die Produktion kostenineffizient ist, mithin $a, b > 1$ gilt. Bei diesem Mengenvergleich sind drei Fälle zu unterscheiden, wobei wir E/E^M gleich N setzen.

(i) $1 < a < 2$. $\Delta B(a) := z_B(a) - z_{PO} > 0$ (administrative Überversorgung) ist mit $\Delta MO(b) := z_{PO} - z_{MO}(b) > 0$ (monopolistische Unterversorgung) zu vergleichen. Die Vergleichsbedingung lautet:

$$\Delta B(a) \gtreqless \Delta MO(b), \quad \text{wenn} \quad a \lesseqgtr 4b/\sqrt{8b^2 - 1} .$$

Wenn a — in den obigen Grenzen — größer, gleich oder kleiner der rechten Seite ist, dann ist die administrative Menge der Monopolmenge überlegen, gleich oder unterlegen.

(ii) $a = 2$. Für diesen Fall ist $\Delta B(a) = 0 < \Delta MO(b)$, so daß die administrative Versorgung einen Mengenvorteil und, falls überdies $a < b$ sein sollte, einen Kostenvorteil gegenüber der Monopolallokation hat.

(iii) $a > 2$. Da dann sowohl $z_B(a)$ als auch $z_{MO}(b)$ kleiner als z_{PO} sind, genügt es, diese Mengen direkt einander gegenüberzustellen. Wir berechnen

$$z_B(a) \gtreqless z_{MO}(b), \quad \text{wenn} \quad a \lesseqgtr 4b .$$

Für $2 < a < 4b$ ist die bürokratische Allokation mengensuperior, für $2 < a = 4b$ mengengleich und für $2 < a > 4b$ mengeninferior gegenüber der Monopolallokation.

Die Ausschlußkosten müssen aber nicht die einzigen Transaktionskosten in einem Monopolregime sein. Denn, solange kein potentieller Konkurrent mit dem Markteintritt droht, braucht sich der private Monopolist nicht kostenminimierend zu verhalten. Es sind also möglicherweise ähnliche Kostenineffizienzen

[8] Pethig (1984a, 1985) berücksichtigt marktbedingte Ausschluß-, also Transaktionskosten in einem analytisch komplizierteren Ansatz. Für unsere Zwecke genügt jedoch diese einfache Modellierung.

wie im politisch-administrativen Prozeß hinzuzurechnen. Über die relative Transaktionskosteneffizienz können wir erst dann definitive Aussagen machen, wenn wir die gesamten verfahrensspezifischen Kosten der einzelnen Arrangements gegenüberstellen. Dazu benötigen wir aber eine Theorie der Transaktionskosten. Doch lassen wir diese Forderung zunächst außer acht. Wir werden in Abschnitt 5 und in Teil C darauf noch ausführlich zu sprechen kommen.

3.2.4 Vergleich der Informationsanforderungen

Wie das Medianwählerverfahren ist das hier betrachtete Marktverfahren informationsmäßig durchführbar. Den Kommunikationsprozeß im politischen Wahlverfahren haben wir in Abschnitt 2.3.4 beschrieben. Gegenüber dem Subskriptionsverfahren sind die Informationsanforderungen des monopolistischen Preis-Ausschlußverfahren für die Anbieterseite etwas anders zu beurteilen. Während zuvor das öffentliche Gut pro Subskribent zum vollen Grenzkostenpreis p_z verkauft wurde, zahlen hier die Käufer nur einen bestimmten Teil von p_z. Über der Bestimmung des Einheitspreises erhielten wir die inverse Nachfragedistribution $n = N(z, p)$. Diese Nachfragedistribution hat für preis-ausschließbare öffentliche Güter eine ähnliche Bedeutung wie die Nachfragefunktion $x = X(p)$ im Falle privater Güter. Der private Anbieter muß die Nachfragedistribution kennen bzw. zumindest Erwartungen darüber haben, wie viele Personen eine bestimmte Menge des öffentlichen Gutes zum gegebenen Preis zu kaufen wünschen, um sein Maximierungsproblem, wie in Gleichung (30) formuliert, lösen zu können. D.h. der Informationsbedarf eines Verfahrens mit Preis-Ausschluß ist meistens größer als ohne diesen Ausschluß. Dies ist ein Anzeichen dafür, daß der „Durchmesser" des Informationskanals für den Anbieter mit Preis-Ausschluß größer ist als für den Anbieter bei Subskription. Inwiefern aber der Markt informationsineffizienter gegenüber dem Wahlverfahren ist, darüber können wir kein schlüssiges Urteil abgeben.

3.2.5 Vergleich der Anreizkompatibilität

Das Medianwählerverfahren erwies sich als anreizkompatibel. Wie ist das monopolistische Preis-Ausschlußverfahren danach zu beurteilen? Dabei spielt der Preis-Ausschluß eine ausschlaggebende Rolle. Preis-Ausschluß bei öffentlichen Gütern bedeutet ja, daß ein Konsument das Gut nur dann konsumieren kann, wenn er den verlangten Marktpreis zu zahlen bereit ist. Doch folgt daraus, daß eine Person, die „freizufahren" versucht und zum Zwecke der Nutzensteigerung ihre Zahlungsbereitschaft untertreibt, das öffentliche Gut nicht konsumieren kann? Wenn dies zuträfe, dann wäre die Offenlegung der wahren Präferenzen anreizkompatibel.

Zur Klärung dieser Frage ist es zweckmäßig, sich die Situation des Grenzkäufers, der bei der gewählten „Alles-oder-Nichts-Preisstrategie" indifferent zwischen Kauf und Nicht-Kauf ist, vor Augen zu führen. Der private Monopolist schöpft beim Outputniveau z_{MO} die gesamte Konsumentenrente des Grenzkäufers ab, wenn dieser seine Präferenzen wahrheitsgemäß offenbart. Wenn aber der Grenzkäufer jetzt wahrheitswidrig eine niedrigere Zahlungsbereitschaft angibt, dann führt dies bei unveränderter Preisstrategie dazu, daß die neue Angebotsmenge $\hat{z}_{MO}$ kleiner als die bisherige ist. Bei $\hat{z}_{MO}$ erzielt der Grenzkäufer aber eine positive Konsumentenrente, so daß für ihn die Angabe wahrer Präferenzen nicht anreizkompatibel sein kann.

Folglich ist der Markt für preis-ausschließbare öffentliche Güter kein anreizkompatibles Allokationsverfahren. Dieses Ergebnis stimmt grundsätzlich mit dem von Hurwicz (1972) überein, der auch bei der Allokation privater Güter, bei denen Ausschluß angewendet wird, Anreizprobleme nachweist. Ausschluß gewährleistet also nicht automatisch auch Anreizkompatibilität. Daneben besteht aber noch ein ganz anderes Anreizproblem. Und zwar geht es darum, ob es sich für einen Konsumenten lohnt, das öffentliche Gut beim privaten Anbieter zu kaufen, oder ob es nicht noch andere Beschaffungswege gibt. Bei bestimmten öffentlichen Gütern kann ein Konsument häufig zwischen zwei Beschaffungswegen wählen. Die eine Alternative ist der Kauf beim privaten Anbieter — im folgenden *A*-Option genannt. Die andere Möglichkeit besteht darin, das öffentliche Gut über andere Quellen zu erwerben — dies ist die *B*-Option. Die Ursache dafür ist meistens ein ungenügender Ausschluß auf dem Monopolmarkt, wenn etwa die Kosten der Durchsetzung der Eigentumsrechte zu hoch sind. Beispielsweise kann eine Eintrittskarte für das öffentliche Gut „Fußballspiel" auf einem nachgeordneten Markt weiterverkauft werden (siehe Schwarzmärkte). Andere öffentliche Güter wie die Information in einem Buch oder in einer Zeitschrift können mit bestimmten Technologien vervielfältigt und danach weitervertrieben werden (z. B. Raubdrucke). Ähnliche Möglichkeiten bestehen auch bei Musik- und Videokassetten. Die *B*-Option kann je nach den definierten und zugewiesenen Verfügungsrechten legal oder illegal sein. Dies wirkt sich insbesondere auf die Beschaffungskosten des öffentlichen Gutes aus (vgl. im einzelnen Pethig 1984a).

Wenn beispielsweise das öffentliche Gut unabhängig von den Beschaffungswegen von den Individuen als gleich gut bewertet wird, dann sind ein Buch oder eine Kopie mit demselben Inhalt vollständige Substitute. Ein nutzenmaximierender Konsument wählt die kostengünstigste Option. Nehmen wir beispielsweise an, die *B*-Option sei kostengünstiger. Folglich wird ein nachfragestarker Konsument diese Option der *A*-Option vorziehen. Diese Wahlentscheidung ist aber kein Vorspiegeln falscher Präferenzen, weil dieser Konsument ja in vollständiger Übereinstimmung mit seinen wahren Präferenzen handelt. Er hat aber auch keinen Anlaß, die *A*-Option zu wählen, weil diese gegenüber der *B*-Option nicht nutzenmaximal ist.

Eine solche Ausweichstrategie hat allokative Konsequenzen für den exklusiven Markt. Wenn die *B*-Option kostengünstiger ist, dann müßten alle zahlungsbereiten Individuen auf die *B*-Option ausweichen, so daß der Monopol- bzw. *A*-Markt zusammenbricht. Der *B*-Markt wäre demnach relativ mengen- und konsumeffizient gegenüber dem *A*-Markt. Allerdings muß der *A*-Markt nicht vollständig zusammenbrechen, wenn beispielsweise ein gebundenes Buch höher eingeschätzt wird als eine Loseblattsammlung gleichen Inhalts (nicht-vollständige Substitute). Es ist dann möglich, daß beide Markttypen nebeneinander bestehen (vgl. Pethig 1985).

Zusammenfassung: Die Medianwählerkoordinierung besitzt eindeutige Vorteile in bezug auf die Produktions- und Konsumeffizienz sowie Anreizkompatibilität. Wegen der Steuerfinanzierung braucht die Medianwählerallokation aber nicht individuell rational zu sein. Beide Verfahren sind informationsmäßig durchführbar. Dagegen hat je nach Höhe der Ausschlußkosten das eine oder andere Verfahren einen komparativen Transaktionskostenvorteil. Insbesondere dann, wenn die politische Versorgung mit dem öffentlichen Gut durch eine staatliche Administration sichergestellt wird, dann hat der Markt diesbezüglich einen Vorteil. Ein schlüssiges Gesamtkriterium ist auch hier nicht konstruierbar, obwohl vieles für die Überlegenheit des Medianwählerverfahrens spricht.

4 Die exklusive Allokation öffentlicher Güter über den Markt und durch den Staat

4.1 Die staatliche Bereitstellung öffentlicher Güter durch Gebühren-Ausschluß[1]

4.1.1 Stand der Forschung

Wir haben argumentiert, daß aus mehreren Gründen in politischen Allokationsverfahren das Ausschlußprinzip bei öffentlichen Gütern in der Regel nicht angewendet wird. Dennoch lassen sich auch bei politischer Koordinierung Bereiche finden, in denen Ausschluß stattfindet. Zu denken ist etwa an staatliche Schwimmbäder, Staatstheater, Museen oder auch Fernsehen und Rundfunk. In der Literatur ist dieser Fragenkreis in den letzten Jahren auf zunehmend größeres Interesse gestoßen, wie die Arbeiten von Bird (1976, 1978), Münch (1976, 1978), Wittmann (1979), Schmidt (1980) und Hanusch (1981) sowie einzelne Aufsätze in dem Sammelband von Oettle (1984) belegen. Die Motive für eine exklusive politische Versorgung können recht unterschiedlich sein, wobei in jüngster Vergangenheit gerade aus finanzpolitischer Sicht die Entlastung der angespannten Finanzlage der staatlichen Haushalte verstärkt im Vordergrund stand. Für den Analytiker geht es aber primär um die Frage, ob und inwieweit

[1] Der Tabelle 1 folgend ist ein solches staatliches Regime in den Spalten 10 und 11 anzusiedeln. Während Feld 10 noch die privatwirtschaftliche Produktion einschließt, können wir uns auch ein staatliches Unternehmen vorstellen, welches das öffentliche Gut in Eigenregie erstellt.

staatlich bereitgestellte öffentliche Güter „gebührenfähig" sind. Diese Fragestellung ist unmittelbar mit der Preistheorie öffentlicher Güter verknüpft.

Ein gewisser Unterschied ist aber darin zu sehen, daß die „Gebührentheorie" öffentlicher Güter vielmehr um die Anwendung und Erreichbarkeit des sogenannten Äquivalenzprinzips kreist.[2] Nach Haller (1981) wird zwischen nutzen- und kostenmäßiger Äquivalenz der Preisbildung unterschieden. Nutzenmäßige Äquivalenz liegt dann vor, wenn einem Nutzer des staatlich bereitgestellten Gutes eine Gebühr p^i abverlangt wird, die genau seiner marginalen Zahlungsbereitschaft GRS^i entspricht.[3] Diese Art der Äquivalenz fordert also nichts anderes als die Etablierung von Lindahl-Gebühren, bei denen bekanntlich $p^i = GRS^i$ gilt und die die Samuelsonsche Summenbedingung $\Sigma_i GRS^i = \Sigma_i p^i = p_z$ erfüllen. Da im allgemeinen $GRS^i \neq GRS^j$ für $i \neq j$ ist, verlangt die nutzenmäßige Äquivalenz eine entsprechende interpersonelle Gebührendifferenzierung.

Betrachten wir jetzt die kostenmäßige Äquivalenz. Sie liegt dann vor, wenn ein Nutzer mit denjenigen Kosten belastet wird, die durch seine Nutzung entstehen. In der Regel ist diese Gebühr aber nicht interpersonell verschieden, sondern für alle $n \leq N$ Nutzer ($i = 1, \ldots, n$) einheitlich, also $p^i = \hat{p}$. Kostenmäßige Äquivalenz ist identisch mit Kostendeckung bzw. Null-Gewinn, d.h. $\Sigma_i p^i = n \cdot \hat{p} = p_z$. Die Einheitsgebühr $\hat{p}$ ist aber nur zufällig gleich der Grenzbewertung GRS^i. Wenn das Leistungsangebot den „Alles-oder-Nichts-Charakter" hat, dann wird für viele Nutzer $\hat{p} > GRS^i$ sein. Bei zwangsweiser staatlicher Leistung (z.B. bei Abwasser- und Müllabfuhrgebühren) kann sogar mehr als die gesamte Konsumentenrente abgeschöpft werden. Insgesamt ist bei kostenäquivalenter Gebührenpolitik eine pareto-ineffiziente Allokation zu erwarten, die sowohl Komponenten der Konsumineffizienz wegen der Gebührenrationierung als auch der Outputineffizienz wegen Verletzung der Samuelsonschen Bedingung aufweist.

Ein nutzenäquivalentes Gebührenregime ist also aus Effizienzgründen einem kostenäquivalenten überlegen. Aber angesichts der Tatsache, daß Lindahl-Gebühren aus Informationsgründen nicht erreichbar, Kosten-Gebühren dagegen einfach und praktikabel sind, haben kostendeckende Gebühren einen praktischen Anwendungsvorteil. Diese Gebührenpolitik hat auch empirische Relevanz. Deswegen steht die exklusive Bereitstellung öffentlicher Güter durch den Staat vor denselben Effizienzproblemen, wie sie die Preistheorie öffentlicher

---

[2] Die Theorie des Äquivalenzprinzips behandelt Schmidt (1980). Die Probleme bei der Anwendung dieses Prinzips werden von Wittmann (1979) und Bohley (1981) diskutiert. Eine andere Form staatlicher Abgaben beruht auf dem sogenannten Leistungsfähigkeitsprinzip. Dabei richtet sich die Abgabe nach der Zahlungsfähigkeit des Zahlers, wobei häufig das individuelle Einkommen als Bemessungsgrundlage dient. Zum Vergleich von Äquivalenz- und Leistungsfähigkeitsprinzip siehe Pfähler (1977).

[3] Eine so definierte Gebühr ist nichts anderes als ein Preis. Wir verwenden diesen Begriff deswegen, um die in der exklusiven staatlichen Bereitstellung auftretenden allokativen Besonderheiten terminologisch besser von denen der exklusiven privaten Bereitstellung unterscheiden zu können.

Güter diagnostiziert. Ein Unterschied besteht jedoch darin, daß die Gebühreneinnahmen die Produktionskosten nicht vollständig decken müssen und daß das entstandene Defizit, also ein Verlust, über allgemeine Steuereinnahmen ausgeglichen werden kann. Durch diese „Kombination" zweier verschiedener politischer Verfahren kann das Ausmaß der Konsumineffizienz und in der Regel auch die Outputineffizienz reduziert werden, weil bei einer geringeren Gebühr die Nutzerzahl ansteigt. Auf der anderen Seite führt die Steuerfinanzierung dazu, daß auch die Nicht-Nutzer einen Bereitstellungsbeitrag leisten und für diese Personen diese Versorgung nicht nutzenmaximal sein kann.

Wenn wir hier davon absehen, daß die exklusive politische Bereitstellung keineswegs die privatwirtschaftliche Produktion des öffentlichen Gutes ausschließt, dann bleiben der Regierung noch mehrere Möglichkeiten, das Gut zu produzieren. In Frage kommen eine staatliche Administration, ein Regiebetrieb oder ein staatliches Unternehmen. Die administrative Produktion des öffentlichen Gutes haben wir bei der nicht-exklusiven Bereitstellung des Gutes bereits behandelt. Die Nicht-Anwendung des Ausschlußprinzips dürfte in diesem Produktionsarrangement auch vorherrschen. Wir werden daher im weiteren nur den Gebühren-Ausschluß durch ein staatliches Unternehmen verfolgen.

Es gibt inzwischen eine recht umfangreiche Literatur über staatliche Unternehmen und eine Theorie der „öffentlichen" Unternehmen (vgl. insbesondere Bös 1980a, 1981, 1986 sowie Blankart 1980a). Leider werden in diesem Forschungsgebiet öffentliche Güter und deren Ausschlußproblematik erst ansatzweise behandelt. Hauptaugenmerk ist gegenwärtig vielmehr die Allokation privater Güter, für die die Grenzkostenpreisregel nicht optimal ist. Erst in jüngerer Zeit sind einige Beiträge unter anderem von Rittig (1984), Hanusch (1984), Thiemeyer (1984), Noll (1984) und Baumol (1984) erschienen, die die Relevanz der Theorie der öffentlichen Güter für die Lehre von den staatlichen Unternehmen behandeln. Diese Arbeiten liefern jedoch erst Ansätze für einen konzeptionellen Rahmen, in welchem die Integration der beiden Theorien zu einem einheitlichen Theoriegebäude noch aussteht.

Da die Theorie der staatlichen Unternehmen für unseren Effizienzvergleich bedeutsam ist, ist ein kurzer Überblick gerechtfertigt. Wir können mehrere Forschungsschwerpunkte unterscheiden. Da ist zum einen die normative Fragestellung, wie die Preisregeln für private Güter gestaltet werden sollen, damit kein Defizit entsteht.[4] Denn bei privaten Gütern, deren Produktion durch steigende Skalenerträge gekennzeichnet ist bzw. allgemeiner: deren Technologie die Bedingung der Subadditivität erfüllt, führen Grenzkostenpreise zu einem Verlust. Baumol/Oates (1970) entwerfen eine kostendeckende Preisregel mit der Eigenschaft, daß die Wohlfahrtsverluste infolge von Nicht-Grenzkostenpreisen minimiert werden. Diese second-best bzw. quasi-optimalen Preise, die auch als Ramsey-Preise[5] bezeichnet werden, basieren auf einer umgekehrt proportiona-

---

[4] Einen Überblick über Preisregeln gibt Blankart (1982).

len Elastizitätsregel, nach der die tatsächlichen Preise um so stärker von den Grenzkosten abweichen, je weniger preiselastisch die Nachfrage nach diesen Gütern ist. Eine andere Preisregel, die sogenannte kostenorientierte Gebührenpolitik, geht auf Knieps/Müller/von Weiszäcker (1981) zurück. In dieser Vorschrift spielen Preiselastizitäten keine Rolle; sie ist auch nicht quasi-optimal, wohl aber praktikabler als die Elastizitätsregel.

Bei der zweiten Fragestellung geht es nicht darum, welche Gebührenregeln in staatlichen Unternehmen angewendet werden sollten, sondern ob die dort tätigen Manager und Mitarbeiter bereit und willens sind, die vorgeschlagenen Regeln auch tatsächlich zu befolgen. Es geht also um positive Erklärungsansätze für das Verhalten der Akteure in staatlichen Unternehmen (vgl. Lindsay 1976, 1980). Viel Aufmerksamkeit findet dabei die Anreizstruktur für die Manager in diesen Unternehmen angesichts der besonderen Rahmenbedingungen, daß staatliche Unternehmen im allgemeinen vom Wettbewerb auf dem Produktmarkt ausgenommen und daß sie häufig mit einer Defizitausgleichsgarantie ausgestattet sind. Hinzu kommt, daß Manager und Beschäftigte sehr oft eine Arbeitsplatzgarantie haben und die Entlohnung nicht leistungsorientiert erfolgt. Typischerweise sind auch die Bedingungen der asymmetrischen Informationsverteilung über den Produktionsablauf zwischen politischem Kontrolleur (Prinzipal) und Manager (Agent) gegeben. Dies — so argumentiert etwa Gravelle (1982) — führe dazu, daß die Manager kaum bestrebt sein werden, die kostenorientierte Gebührenpolitik entsprechend korrekt anzuwenden oder kosteneffizient zu produzieren. Obwohl es verschiedenartige staatliche Vorschriften, Auflagen und Regulierungen gibt, die den Mißbrauch von staatlicher Monopolmacht verhindern sollen, sagt die Theorie in staatlichen Unternehmen ein ähnliches Verhalten voraus, wie es die ökonomische Theorie der Bürokratie für den Fall postuliert, daß kein Gebühren-Ausschluß stattfindet.

Es wäre wünschenswert, die Gebührentheorie öffentlicher Güter in die Theorie der staatlichen Unternehmen einzubeziehen. Ein solcher Ansatz fehlt gegenwärtig. Für den Fall, daß staatliche Unternehmen gebührenfähige öffentliche Güter anbieten und dabei eine kostenäquivalente Gebührenpolitik verfolgen, können wir erwarten, daß staatliche Unternehmen diese Güter in der Regel nicht pareto-effizient bereitstellen werden. Mit Hilfe der für die Zwecke des Effizienzvergleichs gewählten Modellstruktur können wir dieses Ergebnis auch formal ableiten. Auf diese Weise können wir zumindest in rudimentärer Form einige Aspekte der Preis- oder Gebührentheorie öffentlicher Güter in die Theorie der staatlichen Unternehmung einbeziehen.

---

[5] Die Bedingung für quasi-optimale Preise wurde erstmals von Ramsey (1927) aufgezeigt. Boiteux (1956) hat die Bedeutung dieser Preisregel für die Preisbildung in staatlichen Unternehmen (Elektrizitätswirtschaft) hervorgehoben. Im übrigen spielen solche Zusammenhänge auch in der Theorie der optimalen Besteuerung eine wesentliche Rolle.

4.1.2 Exklusive staatliche Allokationsverfahren

Wir nehmen an, es gibt nur ein staatliches Unternehmen, das ein gebührenfähiges öffentliches Gut bereitstellt. Da die Regierung um die Monopolmacht des Unternehmens weiß, versucht sie das Unternehmen in eine wettbewerbsähnliche Situation („Als-Ob-Wettbewerb") einzubinden, indem sie eine Kostendeckungsvorschrift erhebt.[6] Zur Bestimmung des Versorgungsniveaus benötigt auch das staatliche Unternehmen die Kenntnis über die Nachfragedistribution $n=N(p, z)$. Wir nehmen an, daß das staatliche Unternehmen dieselbe „Alles-oder-Nichts"-Preis- bzw. Gebührenstrategie verfolgt wie ein privater Anbieter und daß das öffentliche Gut gegen eine Einheitsgebühr abgegeben wird. Wegen Gleichung (30) lautet dann die Beziehung für den Null-Gewinn:[7]

$$G(n, z)=(Nn-n^2)\sqrt{z}-p_z z=0. \tag{37}$$

Aus der Nullgewinnrestriktion können wir mit Ausnahme der vollständigen Inaktivität ($n=0$, $z=0$) noch keine eindeutige Allokation bestimmen. Viele Wertepaare von n und z erfüllen Gleichung (37). Wir können aber ökonomisch plausible Zielfunktionen spezifizieren, die das Allokationsproblem lösen helfen. Eine Möglichkeit ist das Regime A, bei welchem z über n maximiert wird unter der Berücksichtigung von $G(n, z)=0$.

Regime A ist völlig äquivalent zum Wettbewerbsmarkt, der in Abschnitt 3.1.2 Gegenstand unserer Analyse war. Folglich ist die Allokation im Regime A gleich derjenigen des Wettbewerbsmarktes, und zwar

$$\begin{aligned} z_A &= \frac{1}{16}\frac{N^4}{p_z^2}, \\ n_A &= N/2. \end{aligned} \tag{38}$$

Daneben sind aber noch andere Varianten staatlicher Unternehmen möglich, die sich insbesondere in ihrer Gebührenpolitik unterscheiden. In Annäherung an die Realität ist es zweckmäßig davon auszugehen, daß das öffentliche Gut nicht nur durch die Gebührenerhebung finanziert, sondern daß das verbleibende Finanzierungsdefizit etwa aus verteilungspolitischen Gründen durch den Staatshaushalt, also in aller Regel durch Steuern, gedeckt wird (sog. Defizitausgleichsgarantie). Wir bezeichnen diese Variante als Regime B. Diese Art der Mischfinanzierung ist quasi die Kopplung eines exklusiven mit einem nicht-exklusiven

---

[6] Die Nullgewinnbeschränkung soll quasi den fehlenden Anbieterwettbewerb simulieren. Die Überlegung ist ähnlich derjenigen in der Theorie der „contestable markets". Der Unterschied besteht aber darin, daß der Null-Gewinn nicht die Folge der Eintrittsdrohung eines potentiellen Konkurrenten ist, sondern eine staatliche Regulierung darstellt. Man kann darüber streiten, was wirkungsvoller ist.

[7] Man beachte, daß Gleichung (37) der Null-Gewinngleichung (32) auf dem Wettbewerbsmarkt entspricht.

politischen Allokationsverfahren. Die Nullgewinnbedingung kann dann allgemein geschrieben werden als

(39)
$$G(n, z) = p \cdot n \cdot z - g \cdot p_z \cdot z = 0,$$
$$= (Nn - n^2)\sqrt{z} - g \cdot p_z \cdot z = 0,$$

worin g aus (0, 1] den Kostenanteil bezeichnet, der durch Gebühren finanziert wird. Um aber eine Allokation im Regime B ermitteln zu können, müssen wir eine Mindestmenge $\hat{z}$ für das öffentliche Gut vorgeben, die möglicherweise durch den politischen Prozeß festgelegt worden ist. Obwohl das nicht unproblematisch ist, nehmen wir an, Regime B wird auf die pareto-effiziente Menge z_{PO} reguliert, also

(40)
$$z_B = \hat{z} = z_{PO} .$$

Aus Gleichung (39) bestimmen wir $z_B = (Nn - n^2)^2/(g p_z)^2$. Wir berücksichtigen jetzt z_{PO} aus Gleichung (15) und erhalten

$$\frac{N^4}{16 p_z^2} = \frac{(Nn - n^2)^2}{g^2 p_z^2} .$$

Um die maximale Nutzerzahl des Regimes B, nämlich n_B, zu errechnen, lösen wir diese Gleichung nach n auf. Nach einigen Umformungen erhalten wir

(41)
$$n = (N/2)(1 \pm \sqrt{1 - g}).$$

Aus Gleichung (41) können wir folgendes ablesen. Spezialfall 1: Für $g = 1$ ist $n_B = N/2$. Bei vollständiger Gebührenfinanzierung des öffentlichen Gutes und bei „Alles-oder-Nichts"-Gebühr resultiert die gleiche konsumineffiziente Nutzerzahl wie im Regime A.

Fall 2: Für den „Normalfall" $0 < g < 1$ ist $N > n_B > N/2$. Bei dieser „moderaten" Gebührenpolitik wird das Ausmaß der Konsumineffizienz um so mehr reduziert, je kleiner der Gebührenanteil wird.

Spezialfall 3: Für $g = 0$ ist $n_B = N$.[8] Diese Allokation ist konsumeffizient, wenn statt des Gebühren-Ausschlusses das öffentliche Gut steuerfinanziert wird („Null-Tarif"). Die Steuerfinanzierung kann sehr unterschiedlich sein. So kann beispielsweise eine allgemeine Steuer (Kopfsteuer) $p_z \cdot z/N$ pro Person oder eine proportionale, aber auch eine indirekt bzw. direkt progressive Steuer erhoben werden.

4.2 Vergleich zwischen exklusiven Markt- und politischen Allokationsverfahren

Wir wollen im folgenden diese exklusiven Politikvarianten mit den Marktverfahren aus Abschnitt 3.1 vergleichen.

[8] $n_B = 0$ ist das Ergebnis, wenn keine Finanzierung zustandekommt.

4.2.1 Vergleich der bereitgestellten Mengen

Die vom privaten Monopolisten bereitgestellte Menge des öffentlichen Gutes war suboptimal, während auf dem Wettbewerbsmarkt ein pareto-effizientes Outputniveau resultierte (vgl. Abschnitt 3.2). Im Vergleich mit den hier modellierten Varianten staatlicher Unternehmen erhalten wir

$$4z_{MO} = z_R = z_A = z_B = z_{PO}.$$

Die Allokationsmenge auf dem Monopolmarkt ist gegenüber der Menge, die die staatlichen Unternehmen anbieten, relativ und absolut pareto-ineffizient. Keine Mengenunterschiede bestehen zwischen den Allokationen des Wettbewerbsmarktes und des Regimes *A*. Da aber z_B exogen auf z_{PO} festgelegt worden ist, ist hierfür die Vergleichbarkeit aus Gründen der informationsmäßigen Durchführbarkeit kritisch zu bewerten.

4.2.2 Vergleich der Nutzerzahlen

Die Rangordnung der Nutzerzahlen ist

$$n_{MO} = n_R = n_A < n_B < n_{PO} = 2n_{MO}.$$

Das staatliche Unternehmen vom Typ *A* erzielt dieselbe Konsumineffizienz wie der private Unternehmer auf dem Monopol- und Wettbewerbsmarkt. Die Nutzerallokation des staatlichen Unternehmenstyp *B* ist gegenüber den Allokationen der gerade genannten drei Unternehmen in der Regel relativ konsumeffizient, aber nur für den Extremfall der nicht-exklusiven Versorgung auch absolut konsumeffizient.

Die staatliche Allokation (z_A, n_A) ist gleich der marktlichen Wettbewerbsallokation (z_R, n_R), so daß die Individuen in beiden Allokationsverfahren nutzenmäßig gleich gestellt sind. Das heißt aber nicht, daß diese Allokationen gegenüber der Monopolallokation (z_{MO}, n_{MO}) auch pareto-superior sind. Denn die Netto-Nutzendistributionen sind unterschiedlich. Aus einem ähnlichen Grund ist aber auch die Allokation (z_B, n_B) nicht pareto-überlegen im Vergleich zu den vorgenannten Allokationen, weil im Regime *B* die Allokation für die steuerzahlenden Nicht-Nutzer nicht individuell rational sein kann, da diese einen negativen Netto-Nutzen erzielen.

4.2.3 Vergleich der Transaktionskosten

Gebühren-Ausschluß als Prinzip bei der Koordinierung öffentlicher Güter durch staatliche Unternehmen impliziert, daß auch in politischen Allokationsverfahren Ausschlußkosten anfallen. Darüber hinaus sind noch Regulierungskosten zu berücksichtigen, die dadurch entstehen, daß die Auflagen an die staatlichen Unternehmen überwacht und gegebenenfalls durchgesetzt werden müssen. Dafür fallen in den betrachteten staatlichen Regimen keine Wahlkosten an. Außerdem entfallen im Regime A die Kosten der Steuerverwaltung sowie die Wohlfahrtseinbußen infolge einer verzerrenden Besteuerung. Diese spezifischen Transaktionskosten sind insgesamt beim Vergleich der verschiedenen Arrangements zu berücksichtigen.

Unseres Erachtens ist es realistisch anzunehmen, daß sich die Ausschließungskosten für das öffentliche Gut zwischen marktmäßigen und politischen Allokationskonzepten nicht wesentlich voneinander unterscheiden, was für die nichtausschlußbedingten Transaktionskosten nicht zu erwarten ist. Im Marktbereich müssen wir dabei zwischen dem Monopol- und Wettbewerbsmarkt differenzieren. Auf dem Wettbewerbsmarkt ist zu erwarten, daß der Druck der potentiellen Konkurrenz den eingesessenen Anbieter zur Kostendisziplin zwingt. Folglich sind die Transaktionskosten, die über die Ausschließungskosten hinausgehen, praktisch Null, weil anderenfalls der potentielle Anbieter den Markt kostengünstiger bedienen könnte. Dieser disziplinierende Faktor fehlt dagegen auf dem Monopolmarkt. Das gleiche trifft aber auch für das staatliche Unternehmen zu. Dennoch besteht zwischen diesen Konzepten ein grundsätzlicher Unterschied. Denn während sich der private Monopolist den Gewinn monetär oder auch in anderer Form aneignen kann, bleibt für den staatlichen Manager nur die Möglichkeit, den Gewinn in irgendwelchen, nach außen als unabdingbar erscheinenden Kosten zu „verbergen". Folglich ist zu erwarten, daß der Anreiz zum kosteneffizienten Wirtschaften in staatlichen Unternehmen häufig schwach ausgeprägt sein kann. Welche allokativen Auswirkungen haben diese unterschiedlichen Konstellationen?

Fall 1: Stellen wir zunächst z_R und $z_A(a)$ gegenüber, wobei $a > 1$ auf die nichtausschlußbedingten Transaktionskosten beim staatlichen Unternehmen A hinweisen soll. Aus $z_{PO} = z_R = z_A$ folgt $z_R > z_A(a)$. Die Transaktionskostenineffizienz im staatlichen Sektor führt auch zu einem Mengenvorteil der Allokation des Wettbewerbsmarktes.

Fall 2: Der Vergleich von $z_A(a)$ mit $z_{MO}(b)$ gibt, wenn $b > 1$ die nichtausschlußverursachte Kostenineffizienz auf dem Monopolmarkt ist,

$$z_A(a) \gtreqless z_{MO}(b), \quad \text{genau dann wenn} \quad a \lesseqgtr 2b.$$

Die tatsächlichen politischen Bereitstellungskosten können die Kosten des privaten Monopolisten um das Doppelte übersteigen ($a = 2$), falls dieser kosteneffizient ($b = 1$) produziert, bevor der Mengenvorteil des staatlichen Regimes durch den Transaktionskostennachteil kompensiert wird. Für $b > 1$ ist diese Kompensation erst bei dem 2b-fachen erreicht.

4.2.4 Vergleich der Informationsanforderungen

Zunächst können wir feststellen, daß die behandelten exklusiven Allokationskonzepte informatorisch durchführbar sind, wenn wir von der ad hoc-Annahme, daß z_B auf z_{PO} reguliert ist, einmal absehen. Ein exklusives politisches

Allokationsverfahren ist informationsmäßig anders zu beurteilen als ein nicht-exklusives. Aufgrund der Anwendung des Ausschlußprinzips muß das staatliche Unternehmen die Nachfragedistribution $n = N(z, p)$ kennen. Die Informationskanäle bei Gebühren-Ausschluß unterscheiden sich dadurch von denen, wenn mit dem Wahlzettel abgestimmt wird. Dafür entfällt die Bestimmung der vom Medianwähler gewünschten Menge des öffentlichen Gutes. Konsumentenausschluß in beiden Verfahren deutet letztlich auf nicht grundsätzlich verschiedene Informationsanforderungen dieser Verfahren hin.

4.2.5 Vergleich der Anreizkompatibilität

Für die Konsumenten macht es von der Anreizstruktur her prinzipiell keinen Unterschied, ob das Ausschlußprinzip bei öffentlichen Gütern durch ein privates oder staatliches Monopolunternehmen praktiziert wird. Die Versorgung durch ein staatliches Unternehmen ist wie die private Monopolversorgung nicht nutzenmaximal, wenn das öffentliche Gut über andere Bezugsquellen kostengünstiger beschafft werden kann. Allerdings muß der Handel auf nachgeordneten Märkten für die staatlichen Unternehmen allokativ nicht so ungünstig sein wie für den privaten Anbieter.[9] Zwar reduzieren solche Aktivitäten die Erlöse des staatlichen Unternehmens und treiben die Kosten aufgrund verstärkter Anstrengungen zur Durchsetzung des Ausschlusses in die Höhe. Auch bei Nullgewinnbeschränkung sinkt dadurch das Versorgungsniveau öffentlicher Güter. Allerdings bedeutet das noch nicht, daß auch die staatliche Versorgung auf Null schrumpft. Dem politischen Anbieter bleibt die Alternative, ein Defizit hinzunehmen und über Steuern zu finanzieren. Dies wäre ein Wechsel vom Regime *A* zum Regime *B*, welches im Extremfall rein steuerfinanziert sein kann ($g = 0$). Im Unterschied zum privaten Monopolfall kommt bei dem teilweise bzw. vollständig steuerfinanzierten staatlichen Unternehmen *B* hinzu, daß möglicherweise dessen Allokation für diejenigen Personen individuell nicht-rational ist, deren Zahlungsbereitschaft kleiner als die zwangsweise zu leistende Steuerzahlung ist.

Ein besonderes Anreizproblem besteht zwischen dem politischen Kontrolleur und den Managern des staatlichen Unternehmens. Diese Prinzipal-Agent-Beziehung ist anreizkompatibel, wenn sich die Agenten, also die Manager, aus eigenem Antrieb so verhalten, daß sie die (irgendwie gesellschaftlich bestimmte) Zielfunktion des Prinzipals, also der Wähler, maximieren (vgl. etwa Conn 1979). Da die Informationen über die produktionsrelevanten Daten asymmetrisch verteilt sind, ist es kaum zu erwarten, daß die Manager im eigenen Interesse ihren Kontrolleur über die korrekten Produktionsbedingungen informieren. Im Gegenteil wird ein Manager eher geneigt sein, die für ihn nutzenstiftenden

---

[9] Wir schließen dabei aus, daß die Verluste des privaten Monopolisten „sozialisiert" werden.

Kostenineffizienzen zu verstecken bzw. als produktionsnotwendig darzustellen. In diesem Sinne ist das exklusive politische Verfahren anreizinkompatibel.

Zusammenfassung: Die Bereitstellung öffentlicher Güter via staatliches Unternehmen, das den Ausschluß von Konsumenten praktiziert, ist der exklusiven Versorgung auf dem Monopolmarkt mengenmäßig überlegen und der des Wettbewerbsmarktes gleichwertig. Überdies ist die politische Versorgung um so konsumeffizienter, je geringer der Gebührenanteil an der Finanzierung ist. Das Transaktionskostenkriterium fällt wegen administrativer Ineffizienzen eher zugunsten der privaten Bereitstellung aus. Informations- und Anreizaspekte dagegen lassen keine relevanten komparativen Vor- oder Nachteile erkennen. Beim politischen Verfahren fällt dafür die anreizinkompatible Beziehung zwischen staatlichem Unternehmensmanager und Kontrolleur negativ ins Gewicht.

5 Die staatliche und privatwirtschaftliche Produktion öffentlicher Güter

5.1 Grundzüge

In den vorstehenden Abschnitten haben wir die Frage nach der relativen Kosteneffizienz bzw. X-Effizienz im Sinne von Leibenstein (1966) immer wieder angeschnitten. Die X-Ineffizienz ist in marktmäßigen und staatlichen Produktionseinrichtungen genau derjenige Teil des „Marktversagen" bzw. „Politikversagens", für den man in der Literatur auch den Begriff des „Hierarchieversagens" findet (vgl. Williamson 1973, 316 und Eschenburg 1980, 183). Uns geht es aber verstärkt darum, welche Organisationsform einen gegebenen Output des öffentlichen Gutes mit den geringsten Kosten produziert, also relativ X-effizient arbeitet. Unsere bisherige Diskussion litt darunter, daß wir die jeweiligen Parameter der Unwirtschaftlichkeit — „a" für politische und „b" für marktbezogene Allokationsverfahren — ad hoc eingeführt haben. Zwar war dieses Vorgehen nützlich und gerechtfertigt, um systematische Zusammenhänge zwischen der Kosten- und Outputeffizienz bei der Allokation öffentlicher Güter aufzeigen zu können. Die relative X-Effizienz war damit aber notwendigerweise festgelegt. Im Rahmen eines Effizienzvergleichs ist es aber unbefriedigend, wenn eine ad hoc-Annahme über die Über- oder Unterlegenheit eines Allokationsverfahrens entscheidet. Dieses Problem stellt sich aber dann nicht, wenn die Kostenineffizienzen selbst Gegenstand der Analyse sind. Dabei kann die Untersuchung theoretisch und/oder empirisch sein.

Beginnen wir mit der empirischen Analyse. Es gibt inzwischen eine recht umfangreiche Literatur über empirische Kosten- bzw. Produktivitätsvergleichsstudien zwischen privatwirtschaftlichen und staatlichen Produktionsarrangements, über die Borcherding/Pommerehne/Schneider (1982), Blankart/Pommerehne/Schneider (1984) und Pommerehne/Schneider (1986) im Überblick berichten. Die dort zusammengestellten Untersuchungen vermitteln einen äußerst differenzierten Eindruck. Es wird festgestellt, daß in bestimmten Fällen die staatliche Fertigung kostenmäßig günstiger, gleich gut oder schlechter abschneidet gegenüber der privatwirtschaftlichen Produktion. Diese Information ist nicht einfach einzuordnen. Bei der Beurteilung dieser empirischen Arbeiten wollen wir von den unvermeidbaren Schwächen der empirischen Methodik und der häufig sehr unzulänglichen Datenbasis absehen. Trotzdem sind die Ergebnisse der empirischen Arbeiten nur begrenzt aussagefähig. Denn sie gelten lediglich für den jeweiligen Untersuchungsbereich, die Auswahl und Anzahl der Vergleichskriterien ist willkürlich, und insbesondere die Vergleichbarkeit ist häufig unklar und kontrovers (vgl. ausführlich dazu Blümel 1983 a). Umfassende und abgesicherte Informationen über die relativen Kostenvorteile, also die relative *X*-Effizienz, von privaten und staatlichen Produktionseinrichtungen können so kaum gewonnen werden.

Ein Schluß kann aus den vorliegenden Studien jedoch gezogen werden: Es ist nicht so sehr das jeweilige Produktionsarrangement als solches, also ob es privat oder staatlich organisiert ist, das die relative *X*-Effizienz der Produktion bestimmt, sondern daß die Kosteneffizienz in stärkerem Maße von den Rahmenbedingungen bestimmt wird, in die das Produktionsarrangement „eingebettet" ist. Darunter werden die rechtlichen, institutionellen und technischen Gegebenheiten verstanden wie beispielsweise die Produktionstechnik, die Anreizstruktur oder die Marktform. So kommen z. B. Caves/Christensen (1980) in einer sehr sorgfältigen Studie zu dem Ergebnis, daß die teils privatwirtschaftlich, teils staatlich organisierten kanadischen Eisenbahnen keine nennenswerten Effizienzunterschiede, genauer Produktivitätsunterschiede, aufweisen, weil beide Unternehmen im Wettbewerb miteinander und mit anderen Verkehrsmitteln stehen. Zu einem analogen Resultat kommen auch Feigenbaum/Teeples (1983) in einer Studie über Wasserversorgungssysteme, deren Trägerschaft unterschiedlich ist.

Der Aussagewert der empirischen Arbeiten wird aber auch dadurch ganz entscheidend eingeschränkt, daß diese nur über eine mangelnde bzw. gar keine theoretische Fundierung verfügen. Diese Kritik führt uns zum Zentrum unserer Arbeit zurück. Denn was wir brauchen, ist ein Erklärungsansatz für die relative *X*-Effizienz der betrachteten Produktionsarrangements, um theoretisch etwas über das Verhältnis der Parameter „*a*" und „*b*" aussagen zu können. Unseres Wissens gibt es in der Literatur noch keinen einigermaßen umfassenden und systematischen Begründungszusammenhang, der diese Problemstellung zum Gegenstand hat.

Allerdings gibt es eine Möglichkeit, diese Fragestellung zu behandeln, wenn wir ein in der Literatur vorliegendes Modell adäquat modifizieren. Dabei greifen wir auf ein Modell von Leibenstein (1978, 1979) zurück, das dieser in der Absicht konzipiert hatte, um die Prinzipal-Agent-Beziehung innerhalb einer hierarchischen Organisation zu erklären. Diesen Ansatz haben Peacock (1983) und Reding (1983) modifiziert und versucht, damit die *X*-Ineffizienz in einer staatlichen Bürokratie zu erklären. Auf eine komparative X-Effizienzanalyse alternativer Institutionen zielten diese Autoren jedoch nicht ab. Einen in dieser Hinsicht modifizierten Leibensteinschen Ansatz hat Blümel (1983b) vorgestellt.

Dabei handelt es sich um ein Modell, das die Interaktionen von Vorgesetzten und Untergebenen in privaten und staatlichen Produktionseinheiten auf einfache Weise abbilden soll, wenn dort öffentliche Güter produziert werden. Dieser einheitliche Rahmen ist deswegen möglich, weil beide Produktionsarrangements gemeinsame Organisationsmerkmale aufweisen. Diese Merkmale sind das Prinzipal-Agent-Verhältnis zwischen Vorgesetzten und Untergebenen, die hierarchisch-zentrale Entscheidungsstruktur, die dezentrale Informationsstruktur, die Unvollkommenheit der Arbeitsverträge und die Teamproduktion (vgl. ausführlich Blümel 1983b). Im folgenden wollen wir das Modell zunächst kurz vorstellen. Danach werden wir prüfen, ob das Modell eine Gleichgewichtslösung hat und wenn ja, ob das Gleichgewicht auch stabil ist. Eine Analyse der komparativen Statik führen wir anschließend durch. Im Anschluß daran untersuchen wir die relative X-Effizienz. Dazu werden wir spezifische Faktoren einführen, in denen sich die beiden Arrangements grundlegend unterscheiden. Diese Faktoren sind der Grund dafür, daß X-Effizienzunterschiede zwischen den Produktionseinheiten festgestellt werden können. Unter bestimmten Bedingungen können wir zeigen, welches Arrangement öffentliche Güter relativ X-effizient produziert. Wir sehen den entscheidenden Vorteil dieses Ansatzes darin, daß ein vergleichender Modellrahmen formuliert wird, in welchem der Effizienzvorteil bzw. -nachteil nicht eine Modellannahme, sondern in dem die relative X-Effizienz explizit das Ergebnis der Modelloperationen ist.

5.2 Das Modell

Das Produktionsmodell für öffentliche Güter besteht aus drei einfachen Funktionen, und zwar aus einer Anstrengungs-, Kosten- und Kontrollfunktion. Wir wollen sie der Reihe nach vorstellen.

5.2.1 Die Anstrengungs-Funktion

Die Arbeitsleistung der in einem Produktionsbetrieb beschäftigten Personen, d.h. der Agenten, hängt von vielen Faktoren ab. Formal läßt sich dieser Zusammenhang durch eine Funktion

$$E = e(D, A) \tag{42}$$

beschreiben.[1] Dabei bezeichnet E die Anstrengung („effort") der Beschäftigten, D steht für verschiedene betriebsinterne Kontroll- und Sanktionsverfahren, und A

---

[1] Wir gehen einfachheitshalber von identischen Mitarbeitern aus. Individuelle und aggregierte Verhaltensfunktion sind dann gleich. Die Konsequenzen im Falle verschiedenartiger Personen diskutieren wir weiter unten.

faßt eine Reihe anderer Einflüsse zusammen, die wir zunächst nicht näher behandeln wollen. Es sei unterstellt, daß die Beschäftigten sich bei gegebenem A um so mehr anstrengen, je intensiver die Kontrolle durch den Manager, d. h. den Prinzipal, ist. Es gilt also $e_D > 0$.[2] Ferner gehen wir davon aus, daß das Anstrengungsniveau der Beschäftigten nicht direkt und kostenlos von den Managern des Unternehmens beobachtet werden kann (vgl. Liu 1982, Laffont/Maskin 1982). Dies folgt aus der Privatheit personenbezogener Informationen. Jeder Beschäftigte verfügt über einen gewissen Handlungs- oder Ermessensspielraum bei der Bestimmung seines Verhaltens. „Bummeln“ und „Drückebergerei“ kann allenfalls anhand bestimmter Output- und Qualitätsindikatoren relativ unscharf aufgedeckt werden. Dies ist die grundlegende asymmetrische Informationsstruktur zwischen Untergebenen und Vorgesetzten, die insbesondere die Prinzipal-Agent-Literatur eingehend untersucht (vgl. Grossman/Hart 1983).

5.2.2 Die Kosten-Funktion

Als zweiten Modellbaustein führen wir die Kosten-Funktion ein. Die Produktionsstückkosten K eines Betriebs sind gegeben durch

$$K = k(E, B), \tag{43}$$

worin E wie oben die Anstrengung der Mitarbeiter ist und B den Einfluß anderer Determinanten auf die Kosten mißt. Der Kosten-Funktion liegt die plausible Hypothese zugrunde, daß ceteris paribus mit einem steigenden Anstrengungsniveau die Produktionskosten sinken, also $k_E < 0$ gilt. Außerdem wird angenommen, daß von einem maximalen Anstrengungsniveau E^{max} an sich die Kosten nicht mehr senken lassen. Dort erreichen die Produktionskosten ihr Minimum K^{min}, weil die Produktion an physische und/oder technische Grenzen stößt. E^{max} ist also das größte Anstrengungsniveau, das durchschnittlich auf Dauer ohne gravierende schädigende Auswirkungen auf Menschen und Maschinen durchgehalten werden kann. Wird E^{max} nicht erreicht, dann ergeben sich Mehrkosten, die der Differenz zwischen tatsächlichen und minimal möglichen Produktionskosten entsprechen. Diese Situation bezeichnet Leibenstein als betriebliche X-Ineffizienz.[3]

Abweichend von der Leibensteinschen Begriffsbestimmung wollen wir die X-Effizienz etwas anders definieren. Wir betrachten dazu das Outputniveau des öffentlichen Gutes z, das mit der Produktionsfunktion $z = E \cdot f(L)$ erzeugt

---

[2] Unter bestimmten, ökonomisch akzeptablen Bedingungen kann diese Beziehung auch mikroökonomisch fundiert werden.

[3] „By the degree of X-efficiency I shall mean the excess of actual over minimum cost for a given output“ (Leibenstein 1978, 328).

wurde, worin E wie oben und f eine streng konkave Funktion des Arbeitsinputs L ist. Die Produktionsfunktion läßt sich auch schreiben als

(44) $$L = f^{-1}(z/E) := G(E, z),$$

die die Eigenschaften $G_E < 0$ und $G_{EE} > 0$ hat. Das bedeutet einfach, daß bei einem geringeren Anstrengungsniveau mehr Arbeit eingesetzt werden muß als bei hohem Anstrengungsniveau, um eine bestimmte Menge des öffentlichen Gutes zu erstellen. Aus Gleichung (44) können wir bei gegebenem Lohnsatz $w (w = 1)$ leicht die minimalen Produktionskosten des öffentlichen Gutes ermitteln, die $K^{min}(z) = w \cdot G(E^{max}, z)$ betragen. Die tatsächlichen Kosten dagegen sind durch $K(E, z) = w \cdot G(E, z)$ gegeben.[4] Über das Verhältnis der minimalen zu den tatsächlichen Kosten erhalten wir als Maß für die X-Effizienz

(45) $$M(E, z) := G(E^{max}, z)/G(E, z)$$

mit M aus $(0, 1]$ und $M_E > 0$. Die Produktion wird X-effizienter, wenn das Anstrengungsniveau steigt, und sie ist X-effizient genau dann, wenn $M(E, z) = 1$.[5]

5.2.3 Die Kontroll-Funktion

Schließlich bleibt noch die Aktivität der Manager zu erläutern. Sie haben die Aufgabe, die Mitarbeiter zu kontrollieren und zu einem möglichst hohen Anstrengungsniveau zu motivieren. Sie üben sozusagen „Druck" auf die Beschäftigten aus. Da die Manager definitionsgemäß das Anstrengungsniveau der Mitarbeiter nicht direkt beobachten können, reagieren sie auf die betriebliche Kostenhöhe, die die Folge der individuellen Anstrengungen ist. Wir gehen davon aus, daß die Manager je nach betrieblicher Kostensituation die Kontrolle D über die Beschäftigten variieren. Wir erhalten die sogenannte Kontroll-Funktion

(46) $$D = d(K, C),$$

in welcher der Vektor C wiederum andere, nicht-kostenbedingte Einflüsse auf das Managerverhalten umfaßt. Wir unterstellen $d_K > 0$, so daß die Kontrollaktivitäten zunehmen (abnehmen), wenn die Kosten steigen (fallen).[6] Wenn $K = K^{min}$, dann wird nicht kontrolliert.

---

[4] Aus $K(E, z) = w \cdot G(E, z)$ folgt $k_E < 0$, also die produktionstheoretische Fundierung der Kosten-Funktion.

[5] Die Beziehung zwischen dem Parameter der Kosteneffizienz „a" und dem Maß der X-Effizienz ist $a = 1/M(E, z) = G(E, z)/G(E^{max}, z)$.

[6] In Analogie zum Verhalten der Mitarbeiter kann auch das Verhalten der Manager unter bestimmten Bedingungen mikroökonomisch fundiert werden.

5.3 Existenz eines Gleichgewichts

Die Funktionen (42), (43) und (46) bilden — bei Vernachlässigung der Vektoren A, B und C — ein System von drei Gleichungen in drei Unbekannten.

$$\begin{aligned} E &= e(D) \\ K &= k(E) \\ D &= d(K) \end{aligned} \tag{47}$$

Für das Gleichungssystem (47) können wir unter der Annahme linearer Funktionen leicht zeigen, daß eine eindeutige Lösung existiert. Die Allgemeinheit des Modells wird dadurch zwar beschränkt. Aber wir wissen zu wenig über die Funktionen und beziehen uns daher nur auf die Vorzeichen der ersten Ableitungen. Dafür ist eine Linearisierung gerechtfertigt. Wir erhalten folgendes Gleichungssystem

$$\begin{aligned} E &= e_D D + e_0 \\ K &= k_E E + k_0 \\ D &= d_K K + d_0 \end{aligned} \tag{48}$$

mit $e_D > 0$, $k_E < 0$ und $d_K > 0$ als die ersten Ableitungen und e_0, k_0 und d_0 als die absoluten Glieder der einzelnen Funktionen. Umformung und Anordnung in Matrixschreibweise führt zu

$$\begin{bmatrix} 1 & 0 & -e_D \\ -k_E & 1 & 0 \\ 0 & -d_K & 1 \end{bmatrix} \cdot \begin{bmatrix} E \\ K \\ D \end{bmatrix} = \begin{bmatrix} e_0 \\ k_0 \\ d_0 \end{bmatrix} \tag{49}$$

oder kurz zu

$$H \cdot X = Y.$$

Notwendig und hinreichend für die Existenz einer eindeutigen Lösung des Gleichungssystems (48) ist, daß die Determinante der Koeffizientenmatrix H nicht Null ist. Deren Determinante ist

$$\det H = 1 - e_D k_E d_K > 0,$$

so daß das Gleichungssystem (48) eine eindeutige Lösung besitzt. Formal erhalten wir die Lösung durch Inversion der Koeffizientenmatrix H mit $X^* = H^{-1} \cdot Y$.[7] Ein Tripel (E^*, K^*, D^*) bezeichnen wir als Organisationsgleichgewicht X^*, wenn es das Gleichungssystem (48) erfüllt. Für gegebene Werte von $\underline{A}$, $\underline{B}$ und $\underline{C}$ können wir das Gleichungssystem (48) in linearisierter Form graphisch wie folgt veranschaulichen.

---

[7] Die Inverse der Koeffizientenmatrix existiert, weil deren Determinante ungleich Null ist, wie wir zuvor gezeigt haben.

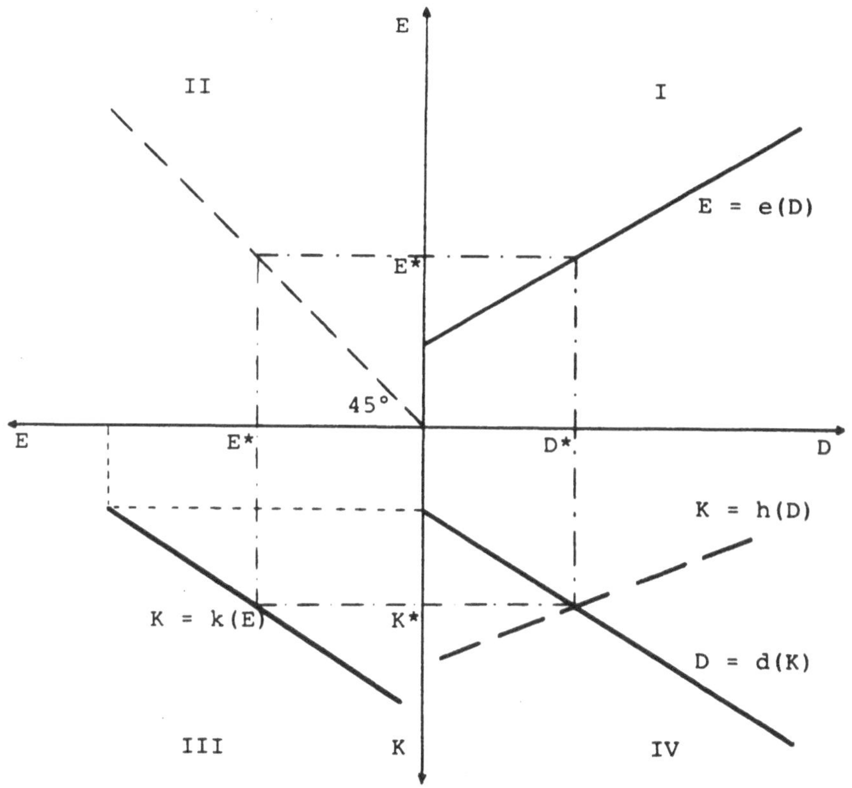

Abb. 2: Organisationsgleichgewicht

Im I. Quadranten bilden wir die Anstrengungs-Funktion, im II. Quadranten eine 45-Grad-Hilfsgerade, im III. Quadranten die Kosten-Funktion und im IV. Quadranten die Kontroll-Funktion ab. Graphisch lösen wir das System, in dem wir den Graph der zusammengesetzten Funktion $K = h(D) := k[e(D)]$ durch punktweises Übertragen in den IV. Quadranten einzeichnen. Die Funktion h beschreibt den indirekten Einfluß der Managerkontrolle auf die Produktionskosten, deren partielle Ableitung $h_D < 0$ ist. Der Schnittpunkt der beiden Kurven im IV. Quadranten ist die Lösung des Modells. Die Punkte D^*, E^* und K* sind die entsprechenden Gleichgewichtswerte. Das Organisationsgleichgewicht ist demnach dadurch charakterisiert, daß die Manager eine Kontrollaktivität festlegen, um die Anstrengung der Mitarbeiter derart zu beeinflussen, daß sich eine Kostenhöhe einstellt, die genau dem gewählten Kontrollniveau entspricht.

Aus Abb. 2 können wir auch erkennen, daß die gleichgewichtige Kostenhöhe $K^* > K^{min}$ ist. Daraus folgt unmittelbar $M(E, z) < 1$. Sowohl staatliche als auch privatwirtschaftliche Institutionen produzieren öffentliche Güter im allgemeinen X-ineffizient. X-Effizienz, also $M(E, z) = 1$, ist annahmegemäß nur bei maximaler Anstrengung der Mitarbeiter erreichbar. Dies erfordert aber eine sehr umfangreiche Kontrolle des Managements. Bei E^{max} wird K^{min} realisiert, so daß die Manager ihre Kontrolle einstellen. Ohne Kontrolle aber nimmt das Anstrengungsniveau ab. Das System kommt erst in einem Gleichgewicht mit X-Ineffizienz zur Ruhe. Dies ist aber nur dann der Fall, wenn das Gleichungssystem (47) stabil ist. Folglich müssen wir die Stabilität des Interaktionsmodells prüfen.

5.4 Stabilität des Gleichgewichts

Leibenstein (1979, 487) spricht von einem „cobweb pattern of reactions", wonach das System, wenn es sich zufällig in einem Ungleichgewicht befinden sollte, zum Gleichgewicht zurückstrebt. Diese „Stabilitätsvermutung" können wir mathematisch präzisieren.[8] Dazu formulieren wir das Gleichungssystem (47) um und führen explizit den Faktor Zeit mit dem Symbol t ein. Wir erhalten dann ein nicht-lineares Differentialgleichungssystem (DGL) in der Form

$$X'(t) = g[X(t)], \tag{50}$$

worin $X' := dX/dt$, g eine geeignete ganzzahlige Funktion und X der Spaltenvektor (E, K, D) ist. Durch eine lineare Approximation erhalten wir ein lineares *DGL*

$$X'(t) = H \cdot (X(t) - X^*) \tag{51}$$

mit $H := [a_{ij}]$ und $a_{ij} := \partial g_i / \partial X_j$ für $X = X^*$, d.h. am gleichgewichtigen Vektor, berechnet. D.h. $H := f'(X^*)$ ist die Jacobi-Matrix der Funktion f am Gleichgewichtsvektor X^*. Wir können das Interaktionsmodell dann schreiben als

$$\begin{bmatrix} E(t) \\ K(t) \\ D(t) \end{bmatrix} = \begin{bmatrix} -1 & 0 & e_D \\ k_E & -1 & 0 \\ 0 & d_K & -1 \end{bmatrix} \cdot \begin{bmatrix} E(t) - E^* \\ K(t) - K^* \\ D(t) - D^* \end{bmatrix} \tag{52}$$

Wenn ein Gleichgewichtspunkt X^* im linearen Approximationssystem global stabil ist, dann ist er im Originalsystem zumindest lokal stabil. Das System ist stabil, wenn die Eigenwerte der Matrix H negative Realteile haben (Takayama 1974, 310 Theorem 3.B.3). Die Eigenwerte bzw. die charakteristischen Wurzeln q der Matrix H sind definiert als $H \cdot x = q \cdot x$ mit x als geeignetem Spaltenvektor, für den $x \neq 0$ gilt. Umformungen ergeben $(H - qI)x = 0$, worin I die Einheitsmatrix ist. Für eine nicht-triviale Lösung von x muß die Koeffizientenmatrix $(H - qI)$, auch als charakteristische Matrix von H bezeichnet, singulär sein. Die Determinante muß also Null werden, d.h.

$$\det(H - qI) = \begin{vmatrix} -1-q & 0 & e_D \\ k_E & -1-q & 0 \\ 0 & d_K & -1-q \end{vmatrix} = p(q) = 0 .$$

[8] Zu den folgenden mathematischen Ausführungen vgl. insbesondere Takayama (1974, 310f.).

Die Determinante von $(H - qI)$ ist im allgemeinen ein Polynom n-ten Grades, der als charakteristische Gleichung bezeichnet wird, und zwar

$$p(q) = s_0 q^n + s_1 q^{n-1} + \cdots + s_{n-1} q + s_n$$

oder explizit

$$p(q) = -q^3 - 3q^2 - 3q - 1 + e_D k_E d_K.$$

Die Nullstellen von $p(q)$ sind die Eigenwerte der Matrix H, die jedoch in der Regel schwierig zu ermitteln sind. Solange der höchste Exponent $n < 4$ ist, hilft die sogenannte Routh-Hurwitz-Bedingung weiter (vgl. Takayama 1974, 310 Theorem 3.B.4). Notwendig und hinreichend für die Stabilität des Gleichungssystems (52) ist danach, daß die Wurzeln des Polynoms negative Realteile haben. Dies ist erfüllt, wenn

$$s_0 > 0, \ s_1 > 0, \ \begin{vmatrix} s_1 & s_0 \\ s_3 & s_2 \end{vmatrix} > 0, \ \begin{vmatrix} s_1 & s_0 & 0 \\ s_3 & s_2 & s_1 \\ s_5 & s_4 & s_3 \end{vmatrix} > 0 \quad \text{etc.}$$

gilt. Falls $s_0 < 0$, dann werden die Gleichungen mit -1 multipliziert. Es folgt

$$\begin{array}{l} p(q) = \ q^3 + 3q^2 + 3q + 1 - e_D k_E d_K . \\ \qquad s_0 = 1 \quad s_1 = 3 \quad s_2 = 3 \quad s_3 = 1 - e_D k_E d_K \end{array}$$

s_0 und s_1 sind augenscheinlich erfüllt. Für die Determinante erhalten wir $(8 + e_D k_E d_K)$. Das Ausgangsmodell ist demnach lokal stabil, wenn das Produkt der Steigungswinkel $e_D k_E d_K > -8$ ist. Mit anderen Worten, das Interaktionsmodell ist stabil, wenn die Steigungswinkel der Funktionen nicht zu steil sind.

5.5 Komparative Statik

Die komparativ-statischen Eigenschaften des Produktionsmodells lassen sich leicht prüfen, wenn wir das Gleichungssystem (47) um die exogenen Variablen A, B und C erweitern und dieses neue Gleichungssystem durch Substitution auf

(53) $$E = e(d(k(E, B), C), A) := F(A, B, C; e, d, k)$$

reduzieren. Die endogene Variable E, also das Anstrengungsniveau, ist ebenso wie D und K von sämtlichen exogenen Variablen und Funktionen abhängig. Für die Analyse der X-Effizienz reicht es aber völlig aus, wenn wir uns im folgenden auf Gleichung (53) beschränken.

Die Frage lautet, welchen Einfluß die exogenen Variablen, zusammengefaßt in den Vektoren A, B und C, auf die X-Effizienz ausüben. Um diese Frage beantworten zu können, greifen wir auf das X-Effizienzmaß $M(E, z)$ — vergleiche die Definitionsgleichung (45) — zurück, wobei E durch die Gleichung (53) gegeben ist. Ferner berücksichtigen wir die in den drei Modellbausteinen gemachten Annahmen, nämlich $e_D > 0$, $k_E < 0$ und $d_K > 0$. Außerdem sollen die partiellen Ableitungen der exogenen Variablen $e_A > 0$, $k_B < 0$ und $d_C > 0$ sein. Jetzt differenzieren wir $M(E, z)$ partiell nach A, B und C und erhalten

$$\frac{\partial M(E,z)}{\partial A} > 0,$$

$$\frac{\partial M(E,z)}{\partial B} < 0,$$

$$\frac{\partial M(E,z)}{\partial C} > 0,$$

wobei die totalen Effekte der Änderungen von A, B und C auf E gegeben sind durch

$$\frac{dE}{dA} = \frac{e_A}{1 - e_D d_K k_E} > 0,$$

$$\frac{dE}{dB} = \frac{e_D d_K k_B}{1 - e_D d_K k_E} < 0,$$

$$\frac{dE}{dC} = \frac{e_D d_C}{1 - e_D d_K k_E} > 0.$$

Die X-Effizienz ist positiv mit den exogenen Variablen A und C, aber negativ mit B korreliert. Wir wollen diesen Sachverhalt kurz anhand der Anstrengungs-Funktion in Abb. 2 erläutern. Beispielsweise verschiebt sich die Anstrengungs-Funktion nach rechts oben, wenn der exogene Einfluß von A_0 auf A_1 gestiegen ist, d.h. $dA > 0$. Diese Änderung löst einen Anpassungsprozeß aus, der schließlich in ein neues Gleichgewicht X_1^* mündet, das durch höhere X-Effizienz, ein höheres Anstrengungsniveau und eine niedrigere Kontrolltätigkeit gekennzeichnet ist. Bei einer Abschwächung von A gilt das Umgekehrte. Für die exogenen Variablen B und C lassen sich ähnliche Wirkungsketten herleiten.

5.6 Vergleich zwischen staatlicher und marktbezogener Produktion öffentlicher Güter

Die interne Effizienz im Sinne der X-Effizienz von privatwirtschaftlichen und staatlichen Produktionsstätten bei der Produktion öffentlicher Güter haben wir untersucht. Im Hinblick auf die relative Vorteilhaftigkeit eines Produktionskonzepts haben wir jedoch noch keine definitiven Informationen aus dem vorgestellten Modell gewinnen können. Die komparative Statik hat aber den Weg für den X-Effizienzvergleich aufgezeigt. Dort haben wir analytisch den Zusammenhang zwischen der X-Effizienz und den exogenen Faktoren untersucht. Folglich müssen wir für einen Vergleich die verschiedenen exogenen Einflüsse untersuchen. Denn Änderungen in diesen Determinanten verschieben eine oder mehrere Funktionen, so daß die X-Ineffizienz variiert. Kurzum: Relative X-Ineffizienzunterschiede zwischen privatwirtschaftlichen und staatlichen Institutionen werden durch Unterschiede der exogenen Faktoren erklärt.[9]

Es blieb aber bisher unerwähnt, welche konkreten „Kräfte" sich hinter den exogenen Variablen A, B und C „verborgen" hielten. Beginnen wir mit der Anstrengungs-Funktion (42). Es ist plausibel, daß die Beschäftigten ihre Anstrengungsentscheidung nicht nur unter Berücksichtigung der Managerkontrolle treffen. Als weitere Faktoren, die einen positiven Einfluß auf das Anstrengungsniveau ausüben mögen, kommen unter anderem der Lohnsatz, die Arbeitsmotivation, das Anstrengungsniveau in anderen Betrieben sowie der Wettbewerb um den Arbeitsplatz und Sanktionen wie Einkommenseinbußen oder gar Entlassungen im Falle eines aufgedeckten Fehlverhaltens in Frage. Die Frage lautet, wie stark diese Komponenten in marktmäßigen und staatlichen Organisationen ausgeprägt sind. Fassen wir die diesbezüglich relevante Literatur zusammen (vgl. z.B. Recktenwald 1984, 17), dann lautet die Hypothese: In den privatwirtschaftlich orientierten Betrieben haben die oben genannten Faktoren ein größeres Gewicht als in staatlichen Produktionsstätten. Formal haben wir also $A_{\text{Markt}} > A_{\text{Staat}}$. Begründet wird dies vor allem damit, daß im staatlichen Sektor das Einkommen der Beschäftigten weniger leistungsorientiert und das Arbeitsplatzrisiko häufig geringer ist. Etwas vereinfacht können wir von geringeren Anreizen zur Anstrengung in staatlichen Institutionen sprechen. Das Ergebnis für den X-Effizienzvergleich ist klar: Aus $A_{\text{Markt}} > A_{\text{Staat}}$ folgt $M(E, z)_{\text{Markt}} > M(E, z)_{\text{Staat}}$, d.h., daß ceteris paribus eine staatliche Organisation öffentliche Güter relativ X-ineffizient produziert gegenüber einem privatwirtschaftlichen Betrieb.

In der Kosten-Funktion (43) subsumiert der Vektor B die negativ mit den Produktionskosten korrelierten Einflüsse. Dazu zählen vor allem günstige Bedingungen für die Realisierung des technischen Fortschritts und die Humankapitalausstattung der Mitarbeiter in Form von Erfahrung und Geschicklichkeit. Über Technologie- und Humankapitalunterschiede zwischen privaten und staatlichen Produktionsstätten gibt die Literatur wenig Auskunft. Vereinzelt findet man jedoch Hinweise, daß die Produktionstechnik in staatlichen Institutionen nicht auf dem jeweils neuesten Stand sei. Da dann $B_{\text{Markt}} > B_{\text{Staat}}$ ist, folgt die relative X-Ineffizienz der staatlichen Leistungserstellung öffentlicher Güter. Um dieses Ergebnis akzeptieren zu können, müssen wir die Begründung für die technische Unterlegenheit des staatlichen Produktionsapparates überprüfen. So argumentiert Baumol (1967) (vgl. auch Baumol/Oates 1975, 240-254), daß die

[9] Endogene Faktoren können auch X-Effizienzunterschiede bewirken. Die Funktionen haben dann z.B. unterschiedliche Steigungen. Es muß dann jedoch erklärt werden, wodurch diese Steigungswinkel determiniert werden. Eine Möglichkeit ist, daß die Manager in einem Unternehmen sogenannte „residual claimants" sind, im anderen Unternehmen dagegen nicht. Der Anreiz zur Kontrolle der Mitarbeiter ist im ersten Fall stärker ausgeprägt, weil ceteris paribus die Kontrolltätigkeit besser „belohnt" wird. Bei Ertragsberechtigung ist dann d_K größer als anderenfalls. Insgesamt ergibt sich dann eine höhere X-Effizienz.

staatliche Produktion typischerweise geringere Produktivitätsfortschritte aufweise, als dies im Marktsektor der Fall ist. Dieses als staatliche „Kostenkrankheit" bezeichnete Phänomen könnte daher als eine relative X-Ineffizienz der staatlichen Produktion gedeutet werden. Allerdings ist dies ein unzulässiger Effizienzvergleich, weil die Produktion völlig unterschiedlicher Güter, nämlich Dienstleistungen beim Staat und Industriegüter beim Markt, gegenübergestellt werden.

Die technische Unterlegenheit der staatlichen Produktion könnte aber dadurch erklärt werden, daß anders als im Markt beim Staat technische Änderungen auf größere Widerstände der betroffenen Personen stoßen. Die stärkere Besitzstandwahrung im Staatssektor mag partiell zutreffen; andererseits können politische Manager — etwa im Militärbereich — auch ausgeprägt technikfreundlich sein. Überdies kann aber nicht ausgeschlossen werden, daß der Staat über administrative Vorteile verfügt (vgl. etwa Atkinson/Stiglitz 1980, 502ff. oder Frey/Pommerehne 1983). In beiden Fällen ist die staatliche Produktion des öffentlichen Gutes komparativ X-effizient. Es kommt also sehr auf den Einzelfall an, so daß generelle Aussagen schwer zu machen sind.

Schließlich müssen wir noch die Komponenten des Vektors C in der Kontroll-Funktion (46) erläutern. Zu den plausiblen, positiv wirkenden Einflußgrößen zählen: Kontrollanreize für die Manager, die Effektivität der Kontrolle über den Kapitalmarkt und durch den Wettbewerb um Führungspositionen sowie der Wettbewerb auf dem Gütermarkt. Betrachten wir in diesem Licht privatwirtschaftliche und staatliche Unternehmen, dann läßt sich folgende Hypothese formulieren: Staatliche Institutionen unterliegen einer relativ geringen „externen" Kontrolle; es gilt also $C_{\text{Markt}} > S_{\text{Staat}}$. Dafür werden mehrere Gründe angeführt. Erstens wird die Monopolstellung staatlicher Institutionen hervorgehoben (vgl. Recktenwald 1984, 14).[10] Ferner wird eine abgeschwächte Konsumentensouveränität im Politiksektor unterstellt, weil die staatliche Leistungsabgabe entweder zum Null-Tarif oder zu nicht kostendeckenden Gebühren erfolgt (vgl. Leibenstein 1984, 224). Darüber hinaus wird aus der Sicht der Lehre von den Verfügungsrechten[11] argumentiert, daß die Wähler nur einen geringen Anreiz haben, die Produktion im staatlichen Sektor effektiv zu kontrollieren (vgl. Alchian 1979, 240). Insgesamt ergibt sich, daß ceteris paribus die Produktion öffentlicher Güter in privatwirtschaftlich geführten Unternehmen X-effizienter erfolgt als in staatlichen Institutionen.

Zusammenfassung: Der X-Effizienzvergleich anhand des vorgestellten Produktionsmodells öffentlicher Güter ergibt insgesamt einen komparativen Ko-

---

[10] Dieses Argument verliert aber an Gewicht, wenn dem staatlichen Monopol ein privatwirtschaftliches Monopol gegenübergestellt wird. Vgl. dazu die Diskussion in Abschnitt 3.

[11] Einen Effizienzvergleich aus dem Blickwinkel der Lehre von den Verfügungsrechten werden wir im folgenden Teil C, Abschnitt 1 durchführen. Dort werden wir auch die gerade dargelegten Argumente kritisch würdigen.

stenvorteil für das privatwirtschaftlich geführte Unternehmen. Mit diesem positiven Erklärungsansatz können wir viele der häufig auf bestimmte Werturteile zurückgehenden Behauptungen über den komparativen Kostenvorteil der Marktproduktion, die wir in diesem Bereich der ökonomischen Literatur vorfinden, theoretisch recht gut fundieren. Dies gilt aber nur dann, wenn die einzelnen Determinanten auch empirisch die Größe und den Einfluß haben, wovon in der Literatur ausgegangen wird. Es bleibt auch zu bedenken, daß die Wirkungen einzelner Einflußgrößen analytisch nur für sich, also isoliert, betrachtet werden können. In welcher Konstellation die Determinanten in den jeweiligen Institutionen insgesamt auftreten und vor allem welcher komparative Netto-Effekt daraus resultiert, das ist wieder eine empirische Frage. Unseres Erachtens hat die vorstehende Analyse dazu aber wichtige theoretische Grundlagen geliefert.

Der entscheidende Vorteil dieses Modells ist darin zu sehen, daß aus ein und demselben theoretischen Rahmen versucht wird, die relative X-Effizienz der einzelnen Institutionen zu erklären. Die resultierenden Kostenniveaus sind dadurch direkt miteinander vergleichbar. Darüber hinaus ist dieser Begründungszusammenhang recht allgemein formuliert. Dies hängt auch damit zusammen, daß wir uns auf ein einziges Vergleichskriterium konzentriert haben. Die X-Ineffizienz umfaßt zwar nur einen, dafür aber wichtigen Teil der Transaktionskosten bei der Allokation öffentlicher Güter. Ein Erklärungsansatz über die relative X-Effizienz ist daher ein wichtiger Bestandteil für eine umfassende und systematische komparative Analyse von Allokationsverfahren.

Abschließend wollen wir einige kritische Punkte des X-Effizienzvergleichs diskutieren. Ein erster Einwand bezieht sich auf das Verhältnis zwischen Manager und Mitarbeiter, das einseitig als Vorgesetzten-Untergebenen-Beziehung modelliert wird. Arrow (1974, 63) betont sicherlich zu Recht, daß die autoritäre Koordinierung ein typisches Merkmal von hierarchisch strukturierten Organisationen ist. Es darf aber nicht übersehen werden, daß z.B. Kooperation und Mitbestimmung oftmals mehr bewirken können als Befehl oder Druck. Allerdings ist der vorgestellte Erklärungsansatz durchaus geeignet, diese Faktoren in das Modell miteinzubeziehen. Kooperation und Mitbestimmung wirken sich nämlich dahingehend aus, daß die Arbeitsmotivation der Beschäftigten steigt. Folglich liegt die Anstrengungs-Funktion (42) in diesen Institutionen höher als in Unternehmen ohne Mitbestimmung und kooperative Struktur. Insgesamt hat — ceteris paribus — eine mitbestimmte Unternehmung eine geringe X-Ineffizienz. Diese These konnte auch empirisch untermauert werden (vgl. Cable/FitzRoy 1980).[12]

[12] In diesem Zusammenhang wird von gewerkschaftlicher Seite (vgl. etwa Kalmbach 1982, Mendner/Sauerborn 1983) immer wieder vorgebracht, daß staatlich Bedienstete im allgemeinen wesentlich bessere Arbeitsbedingungen vorfinden als ihre Kollegen in der Privatwirtschaft. Dadurch seien erstere besser motiviert. Folglich verschiebt sich die

Zweitens ist die Annahme identischer Individuen ohne Zweifel sehr restriktiv. Diese Annahme war zunächst zweckmäßig, um ausschließlich die Anreizprobleme zwischen Prinzipal und Agenten zu untersuchen. Es gibt aber interessante Anreizprobleme innerhalb jeder Gruppe. Nehmen wir an, daß die individuellen Anstrengungsniveaus auch von den anderen Teammitgliedern nicht direkt beobachtbar sind.[13] Dies kann dazu führen, daß die Mitglieder einen schwach ausgeprägten Anreiz haben, ihre beste Leistung zu bringen. Denn die Personen wissen, daß sich der Nutzen einer durch sie verursachten Leistungssteigerung auf das gesamte Team verteilt.[14] Umgekehrt gehen aber auch die Kosten einer Leistungsminderung zu Lasten aller Gruppenmitglieder. Jede Person hat also einen starken Anreiz zum „Freifahren". Unter bestimmten Bedingungen[15] kann durch „Bummeln" ein Nettovorteil erzielt werden. Die individuellen Anstrengungsniveaus sind dann das Ergebnis eines Gefangenen-Dilemmas. Die jeweilige Produktionseinheit realisiert ein suboptimales Anstrengungsniveau und erzielt folglich eine höhere X-Ineffizienz. Die eigentliche Frage wäre dann, in welcher Institution das Auftreten einer Gefangenen-Dilemma-Situation wahrscheinlicher ist.

Anstrengungs-Funktion nach oben, so daß staatliche Unternehmen relativ X-effizient produzieren.

[13] Für die folgende Argumentation ist es unerheblich, ob die Produktion tatsächlich die formalen Eigenschaften einer Teamproduktion erfüllt. Entscheidend ist vielmehr die Nicht-Beobachtbarkeit der individuellen Anstrengungsniveaus.

[14] Definitionsgemäß ist der Nutzen des Teams ein (gruppenspezifisches) öffentliches Gut, worauf Marris/Mueller (1980, 26) zu Recht hinweisen. Ähnlich äußern sich auch Auster/Silver (1979, 75).

[15] Das Ausnutzen der Freifahrermöglichkeit hängt unter anderem davon ab, wie intensiv die kooperative Selbstkontrolle im Team ist sowie von der Höhe dieser Kontrollkosten und der Wahrscheinlichkeit, beim „Bummeln" entdeckt zu werden.

Teil C

Neuere Entwicklungen der vergleichenden Analyse von Allokationsverfahren

1 Die Allokation öffentlicher Güter aus Sicht der Lehre von den Verfügungsrechten

1.1 Grundzüge der Lehre von den Verfügungsrechten

Die Lehre von den Eigentums- oder Verfügungsrechten hat in den letzten Jahren zunehmend weite Bereiche der allokationstheoretischen und -politischen Diskussion beeinflußt.[1] Da wir in dieser Arbeit keinen umfassenden Überblick über dieses weite Forschungsprogramm vermitteln können, wollen wir zumindest diejenigen Grundelemente der Lehre von den Verfügungsrechten erläutern, die für den Vergleich von Allokationsverfahren unerläßlich sind.

Ganz allgemein werden Verfügungsrechte definiert als die „sanctioned behavioral relations among men that arise from the existence of things and pertain to their use" (Furubotn/Pejovich 1972, 1139). Gemeint sind damit diejenigen sozialen und ökonomischen Beziehungen, die festlegen, welche Möglichkeiten eine Person bei der Nutzung von knappen Ressourcen hat.[2] Das zentrale Anliegen ist dabei die Klärung der Frage, ob und wieweit unterschiedliche Zuweisungen und Qualitäten von Verfügungsrechten unter Berücksichtigung ihrer Durchsetzungskosten die Effizienz der Ergebnisse von Allokationsverfahren beeinflussen.[3] Die grundlegende Hypothese lautet, daß „different systems of property rights present decision makers with different structures of

---

[1] Die Pionierarbeiten zu diesem Forschungsprogramm stammen von Alchian (1965) und Demsetz (1964, 1967). Inzwischen gibt es eine derartig umfangreiche Literatur, die selbst für Kenner der Materie einigermaßen verwirrend ist. Glücklicherweise gibt es einige zugängliche Überblicksartikel, Monographien und Sammelbände, die die Orientierung „ein wenig" erleichtern. Die Standardreferenz ist Furubotn/Pejovich (1972, 1974). Daneben sind Alchian/Demsetz (1973), Manne (1975), Buhbe (1980), Tietzel (1981) und Schüller (1983) zu nennen.

[2] Etwas strittig ist, ob darunter ausschließlich erlaubte, also legale, Handlungen verstanden werden. Denn es ist ohne weiteres möglich, daß illegale Aktivitäten den Charakter von Verfügungsrechten besitzen. Solange nämlich eine Person davon ausgehen kann, daß sich ihre „unerlaubte" Handlung (etwa ein Diebstahl) durchsetzt, verfügt diese Person über diese Ressource. Für eine Definition von Verfügungsrechten, die diese Handlungsmöglichkeit explizit berücksichtigt, siehe Windisch (1984, 574).

[3] Da Verfügungsrechte institutionelle Eigenschaften haben, liefert die Ökonomie der Verfügungsrechte einen Beitrag zu einer ökonomischen Theorie von Institutionen. Eine

incentives, resulting in different alignments of resources and different input-output mixes“ (DeAlessi 1983, 67) oder — genauer formuliert — Verfügungsrechte beeinflussen die Ressourcenallokation „in specific and predictable ways“ (Furubotn/Pejovich 1972, 1139). Verfügungsrechte können nach unterschiedlichen Merkmalen geordnet werden (vgl. Buhbe 1980, 72f.). Im allgemeinen konzentriert sich die verfügungsrechtliche Analyse aber auf die beiden Kategorien der (rechtlichen) Exklusivität der Nutzung und der (freiwilligen) Transferierbarkeit der jeweiligen Ressource. Danach ergibt sich eine Struktur von Verfügungsrechten, die wir in Tabelle 2 zusammenfassen.

Tabelle 2: Verfügungsrechtsstrukturen

Merkmale	Transferierbarkeit	Nicht-Transferierbarkeit
Exklusivität	private Verfügungsrechte 1	politische Verfügungsrechte 2
Nicht-Exklusivität	abgeschwächte private Verfügungsrechte 3	kollektive Verfügungsrechte 4

Private oder auch individuelle Verfügungsrechte (1) zeichnen sich dadurch aus, daß jede Person ein Gut, das ihr „gehört“, exklusiv nutzen und (freiwillig) tauschen kann. Kollektive Verfügungsrechte (4) weisen genau die entgegengesetzten Merkmale auf, so daß keine einzelne Person eines Kollektivs oder einer Gruppe von Personen, das ihnen zu gleichen Teilen „gehörende“ Gut tauschen und ausschließlich für sich beanspruchen kann. Neben diesen idealtypischen, polaren Fällen werden noch die politischen Verfügungsrechte (2) und die „abgeschwächten“ oder „verdünnten“ („attenuated“) privaten Verfügungsrechte (3) unterscheiden. Zwar ist im Fall (2) das Recht an der Nutzung einer Sache exklusiv, also privat aneignungsbar, aber die Sache kann nicht getauscht werden. Der Begriff „politisch“ rührt daher, daß es sich hierbei meistens um ein von der

ähnliche Fragestellung stand bereits einmal im Zentrum der klassischen Ökonomie. In der Neoklassik dagegen tauchen Institutionen typischerweise „nur“ im Annahmenkatalog auf. Die Lehre von den Verfügungsrechten thematisiert diese Annahmen, indem sie die allokativen Auswirkungen unterschiedlicher Rechtslagen erforscht. So gesehen kann die Verfügungsrechtslehre als eine Weiterentwicklung des neoklassischen Konzepts verstanden werden.

Politik zugewiesenes Recht handelt, wie beispielsweise die Kompetenzzuweisung an den Inhaber eines politischen oder administrativen Amtes.[4] In der Konstellation (3) kann eine Person ein Gut, das ihr „gehört", zwar tauschen, aber die Nutzung muß nicht notwendigerweise auf diese Person beschränkt sein. Dies ist so zu verstehen, daß zwar einerseits private Verfügungsrechte definiert und zugewiesen sind, daß es aber Probleme bereitet, diese Rechte auch durchzusetzen.

In welcher „spezifischen" und „vorhersagbaren" Weise beeinflussen diese Rechtsformen die Ressourcenallokation? Bei Beantwortung dieser Frage wollen wir zunächst die politischen Verfügungsrechte außer acht lassen. Die unterschiedlichen allokativen Auswirkungen der einzelnen Verfügungsrechte wollen wir anhand der sogenannten „Alchian-Parabel" erläutern (vgl. Alchian 1979, 241f.; dazu Meyer 1983, 24-28). Dabei sollen der Reihe nach kollektive, dann abgeschwächte private und schließlich private Verfügungsrechte vorgestellt werden. In einer Modellökonomie soll es 100 Personen und 10 verschiedene Unternehmen geben. Jede Person hält an jedem Unternehmen gerade einen Anteil von 1/100. Ferner sollen die Anteilseigner ihren Arbeitseinsatz gleichmäßig auf die 10 Unternehmen aufteilen. Wir nehmen an, daß jede Person durch den eigenen Einsatz einen Gewinn von DM 1000,— pro Unternehmen erwirtschaftet, wovon eine Person aber nur einen Gewinn von DM 10,— erhält, weil ihr Anteil an diesem Unternehmen gerade 1 v.H. beträgt. Insgesamt erzielt eine Person aufgrund der eigenen Tätigkeit einen Vermögenszuwachs von DM 100,—. Wegen der Streuung der Anteile kommen die restlichen DM 9900,— den 99 anderen Personen zugute. Wenn sich diese anderen Akteure aber genauso verhalten, dann gewinnt jede Person von den Aktivitäten der anderen DM 990000/100 = DM 9900,—. Letztlich erhält jede Person einen Gewinn von DM 10000,—, was genau dem durch eigenen Arbeitseinsatz insgesamt erwirtschafteten Gewinn entspricht.

Jetzt nehmen wir an, daß jede Person nur noch an einem einzigen Unternehmen einen Anteil von 10 v.H. hält und daß jede Person nur noch im „eigenen" Unternehmen arbeitet. Wiederum erwirtschaftet jede Person DM 10000,—, wovon sie jetzt DM 1000,— erhält. Der Rest von DM 9000,— kommt den anderen 9 Eignern zugute. Der Unterschied ist, daß jetzt DM 1000,— auf die eigenen Anstrengungen in einem Unternehmen zurückzuführen sind, während es zuvor lediglich DM 10,— waren.

Schließlich werden die 10 Unternehmen in 100 Unternehmen aufgeteilt, derart daß jede Person Eigentümer eines einzigen Unternehmens ist. Das Ergebnis ist klar. Jede Person gewinnt aufgrund der eigenen Leistung DM 10000,—. Dieses

[4] Dieser Begriff ist unseres Erachtens nicht ganz treffend, weil auch im Marktbereich solche Rechte vorkommen, ohne daß die Politik diese definiert und vergeben hätte. Man denke etwa an die Position eines Geschäftsführers oder eines Abteilungsleiters. Im Grunde handelt es sich um administrative Verfügungsrechte oder um „job property rights" (Dobra 1983), da diese Rechte meistens an das jeweilige Tätigkeitsfeld des Inhabers gebunden sind.

ist die idealtypische Situation, welche in der Verfügungsrechtslehre unter dem Stichwort des „residual claimant" behandelt wird, was wir mit Überschuß- oder Gewinnberechtigung übersetzen wollen. Der Urheber einer Aktivität erhält genau das auf seine eigene Anstrengung zurückführbare Äquivalent, was im Grunde genommen auf eine Entlohnung nach der Grenzproduktivität hinausläuft.

Welche Wirkungen treten auf, wenn eine Person ihren Arbeitseinsatz beispielsweise um die Hälfte reduziert? Der Gesamtgewinn sinkt um DM 5000,—. Im ersten Fall kostet das dieser Person aber nur DM 50,—, im zweiten Fall bereits DM 500,— und im dritten Fall die vollen DM 5000,—. Mit anderen Worten: Eine Leistungsreduktion um 50 v. H. kostet der verursachenden Person zunächst nur 0,5 v. H., danach 5 v. H. und schließlich 50 v. H. ihres Gewinns. Fazit: Je stärker die Verteilung der Anteile konzentriert ist, um so stärker hängt das persönliche Einkommen von den eigenen Aktivitäten ab.[5]

Wegen der potentiellen Freifahrerposition bei kollektiven Verfügungsrechten wird nun geschlußfolgert, daß in dieser Rechtslage die Personen nur einen geringen Anreiz haben, „effizient" zu wirtschaften. Denn warum sollte sich eine Person übermäßig anstrengen, wenn sie kein „residual claimant" ist oder wenn die Früchte der eigenen Leistung größtenteils den anderen Personen quasi automatisch zufallen? Aufgrund der fundamental anderen Anreizstruktur ist das allokative Ergebnis bei kollektiver Verfügungsrechtsstruktur weniger effizient als bei privaten Verfügungsrechten. Dies ist die zentrale Proposition der Lehre von den Verfügungsrechten.

Die abgeschwächten privaten Verfügungsrechte liegen „anreizmäßig" zwischen den polaren Rechtsstrukturen. Zwar sind abgeschwächte private Verfügungsrechte nicht so „effizienzfördernd" wie private, aber auch nicht so „effizienzmindernd" wie kollektive, wobei es auf den Grad der Abschwächung ankommt. Es ist nicht ganz einfach, politische Verfügungsrechte in ihren Anreizeigenschaften zu beurteilen. Eine Überlegung könnte sein, daß diese Rechte nicht „effizient" verteilt sind, weil etwa komparative Vorteile, Neigungen, Spezialisierungen etc. bei der Zuweisung dieser Rechte eine untergeordnete Rolle spielen.[6] Politische Verfügungsrechte können aber nicht getauscht werden. Folglich bleibt die „ineffiziente" Distribution dieser Rechte bestehen. Da jedoch keine Freifahrerposition vorliegt, dürften politische Verfügungsrechte eher zur

---

[5] Die Verteilung im zweiten Fall nennt Alchian (1979, 242) „corporate joint private rights". Man beachte, daß für den ersten Fall die Nicht-Handelbarkeit der Anteile angenommen werden muß, weil sich sonst mit der Zeit eine stärkere Konzentration der Anteile herausbilden könnte.

[6] Aus der Rent-Seeking-Perspektive versuchen bestimmte Personen, ein politisches Verfügungsrecht zugeteilt zu bekommen. Diese Anstrengungen sind aber häufig unproduktiv und ressourcenvergeudend, so daß nicht der effizienteste, sondern der „lautstärkste" Bewerber das Recht erhält. Die ökonomische Theorie der Regulierung liefert dazu reichhaltiges Anschauungsmaterial. Vgl. dazu Tollison (1982) und Benson (1984).

Allokationseffizienz führen als kollektive. Gegenüber den abgeschwächten privaten Verfügungsrechten ist der jeweilige Grad der Abschwächung ausschlaggebend, so daß politische Verfügungsrechte diesen allokativ überlegen, unterlegen oder auch gleichwertig sein können.

Fazit: Über das Argumentationsmuster „Verfügungsrechte — Anreize — Verhalten — Allokation" wird geschlossen, daß private Verfügungsrechte zur Erzielung von Allokationseffizienz die günstigere Anreizstruktur besitzen.[7] Das Beurteilungskriterium könnte als „Anreiz-Effizienz" oder als „Anreizstruktur zur Allokationseffizienz" bezeichnet werden.

Welche Implikationen haben die einzelnen Typen von Verfügungsrechten für die relative Allokationseffizienz marktwirtschaftlicher und staatlicher Allokationsverfahren? Der Schritt dazu ist sehr einfach; denn es genügt zu zeigen, welche Rechtslagen in den betrachteten Allokationsbereichen vorliegen. Private Verfügungsrechte, obwohl häufig in abgeschwächter Qualität, spielen eine dominierende Rolle im unregulierten Markt. Dagegen herrschen auf staatlich regulierten Märkten und im Politiksektor politische und kollektive Verfügungsrechte vor. Aus verfügungsrechtlicher Sicht hat der Markt damit gegenüber einem politischen Verfahren einen komparativen Vorteil in bezug auf die „Anreiz-Effizienz".

1.2 Verfügungsrechte und öffentliche Güter

Wenn in der Property-Rights-Literatur die „Effizienz-Anreiz-Struktur" von Verfügungsrechten untersucht werden, dann werden die spezifischen Probleme öffentlicher Güter weitgehend vernachlässigt. Da diese Besonderheiten im Zentrum dieser Arbeit stehen, wollen wir uns im folgenden mit dem Zusammenhang zwischen Verfügungsrechten und öffentlichen Gütern ausführlicher beschäftigen.

Dazu ist nützlich, zunächst das Konzept der sogenannten „nicht-exklusiven" Güter einzuführen. Ein Gut ist nicht-exklusiv, wenn entweder keine exklusiven Verfügungsrechte an diesem Gut definiert sind oder, falls doch, die Durchsetzung des exklusiven Rechts unvollständig ist, so daß der Inhaber nur über ein abgeschwächtes exklusives Recht verfügt (vgl. dazu Randall 1983). Nicht-exklusive Güter können gemeinsam konsumierbar sein, was sie zu öffentlichen Gütern macht, oder sie können private Güter sein. Soweit es sich um nicht-

[7] Mit Pejovich (1976, 4) könnten wir auch sagen, „that nonattenuated private property rights are a powerful, and possibly necessary condition for the efficient allocation and the use of scarce resources". Arrow (1979) geht sogar soweit zu behaupten, daß die Verfügungsrechtslehre im Prinzip eine exklusive Zuordnung von Verfügungsrechten bereits als hinreichend für Allokationseffizienz betrachtet. Diese Position geht über die übliche neoklassische Position hinaus, nach welcher Wettbewerbsmärkte zwar hinreichend für Effizienz, aber definierte Verfügungsrechte nur eine der notwendigen Bedingungen für Konkurrenzmärkte sind.

exklusive private Güter handelt, verfügt die Doktrin der Verfügungsrechte über starke Effizienzargumente zugunsten der Einrichtung privater Verfügungsrechte und damit letztlich von Märkten. Dies gilt trotz der Einschränkung, daß die Durchsetzung privater Verfügungsrechte in einigen Fällen schwierig sein kann.[8] Tabelle 3 gibt über exklusive und nicht-exklusive Güter einen Überblick.

Tabelle 3: **Exklusivität von Gütern**

Merkmale	gemeinsame Konsumierbarkeit	Rivalität im Konsum
vollständiger Ausschluß	exklusives öffentliches Gut	exklusives privates Gut
unvollständiger Ausschluß	nicht-exklusives öffentliches Gut	nicht-exklusives privates Gut

Wenden wir uns jetzt den nicht-exklusiven öffentlichen Gütern zu. Dabei können wir unterscheiden zwischen ausschließbaren öffentlichen Gütern, für die jedoch — aus welchen Gründen auch immer — das Ausschlußprinzip nicht angewendet wird, und nicht-ausschließbaren öffentlichen Gütern. Die Unterscheidung zwischen ausschließbaren und nicht-ausschließbaren öffentlichen Gütern ist unseres Erachtens gar nicht erforderlich. Denn konzeptionell ist es möglich und vielleicht auch zweckmäßiger, daß private und damit definitionsgemäß exklusive Rechte für jedes Gut und insbesondere auch öffentliches Gut definiert und zugewiesen werden können. In diesem Sinne ist jedes öffentliche Gut immer ein ausschließbares oder auch ein „marktfähiges" Gut.[9] Das eigentliche Problem ist vielmehr, daß die Zuweisung privater Verfügungsrechte und die Durchsetzung dieser Rechte zwei verschiedene Dinge sind. Denn die Durchsetzung definierter und zugewiesener Rechte mag unvollständig und kostspielig sein. Wir müssen infolgedessen untersuchen, wie hoch die Einrichtungs- und Durchsetzungskosten von privaten Verfügungsrechten bei öffentlichen Gütern sind. Für jedes öffentliche Gut muß daher der Vergleich angestellt werden zwischen einer Markt- und Politikallokation mit und/oder ohne Ausschlußkosten. Es ist analytisch zweckmäßig, prohibitiv hohe, signifikante,

[8] Ein wohlbekanntes Beispiel für einen solchen Fall ist das „common-pool"-Problem. Vgl. Pethig (1984b).

[9] Preis-Ausschluß ist zwar eine wichtige, aber keine notwendige Voraussetzung für das Zustandekommen einer Marktaktivität. Denn der Markt kann auch dann aktiv werden, wenn kein Ausschluß praktiziert wird. Vgl. Teil B, Abschnitt 2.1.

aber nicht-prohibitive und keine Ausschließungskosten zu unterscheiden. Nach dieser Klassifizierung erhalten wir die in Tabelle 4 zusammengefaßten Vergleichstypen, die wir der Reihe nach diskutieren wollen.

Tabelle 4: **Typen des Vergleichs von Ausschlußkosten**

	Ausschluß wird angestrebt Ausschlußkosten sind prohibitiv	 signifikant	 null	kein Ausschluß
Marktallokation	1	2	3	4
politische Allokation	5	6	7	8

Aber verursachen Ausschlußkosten tatsächlich grundlegende Allokationsprobleme? Denn sie fallen auch bei privaten Gütern in unterschiedlicher Höhe an, ohne daß es dadurch zwangsläufig zu ernsthaften Versorgungsmängeln kommen muß. Die entscheidende Frage ist, ob und wieweit der Ausschluß bei privaten und öffentlichen Gütern typische und systematische Unterschiede aufweist. Diese Fragestellung spielte schon einmal eine Rolle in der bekannten Auseinandersetzung zwischen Arrow (1962) und Demsetz (1969) über die allokativen Besonderheiten des öffentlichen Gutes „Information".

Auf Grundlage eines wohlfahrtsökonomischen Ansatzes kam Arrow zu dem Schluß, daß mit dem Preis-Ausschluß bei diesem öffentlichen Gut substantielle Schwierigkeiten einhergehen. Demsetz hielt dagegen, daß die Etablierung privater Verfügungsrechte an dem öffentlichen Gut „Information" keine speziellen und einzigartigen Probleme aufwerfen. Diese sind vielmehr denen privater Güter ähnlich. Die Demsetzsche Kritik an Arrow läuft darauf hinaus, daß öffentliche Güter über Märkte effizient bereitgestellt werden können, wenn nicht-abgeschwächte private Verfügungsrechte an diesem öffentlichen Gut etabliert sind. Nicht-abgeschwächte private Verfügungsrechte wären damit hinreichend für Allokationseffizienz.

Wie sind diese gegensätzlichen Ansichten zu beurteilen? Nehmen wir einmal an, daß der nicht-autorisierte „Mitkonsum" bei einem öffentlichen Gut illegal ist und daß irgend jemand dieses Gut illegal mitkonsumiert. Da nun öffentliche

Güter als gemeinsam konsumierbare Güter definiert sind, schmälert dieser „Diebstahl" nicht den autorisierten Konsum irgendeiner Person. Die Rechtsverletzung impliziert also keinerlei Beeinträchtigung im Konsum anderer Personen. Unseres Erachtens begründet dieser Sachverhalt aber einen grundlegenden Unterschied zwischen privaten und öffentlichen Gütern. Denn zumindest die Durchsetzung privater Verfügungsrechte bei öffentlichen Gütern wirft ernsthaftere Probleme auf als bei privaten Gütern.[10]

1.3 Vergleich zwischen privatwirtschaftlichen und staatlichen Allokationsverfahren öffentlicher Güter

Aus den dargelegten Zusammenhängen zwischen Verfügungsrechten und öffentlichen Gütern können einige interessante Informationen über die relative Effizienz von marktmäßigen und politischen Allokationsverfahren im Bereich öffentlicher Güter gewonnen werden. Obwohl wir bereits einzelne Aspekte bei der komparativen Analyse im Teil B dieser Arbeit betrachtet haben, wollen wir der Systematik wegen diese Diskussion jetzt noch einmal — in gestraffter Form — aus Sicht der Lehre von den Verfügungsrechten führen. Dieses Vorgehen ist unseres Erachtens auch deshalb angebracht, weil die Aufschlüsse recht allgemeiner Art sind.

1.3.1 Vergleich der Ausschließungskosten

Betrachten wir zunächst den polaren Fall, in welchem die staatliche Bereitstellung steuerfinanziert ist (8) und die Marktversorgung prohibitive Ausschlußkosten verursacht (1). Mit anderen Worten: Die staatliche Versorgung etabliert kollektive Verfügungsrechte. Das Regime ist nicht-exklusiv und, weil niemand ausgeschlossen wird, entstehen keine Ausschlußkosten. Dagegen können im Markt private Verfügungsrechte aus Kostengründen nicht durchgesetzt werden. Prohibitiv hohe Ausschließungskosten im Markt, in welchem Ausschluß angestrebt wird, sind aber gleichbedeutend damit, daß dieser exklusive Markt zusammenbricht und die schärfste Form der Fehlallokation, nämlich die Null-Versorgung, eintritt. Bei einer solchen Konstellation für ein bestimmtes öffentliches Gut hat ein exklusives marktwirtschaftliches Konzept allokative Nachteile gegenüber einem nicht-exklusiven staatlichen, aber auch privaten Arrangement. Die politische Versorgung muß gegenüber der Null-Versorgung

---

[10] Die Besonderheiten des öffentlichen Gutes „Information" erläutert Lenk (1984, 342) folgendermaßen: „Informationen, die man verkauft, bleiben doch gleichzeitig beim Verkäufer zurück. Anders als ein Paar Schuhe kann dieselbe Information sich im Besitz sehr vieler Personen befinden. Es ist auch schwierig, sie einer begrenzten Zahl von Abnehmern zu verkaufen. Andere mögen sie unentgeltlich erlangen. Information erschöpft sich auch nicht. Nutzung mindert nicht den Vorrat, wohl aber den Wert der Information, wenn Informationsvorsprünge eingeebnet werden. Will man schließlich wissen, ob eine Information ihr Geld wert ist, muß man sie kennen. Bei vollständiger Information über die Information braucht man sie aber nicht mehr zu kaufen."

aber nicht pareto-superior sein, weil bei der Politikallokation Unter- oder Überversorgung, individuelle Nicht-Rationalität und X-Ineffizienz möglich sind. Wenn aber die Einrichtung privater Verfügungsrechte im Markt unwirtschaftlich ist, dann ist die freiwillige Bereitstellung öffentlicher Güter ohne Ausschluß, also der nicht-exklusive Markt mit kollektiven Verfügungsrechten (etwa das Subskriptionsverfahren), die pareto-überlegene Alternative gegenüber der exklusiven Marktallokation. Das bedeutet aber, daß bei prohibitiv hohen Ausschließungskosten kollektive Verfügungsrechte privaten allokativ überlegen sind. Andererseits gibt es in der Literatur einen breiten Konsens darüber, daß nur wenige öffentliche Güter wie etwa die äußere Sicherheit oder das Rechtssystem in die Kategorie prohibitiv hoher Ausschließungskosten fallen.

Was passiert, wenn die marktspezifischen Ausschlußkosten vernachlässigbar gering oder sogar Null sind? Zwar ist die Annahme der vollständigen und kostenlosen Ausschlußmöglichkeit (Fall 3) — ebenso wie der ursprünglich von Samuelson (1954) untersuchte Fall der Unmöglichkeit des Ausschlusses (Fall 1) — empirisch schwer auszumachen. Die Annahme ist aber nützlich, um die allokativen Konsequenzen des Ausschlusses für sich untersuchen zu können. Wir wissen aus der Preistheorie öffentlicher Güter — vgl. auch Teil B, Abschnitt 3.1 —, daß die jeweilige Marktallokation typischerweise zwei allokative Schwächen besitzt. Neben einer Unterversorgung (Outputineffizienz) resultiert auch noch eine Unternutzung (Konsumineffizienz) mit dem öffentlichen Gut wegen des Preis-Ausschlusses. Letztlich stehen wir wieder vor dem Problem, zwei pareto-ineffiziente Allokationen miteinander zu vergleichen.

Die Frage, ob ein Allokationsverfahren einem anderen pareto-überlegen ist, wenn beide in eine positive, aber pareto-ineffiziente Versorgung mit dem öffentlichen Gut einmünden, ist grundsätzlich nicht einfach zu beantworten. Diese Frage haben wir in Teil B, Abschnitt 3 bereits exemplarisch beim Vergleich des Medianwählerverfahrens mit zwei Marktverfahren untersucht. Die Allokationsverfahren unterscheiden sich im wesentlichen darin, daß auf dem Markt einige Personen preis-ausgeschlossen werden und folglich eine beträchtliche Unternutzung eintritt, während bei der Medianwählerallokation niemand ausgeschlossen wird, so daß auch keine Ausschließungskosten entstehen. Die Steuerfinanzierung kann aber bewirken, daß einzelne Personen mit einem Steuerbeitrag belastet werden, der ihre absolute Zahlungsbereitschaft für das öffentliche Gut übersteigt. Im Gegensatz zur Marktversorgung braucht die staatliche Bereitstellung also nicht individuell rational zu sein. Ferner stellte sich heraus, daß bei gleichen Produktionskosten die Medianwählerversorgung unter empirisch plausiblen Voraussetzungen mengenmäßig relativ näher am hypothetischen Pareto-Optimum liegt als die Monopolversorgung.

Selbst wenn die staatliche Versorgung wohlfahrtsmäßig der privaten in vielen Fällen überlegen sein kann, so muß sie gegenüber dieser wegen der unterschiedlichen Nutzendistributionen (z.B. indidivuelle Nicht-Rationalität) nicht auch pareto-superior sein. Die Marktversorgung ihrerseits ist bei gleicher Bereitstellungsmenge der staatlichen Bereitstellung nur dann überlegen, wenn bei letzterer zusätzliche administrative Kosten anfallen und diese um soviel höher sind, daß sie die Zusatzkosten der Marktversorgung überkompensieren. Die Marktzusatzkosten umfassen die Ausschließungskosten, die im Fall 3 aber Null sind, sowie die Wohlfahrtseinbußen der preis-ausgeschlossenen Personen. Insbesondere dann, wenn wir das Medianwählerverfahren mit einem bürokratischen Implementierungsprozeß kombinieren und diese Konstellation als den empirisch relevanten Fall ansehen, können wir mit größerer Wahrscheinlichkeit davon ausgehen, daß die Marktversorgung „überlegen" ist. Auf der anderen Seite ist selbst ein Produktivitäts-Malus der staatlichen Versorgung mit öffentlichen Gütern, der empirisch vermutet oder sogar nachgewiesen worden ist, noch nicht hinreichend für einen Netto-Effizienzvorteil der Marktallokation. Wiederum stellen wir fest, daß im Rahmen der neoklassischen Wohlfahrtsökonomie kaum definitive Aussagen über die relative allokative Vorteilhaftigkeit von zwei pareto-ineffizienten Allokationen möglich sind. Bei dieser Konstellation lassen sich dann auch nicht die allokativen Konsequenzen unterschiedlicher Verfügungsrechte präzise herleiten.

Es gibt viele Hinweise darauf, daß für eine große Zahl öffentlicher Güter — wie etwa Parkanlagen, Seen und auch das öffentliche Gut „Information" — die (partielle) Durchsetzung privater Verfügungsrechte mit signifikanten, obgleich nicht prohibitiv hohen Ausschließungskosten verbunden ist, also die Situation 2 vorliegt. Dabei zeigt sich, daß die Allokation öffentlicher Güter über den Markt in sehr starkem Maße von der Höhe der Ausschlußkosten oder der Ausnutzung illegaler Konsummöglichkeiten abhängt. Dieser Zusammenhang läßt sich gut illustrieren, wenn wir eine Situation unterstellen, in der ein bestimmtes öffentliches Gut von einem privaten Monopolisten bereitgestellt wird und die Ausschließungskosten gering sind. In dieser Situation ist ein bestimmter, jedoch nicht vollständiger „Ausschließungsgrad" gegeben. Der Ausschließungsgrad bei privat bereitgestellten öffentlichen Gütern hängt nicht nur von den physischen und technischen Eigenschaften des betreffenden Gutes ab, sondern auch davon, für wie legitim der Bürger den Ausschluß betrachtet. Außerdem spielen noch das Risikoverhalten und die Wahrscheinlichkeit, als illegaler Nutzer entdeckt zu werden, und die Strafe, die illegale Nutzer im Falle der Entdeckung erwarten, eine wesentliche Rolle (vgl. Pethig 1984a). Wenn der Ausschluß aber nicht vollständig ist, dann eröffnet sich die Möglichkeit zum illegalen Konsum des öffentlichen Gutes. Im Falle der illegalen Nutzung ist der autorisierte Konsum aber geringer als bei vollständigem Ausschluß. Gewinnmaximierung impliziert dann, daß der Monopolist einen höheren Preis verlangen muß als anderenfalls. Diese Preissteigerung wiederum erhöht den Anreiz zur illegalen Nutzung.

Wenn es aber für den Monopolisten immer schwieriger wird, Nicht-Käufer vom Konsum des öffentlichen Gutes fernzuhalten, dann sinkt die Profitabilität der monopolistischen Versorgung. In der Regel wird der Monopolist immer weniger von dem öffentlichen Gut anbieten, bis möglicherweise Gewinnmaximierung sogar verlangt, daß der Monopolist sich vom Markt zurückzieht. Wenn der Unternehmer aber versucht, den Ausschlußgrad unter Aufwendung von Ressourcen zu erhöhen und dennoch die Null-Produktion gewinnmaximal ist (unter Einbeziehung der Ausschließungskosten), dann sind die Ausschlußkosten definitionsgemäß prohibitiv hoch. Für die Überlegenheit eines staatlichen Allokationsverfahrens ist dann hinreichend, daß eine staatliche Versorgung mit dem öffentlichen Gut die Wohlfahrt gegenüber der Situation der Null-Produktion erhöht.

Schließlich wollen wir noch kurz die Situation 5-7, also eine exklusive staatliche Versorgung, in den Vergleich mit einbeziehen. Die staatliche Versorgung wird dann beispielsweise durch ein staatliches Unternehmen sichergestellt, das das öffentliche Gut gegen eine Gebühr an die Konsumenten verkauft. Wenn der Staat private Verfügungsrechte an einem öffentlichen Gut etabliert, muß ein Effizienzvergleich die Ausschlußkosten des politischen Verfahrens, die unterschiedlich hoch sein können, berücksichtigen. Politische Ausschlußkosten aber verschieben die oben genannten Ergebnisse tendenziell zugunsten der Versorgung über den Markt. Im Falle illegaler Konsumaktivitäten ergeben sich für ein staatliches Unternehmen je nach Umfang der Gebührenfinanzierung unterschiedliche allokative Konsequenzen. Unterliegt das Unternehmen einer Kostendeckungsvorschrift, dann kann das Versorgungsniveau mit diesem Gut auf eine Null-Versorgung schrumpfen. Dagegen wird ein Unternehmen, dem der Ausgleich seines Defizits garantiert ist, trotz illegaler Nutzung eine positive Versorgung mit dem öffentlichen Gut realisieren können. Allerdings macht eine steigende Steuerfinanzierung zum Ausgleich der anfallenden Verluste das staatliche Koordinierungsverfahren zunehmend nicht-exklusiver.[11] Dieser komparative allokative Vorteil der teils exklusiven, teils nicht-exklusiven staatlichen Bereitstellung beruht aber nicht auf privaten Verfügungsrechten, sondern ist Folge der staatlichen Steuerhoheit.

Welche Konsequenzen sind aus dem anfangs „deduzierten" Effizienzvorteil (unabgeschwächter) privater Verfügungsrechte zu ziehen, wenn im Falle eines „marktfähigen" öffentlichen Gutes der mit privaten Verfügungsrechten ausgestattete Markt in eine nicht geringe Unterversorgung und -nutzung einmündet? Eine mögliche Erklärung ist, daß private Verfügungsrechte ihre Effizienz-Anreiz-Eigenschaften nur unter ganz bestimmten Bedingungen entfalten können. Welche Bedingungen sind das? Leider muß man feststellen, daß in der verfügungsrechtlichen Literatur dazu keine genügend präzisen Angaben gemacht werden, so daß Arrow (1979, 24) mit Recht kritisiert, daß die „property rights theorists do not usually set out their underlying assumptions with the utmost clarity". Die von der Lehre von den Verfügungsrechten behaupteten

[11] Im Grunde genommen kommt dies der Subventionierung des illegalen Konsums gleich. Im übrigen wäre eine Quersubventionierung im Markt nur dann möglich, wenn anstelle des Einproduktunternehmens der Mehrproduktfall vorläge.

Eigenschaften privater Verfügungsrechte lassen sich unseres Erachtens nur dann ableiten, wenn ein Markt im Sinne der vollkommenen Konkurrenz unter „neoklassischen Bedingungen" vorliegt. In der Ökonomie gibt es dann ausschließlich private Güter, also keine Externalitäten, und an diesen Gütern sind die privaten Verfügungsrechte vollständig und kostenlos definiert, spezifiziert und vor allem durchgesetzt. Kurzum: Es müssen private Güter mit unabgeschwächten privaten Verfügungsrechten vorliegen.

Diese Bedingungen sind für öffentliche Güter nicht erfüllt. Und zwar deswegen, weil öffentliche Güter nicht-exklusive Güter sind, bei denen private Verfügungsrechte meistens abgeschwächt sind, wobei der Grad der Abschwächung verschieden stark sein kann. Infolgedessen können wir aus verfügungsrechtstheoretischer Sicht Märkte im Bereich öffentlicher Güter nicht von vornherein als das überlegene Allokationsverfahren kennzeichnen. Dies ist aber gleichbedeutend damit, daß es der Lehre von den Verfügungsrechten nicht gelingt, komparative Vorteile der betrachteten Rechtslagen festzustellen (vgl. Nelson 1981; Krutilla et al. 1983). Welche der Rechtslagen 2-4 aus Tabelle 2 die überlegene Anreizstruktur zur Allokationseffizienz aufweist, hängt ganz entscheidend von der Gültigkeit der sogenannten Freifahrerthese ab. Da die potentielle Freifahrermöglichkeit einerseits und das Ausnutzen dieser Möglichkeit andererseits zwei verschiedene Dinge sind, wissen wir letztlich wenig darüber, ob und wieweit eine Person auch tatsächlich „freifährt" und sich genau so verhält, wie es die Vertreter der Lehre von den Verfügungsrechten postulieren. Zwar wird ein Individuum immer „freifahren", wenn es dadurch einen Vorteil erlangen kann. Diese Situation, die ein anderes Verhalten definitiv ausschließt, wird bei der einen oder anderen Rechtslage gegeben sein. Die Argumentation der Verfügungsrechtslehre ist daher erst dann überzeugend und zu akzeptieren, wenn es ihr gelingt, diesen Fall exakt zu spezifizieren und die Bedingungen zu nennen, unter denen ein solcher Fall mit welcher Wahrscheinlichkeit zu erwarten ist.

Wenn bei vielen öffentlichen Gütern die Durchsetzung privater Verfügungsrechte aber zu kostspielig ist, dann können gerade kollektive Verfügungsrechte vergleichsweise effizient sein (vgl. Krutilla et al. 1983). Denn die darüber hinausgehende Rechtskonstellation wäre die jegliche Abwesenheit von Verfügungsrechten, also eine extreme Situation, in der niemand auch nur den kleinsten Teil einer Ressource besitzt („res nullius").[12] Diese totale Nicht-Exklusivität hat jedoch Transaktionskostennachteile gegenüber einer Rechtslage mit kollektiven Verfügungsrechten (etwa die Übernutzung bei natürlichen Ressourcen; vgl. beispielsweise Siebert 1983). Zwar kann eine „res nullius" als eine „res communis", d.h. als kollektives Verfügungsrecht, für die gesamte Weltbevölkerung verstanden werden. In aller Regel sind kollektive Verfügungsrechte im

[12] Im Sinne der Alchian-Parabel besitzt danach keine Person irgendeinen Anteil an einem Unternehmen. Das persönliche Einkommen ist dann völlig losgelöst von den eigenen Aktivitäten.

Umfang der Nutzungsmöglichkeit jedoch auf einen kleineren Personenkreis beschränkt. Im Vergleich zum „res nullius" sind kollektive Verfügungsrechte für diese Gruppe insgesamt exklusive Rechte.

Außerdem können auch bei grundsätzlich kollektiver Verfügungsrechtsstruktur die effizienzfördernden Effekte exklusiver Rechte genutzt werden, wenn der Gesetzgeber bestimmte Auflagen und institutionelle Regelungen erläßt, die den freien Zugang zu einer Ressource regulieren wie beispielsweise Jagd- und Fangzeiten, Fangquoten etc. Es läßt sich empirisch belegen, daß diese Art der Regulierung kollektiver Verfügungsrechte bereits einen erheblichen Umfang einnimmt (vgl. DeAlessi 1983, 67). Im Grunde genommen werden damit politische Verfügungsrechte etabliert, die quasi die Exklusivität privater Verfügungsrechte „simulieren" sollen. Jedoch können diese Regulierungen wirkungslos und/oder zu teuer sein. Dies belegt einmal mehr, daß die zunehmende Exklusivität eines Verfügungsrechts an sich noch keine Effizienzverbesserung garantiert.

1.3.2 Änderung von Verfügungsrechten

Eine weitere wichtige Überlegung bezieht sich auf die Änderung von Rechtszuweisungen (vgl. allgemein dazu Hesse 1983). Angenommen, in einer bestimmten Situation bewirken kollektive Verfügungsrechte beträchtliche allokative Mängel, welche aber durch die Zuweisung privater Verfügungsrechte behoben werden könnten. Eine Änderung der Rechtslage muß sich jedoch nicht notwendigerweise als vorteilhaft erweisen. Denn der diskontierte Effizienzgewinn infolge einer Rechtsänderung kann kleiner, gleich oder größer sein als die mit dieser Änderung verbundenen Kosten.[13]

Aber selbst wenn diese Rechtsänderung volkswirtschaftlich wünschenswert wäre, bedeutet das noch nicht die Pareto-Superiorität der Änderung. Denn die Umverteilung der Rechte kann Personen besser, gleich gut und schlechter stellen. Nach dem Pareto-Kriterium ist eine bestehende Verfügungsrechtslage dann und nur dann zu ändern, wenn unter Einbezug sämtlicher mit der Änderung gekoppelten Transaktionskosten in der neuen Rechtslage das Nutzenniveau mindestens eines Individuums verbessert wird, ohne daß irgendeine andere Person eine Nutzeneinbuße erleidet.[14] Wie beim paretianischen Ver-

[13] Im engeren Sinne umfassen Änderungskosten die administrativen Kosten der rechtsetzenden Instanz sowie die Ressourceaufwendungen, die dadurch entstehen, daß die neue Rechtslage entworfen, die Kenntnis darüber verbreitet, für die Akzeptanz geworben und ihre Einhaltung kontrolliert und durchgesetzt werden muß. Vgl. dazu im einzelnen Hesse (1983, 97 und 102ff.). Im weiteren, wohlfahrtsökonomischen Sinne zählen aber auch die Nutzeneinbußen der von der Rechtsänderung negativ betroffenen Personen zu den Änderungskosten.

[14] Hier wird einmal mehr deutlich, wie konservativ das Wohlfahrtskriterium der Pareto-Verbesserung ist, weil bei zwei pareto-unvergleichbaren Situationen der Status quo vorgezogen wird.

gleich der Allokationseffizienz zeigt sich bei der Gegenüberstellung verschiedener Rechtslagen, daß sie meistens nicht pareto- oder „demsetz"-vergleichbar sind.[15] Die Indeterminiertheit des Effizienzvergleichs verschiedener Rechtslagen impliziert dann aber, daß der Status quo, obgleich er aus einer Nirwana-Perspektive unbefriedigend ist, bestehen bleibt (vgl. Anderson/Hill 1983).

Wir waren davon ausgegangen, daß im Status quo kollektive Verfügungsrechte vorliegen. Dies impliziert jedoch keineswegs, daß die zu diesem Zeitpunkt unter den gegebenen Bedingungen festgestellte „Vorteilhaftigkeit" dieser Rechtslage über die Zeit hinweg Bestand haben muß. Im intertemporalen Kontext ist es sehr wohl möglich, daß etwa technischer Fortschritt die Ausschließungskosten reduziert und daß ein steigender Handelswert der jeweiligen Ressource den Ausschluß profitabler macht. Dies kann dazu führen, daß aus Effizienzgründen kollektive durch private Verfügungsrechte „substituiert" werden. Historisch lassen sich derartige Verschiebungen mehrfach belegen (vgl. North 1973, 1981).

1.3.3 Produktion öffentlicher Güter

Wenden wir uns jetzt noch einmal der Produktion öffentlicher Güter zu. Zwar haben wir in Teil B, Abschnitt 5, ein Modell für die Produktion öffentlicher Güter vorgestellt. Verfügungsrechtliche Aspekte spielten dabei aber keine ausschlaggebende Rolle. Aus dieser Perspektive können wir jedoch noch zusätzliche Informationen für den Effizienzvergleich von Allokationsverfahren öffentlicher Güter gewinnen. Die nachfolgende Diskussion ist quasi die verfügungsrechtstheoretische Fundierung des vorgestellten Produktionsmodells.

1.3.3.1 Die marktmäßige Produktion öffentlicher Güter

Betrachten wir zunächst den Produktionsprozeß, wenn das öffentliche Gut über den Markt bereitgestellt wird. Nach der Lehre von den Verfügungsrechten wird ein privater Anbieter durch mindestens drei Faktoren kontrolliert, und zwar durch den Wettbewerb, den Anspruch auf einen Gewinn und andere interne und/oder externe Kontrolleinrichtungen wie z.B. durch den Kapitalmarkt oder den Markt für Führungskräfte. Aufgrund dieser Beschränkungen, so wird behauptet, seien die privaten Anbieter dazu gezwungen, so kostengünstig wie nur irgend möglich zu produzieren. Denn nur dann könnten sie im Markt bleiben. Aus verfügungsrechtlicher Sicht ist insbesondere der Gewinn- bzw. Überschußanspruch („residual claimancy") ausschlaggebend. Das Recht der Gewinnbeanspruchung leitet sich aus der exklusiven Verfügbarkeit über die produktiven Faktoren ab. Die günstigen Anreizeigenschaften dieses Rechts gelten zunächst nur für den Fall, in welchem der Eigentümer auch zugleich Manager des Unternehmens ist, also bei Personengesellschaften. Diese Situation

---

[15] Wegen der expliziten Berücksichtigung von Transaktionskosten spricht Buhbe (1980, 103) auch von einem „Demsetz-Kriterium" oder von der „Demsetz-Effizienz".

ist genau im Fall 3 der Alchian-Parabel erfüllt. Nur der einzige Unternehmenseigner verfügt allein über den Anspruch auf den gesamten Überschuß.

Allerdings sind die privaten Verfügungsrechte und damit die Überschußberechtigung für den Eigentümer in den Kapitalgesellschaften, die in den modernen Volkswirtschaften zunehmend an Bedeutung gewinnen, abgeschwächt. Diese Trennung von Unternehmenskontrolle und Unternehmensführung ist erstmals von Berle/Means (1932) als Ursache bestimmter Ineffizienzen im Marktsektor erkannt worden. Ein Interessengegensatz zwischen Managern (Unternehmensführung) und Aktieneignern (Unternehmenskontrolle) reicht zur Erklärung der Ineffizienz aber nicht aus. Es kommt hinzu, daß die Manager über die relevanten Daten des Unternehmens besser informiert sind als die Aktionäre. Dies ist die typische Situation asymmetrischer Informationen. Daraus leitet sich ein diskretionärer Spielraum für die Manager ab. Diesen Spielraum nutzen die Manager schließlich aus, um einen bestimmten Teil des Überschusses sich selbst „unberechtigterweise" anzueigenen. Die ist der Rahmen für die bekannten Management-Slack-Modelle, zu denen Williamson (1963, 1964) richtungsweisende Arbeiten vorgelegt hat. Wie wir in Teil B, Abschnitt 2.4 gezeigt haben, sind diese Konzepte inzwischen auch fruchtbar auf staatliche Administrationen angewendet worden, obwohl sie ursprünglich für den Marktbereich konzipiert worden waren. Es wird angenommen, daß die Manager die nicht ausgewiesenen Gewinne für nicht produktive, aber nutzenstiftende Ausgaben verwenden. Treffende Beispiele dafür sind ein zu großer Mitarbeiterstab, Dienstleistungen für persönliche Zwecke, geringe Arbeitsanstrengungen („leisure on the job") oder auch bequeme Arbeitsbedingungen. Da dann die tatsächlichen über den produktionstechnisch notwendigen Kosten liegen, produziert die Manager-Firma im Sinne von Leibenstein (1966) X-ineffizient.[16] Diese Tatsache wird auch mit dem Begriff des Management-Slacks umschrieben.

Die Argumentation, daß abgeschwächte private Verfügungsrechte zu Effizienzverlusten führen, wird von der Verfügungsrechtslehre nicht grundsätzlich abgelehnt.[17] Aber diese Abschwächung wird dadurch kompensiert — das ist der zentrale Einwand gegen die Management-Slack-These —, daß die Manager durch die Kontrolle des Kapitalmarktes und den Wettbewerb um die Managerposition einen erheblichen, wenn nicht den ganzen Teil ihres diskretionären Handlungs-Spielraums wieder verlieren. Die Manager-Firma arbeitet wieder „effizient". Interessanterweise braucht die Lehre von den Verfügungsrechten

[16] Das Ausmaß an X-Ineffizienz hängt aber auch davon ab, ob und in welchem Umfange der oder die Manager selbst Anteile am Unternehmen hält bzw. halten.

[17] Dagegen widerspricht Demsetz (1983) der üblichen Auffassung, Management-Slack sei ressourcenvergeudend. Statt dessen ist ein „on-the-job-comsumption" die Folge einer Verlagerung von Haushaltsaktivitäten in den Unternehmensbereich, weil ein bestimmter Typ von Konsum innerhalb einer Firma komparative Vorteile hat. Von dieser Grundüberzeugung aus formuliert Demsetz eine Proposition, wonach sich die auf dem Markt ergebende, also endogen bestimmte Verfügungsrechts- und Kontrollstruktur, das Ergebnis nutzenmaximierenden Verhaltens der Akteure und insofern effizient ist.

aber einen anderen Mechanismus als die Rechtsstruktur, nämlich den Wettbewerb, damit die privaten Verfügungsrechte wieder ihre „Anreiz-Effizienz" ausspielen können.[18]

Doch wie gut funktionieren diese externen Kontrolleinrichtungen? Um die Frage beantworten zu können, betrachten wir exemplarisch eine große Publikumsaktiengesellschaft mit einer breiten Kapitalstreuung. Welchen Einfluß übt ein Kleinaktionär aus? Erinnern wir uns an die Alchian-Parabel. Offensichtlich verfügt der Kleinaktionär nur über ein abgeschwächtes privates Verfügungsrecht, wie dies der Fall 2 der Alchian-Parabel illustriert. Wenn aus verfügungsrechtlicher Sicht dieser Typ des Verfügungsrechts nicht „anreiz-effizient" ist, dann kann — logischerweise — auch der Kleinaktionär keinen Anreiz haben, das Management so wirkungsvoll zu kontrollieren, wie er es täte, wenn er alleiniger Inhaber des Unternehmens wäre. Wichtig ist dabei, ob der Kleinaktionär seine Freifahrerposition auch tatsächlich ausschöpft. Folglich bewirkt auch aus verfügungsrechtlicher Sicht dieser Kontrollprozeß nicht notwendigerweise eine effizientere Allokation.[19] Soweit die Vertreter dieses Ansatzes unsere Schlußfolgerung teilen, behelfen sie sich mit dem Argument von den sogenannten Übernahmeangeboten („takeover bids"). Es fällt uns jedoch schwer, hierin per se eine Effizienzverbesserung zu sehen. Denn häufig sind sie spekulativ und erweisen sich als taktische Manöver. Der Kapitalmarkt übt demnach nur eine unvollkommene Kontrolle auf die Manager-Firma aus (vgl. Marris/Mueller 1980).

Was bleibt, ist der Wettbewerb um die Managerpositionen. Nehmen wir an, ein einkommensmaximierender Manager plant intertemporal. Wenn wir weiterhin unterstellen, daß sein zukünftiges Einkommen eine steigende Funktion der Kapitalmarktbewertung der Firma ist, die er zur Zeit leitet, dann hat er tatsächlich einen Anreiz, so effizient wie möglich zu wirtschaften. Ein gewisses Problem liegt aber in einem größeren Managerstab vor, in welchem die Managementtätigkeit die Bedingungen der Teamproduktion erfüllt und überdies nur eine geringe Gruppen- und Selbstkontrolle stattfindet. Die Grenzproduktivität eines einzelnen Managers ist danach nicht separierbar, so daß der Anteil am Erfolg oder Mißerfolg der Manager-Firma gemessen an der Kapitalmarktbewertung nicht individuell zurechenbar ist. Dies wiederum verschafft dem jeweiligen Manager eine potentielle Freifahrerposition, die verfügungsrechtlich betrachtet nicht „anreiz-effizient" ist. Aber selbst wenn der Markt für Führungskräfte effizienzfördernd wirkt, liefert die Verfügungsrechtslehre keine

---

[18] Dies ist zwar kein logischer Widerspruch dazu, daß unverdünnte private Verfügungsrechte notwendig für Allokationseffizienz sind. Aber immerhin wird der Einfluß von Verfügungsrechten dahingehend relativiert, daß es neben ihnen auch noch andere Faktoren gibt, die die Effizienz von Allokationsverfahren mitbestimmen. Vgl. Picot (1984). Wir werden im folgenden Abschnitt darauf zurückkommen.

[19] Auch das Depotstimmrecht der Banken ist in diesem Zusammenhang zu kritisieren.

umfassende Erklärung dafür, daß das Management vollständig und wirkungsvoll kontrolliert wird. Aus verfügungsrechtlicher Sicht ist eine X-ineffiziente, also nicht kostenminimale Produktion öffentlicher Güter durch private Anbieter zu erwarten.[20]

Bei einem Marktgeschehen im Sinne der vollkommenen Konkurrenz müßte die Tendenz zur X-Ineffizienz verschwinden. Es ist also zu untersuchen, wie der Markt bei einer Bereitstellung öffentlicher Güter organisiert ist. Dazu folgende Überlegung: Öffentliche Güter sind gemeinsam konsumierbar, so daß ein und dieselbe Einheit dieses Gutes für alle Personen ohne irgendeine gegenseitige Beeinträchtigung gleichzeitig nutzbar ist. Die Versorgung mit dem öffentlichen Gut in einer Ökonomie ist bereits gesichert, wenn ein einziges Unternehmen das Gut bereitstellt. Zwei oder mehrere Anbieter bedeuten dann ressourcenvergeudende Kostenvervielfachungen, also Ineffizienzen. Es liegt also nahe, für die Marktversorgung von der Marktform eines Monopols anzugehen. Diese Aussage ist aber insofern einzuschränken, als damit keineswegs die Produktionstechnologie, über die das Unternehmen verfügt und die üblicherweise als Kriterium für das Vorliegen eines natürlichen Monopols herangezogen wird, determiniert ist. Diese kann vielmehr sinkende, konstante oder steigende Skalenerträge aufweisen, so daß mit Ausnahme steigender Skalenerträge die Existenz mehrerer Produzenten öffentlicher Güter durchaus mit Allokationseffizienz kompatibel sein kann.

Nach Leibenstein (1976) ist ein privates Monopol wegen fehlender Konkurrenz jedoch nicht notwendigerweise zur Kostendisziplin gezwungen. Unter bestimmten Bedingungen folgt daraus, daß auch der private Monopolist das öffentliche Gut X-ineffizient produziert. Dieses Ergebnis folgt jedoch nicht zwangsläufig. Denn im Sinne der bereits in Teil B, Abschnitt 3 behandelten Theorie streitbarer oder angreifbarer Märkte („contestable markets") kann selbst auf einem Monopolmarkt vollkommene Konkurrenz herrschen (vgl. Baumol 1982, Baumol/Panzar/Willig 1982). Voraussetzung dafür ist, daß ein potentieller, technisch ebenso effizienter Konkurrent mit seinem Markteintritt droht. Der eingesessene Monopolist kann den Markteintritt des Neulings jedoch verhindern, wenn er sich mit einem Null-Gewinn zufrieden gibt und wenn er überdies technisch effizient produziert. Eine X-ineffiziente Produktion ist dann nicht mehr möglich. Allerdings geht die Theorie der streitbaren Märkte von ganz bestimmten, idealtypischen Annahmen aus (vgl. Fehl 1985). Darunter ist insbesondere die Kostenlosigkeit des Marktzutritts für potentielle Konkurrenten zu nennen. Von daher ist dieses Konzept „nur" ein hypothetisches Bezugsmodell. Im Sinne der Nirwana-Kritik dürfen aus Gründen der informationsmäßigen Durchführbarkeit nicht vorbehaltlos reale Situationen daran gemessen werden.

[20] Das qualitativ gleiche Resultat haben wir in Teil B, Abschnitt 5 erzielen können.

Fazit: Aus der Sicht der Lehre von den Verfügungsrechten kann nicht „deduziert“ werden, daß auf einem Markt mit privaten Verfügungsrechten öffentliche Güter so kostengünstig wie technisch möglich produziert werden.

1.3.3.2 Die staatliche Produktion öffentlicher Güter

Als nächstes müssen wir den Produktionsprozeß untersuchen, wenn das öffentliche Gut durch den Staat produziert und bereitgestellt wird. Wegen der Dominanz kollektiver und/oder politischer Verfügungsrechte im staatlichen Sektor stellt die Ökonomie der Verfügungsrechte fest, daß die „politische“ Produktion öffentlicher Güter nicht „genügend“ kontrolliert wird und insofern Kosteninefﬁzienzen anfallen. Denn eine Leistungssteigerung im staatlichen Sektor ist dem Charakter nach selbst ein öffentliches Gut (vgl. Haveman 1980, 146 und Frey 1981a, 163). Dabei entsteht folgendes Anreizproblem. Eine leistungsfähigere Verwaltung z.B. kommt — wenn auch unmerklich — allen Bürgern zugute. Den Vorteil, den der Bürokrat, der für die Leistungsverbesserung verantwortlich ist, daraus zieht, ist also gering. Statt dessen hat er die Kosten in Form von Mehrleistungen zu tragen. Die mangelnde oder fehlende Aussicht auf ein höheres Einkommen oder auf Beförderung hat zur Folge, daß der Anreiz zur Effizienzverbesserung schwach ausgebildet ist oder gänzlich fehlt.

Diese Argumentation, die ganz im Sinne des Falles 1 der Alchian-Parabel gehalten ist, können wir entsprechend modifiziert auch auf die Rolle des Wählers beziehen. In einer repräsentativen Demokratie beispielsweise können die Bürgerwähler als kollektive Eigentümer des Politiksektors ihre Präferenzen — von Ausnahmen abgesehen — nur in einer alle 3 bis 5 Jahre stattfindenden Wahl bekunden. Und selbst dann ist die Wahrscheinlichkeit für einen einzelnen Wähler relativ gering, sich mit seinen Vorstellungen durchzusetzen.[21] Ein individuell rational handelnder Wähler hat folglich nur einen schwachen Anreiz, mögliche Ineffizienzen im Staatssektor aufzudecken, publik zu machen und für Verbesserungen zu streiten. Denn die Anstrengungen des „Widerspruchs“ in Form von Informations- und Aufklärungsarbeit trägt er selbst, wohingegen die individuellen Vorteile — etwa Steuerersparnisse — in der Regel sehr bescheiden und unmerklich ausfallen.[22] Individuell rationales Handeln kann also auch hier bewirken, daß ein gesellschaftlich erwünschtes Ergebnis nicht realisiert wird. Individuelle Rationalität impliziert also noch nicht gesellschaftliche Rationalität.

---

[21] In diesem Zusammenhang weisen wir auf die paradoxe Situation hin, ob es sich für einen rational handelnden Wähler überhaupt lohnt, an einer Wahl teilzunehmen. Bereits Downs (1957, Kap. 11-14) hat dieses Paradox der Teilnahme an einer Wahl erkannt. Inzwischen gibt es dazu eine umfangreiche Literatur. Vgl. den Überblick bei Mueller (1979, 120-124).

[22] Dies sieht aber anders aus, wenn die Effizienzverbesserung einer bestimmten, gut organisierten Interessengruppe zugute kommt. Dieser selektive Anreiz entspricht dann ungefähr einem politischen Verfügungsrecht.

Ebensowenig können die Wähler die Leistungsfähigkeit der Politiker und Administratoren an einer „politischen Börse" ständig bewerten und/oder ihr kollektives Verfügungsrecht am Staat veräußern (vgl. McKean 1972, 180).[23] Auch der von Tiebout (1956) untersuchte Fall der „Abstimmung mit den Füßen", den Hirschman (1970) „Abwanderung" nennt, um ihn von der politischen Aktivität des „Widerspruchs" zu unterscheiden, ist kritisch zu beurteilen. Denn es fallen hohe Transaktionskosten wie Transport- und Umzugskosten (vgl. Mueller 1979, 126-129) sowie verschiedene versunkene Kosten an. Darüber hinaus ist auch bei der „Abwanderung" der Einfluß eines einzelnen Individuums nur marginal. Dies läßt den Schluß zu, daß der Politiksektor bei der Produktion öffentlicher Güter nicht effektiv genug kontrolliert wird. Das individuell rationale Desinteresse der Wähler an einem effizienten Politiksektor verschafft Politikern und Bürokraten aber einen diskretionären Handlungsspielraum, den diese im Sinne eigener Nutzenmaximierung ausschöpfen können. Da die Zielvorstellungen der politischen Entscheidungsträger nicht notwendigerweise mit den Wünschen der Wähler(mehrheit) übereinstimmen, dürfte im Politikbereich Allokationseffizienz eher die Ausnahme als die Regel sein.[24]

Die verfügungsrechtliche Diskussion sollte jedoch nicht nur die negativen Anreiz-Effekte kollektiver Verfügungsrechte in den Vordergrund stellen. Denn auch im politischen Sektor gibt es einige interne und externe Kontrollverfahren, die die ungünstigen Anreiz-Eigenschaften des kollektiven Verfügungsrechts zumindest teilweise kompensieren. Das Ausmaß an staatlicher Fehlallokation wird etwa dadurch begrenzt, wenn Politiker die Bürokratie kontrollieren. Und zwar wird ein Politiker dann einen Anreiz haben, die Verschwendung und Mißwirtschaft in der Bürokratie einzudämmen, wenn seine Wiederwahl davon abhängt (vgl. Breton/Wintrobe 1982, Benson 1983). In diesem Fall wäre der Politiker ein „Überschußberechtigter". Ferner schränken gegebene, knappe Finanzmittel und eine gegebene Finanz- und Steuerstruktur die Möglichkeiten zu allokativem Fehlverhalten ein (vgl. Hunter 1983, Conybeare 1984). Auch die Kontrolle durch Rechnungshöfe ist hier zu nennen (vgl. Blankart 1980a).[25]

Möglicherweise haben bestimmte politische Amtsinhaber, die über ein politisches Verfügungsrecht wie etwa „job property rights" (Dobra 1983) verfügen, durchaus ein Interesse an einem effizienten Politiksektor, soweit das die eigene „Karriere" oder das persönliche Einkommen positiv beeinflußt. So

---

[23] Zwar findet durch wiederholte Meinungsumfragen eine gewisse Politiker- und Parteienbewertung statt. Diese „Politikbörse" übt aber nur eine begrenzte Kontrollfunktion aus, weil die „politischen Aktionäre" ihre Anteile nicht verkaufen können.

[24] Vgl. die aus dieser Konstellation ableitbaren Modelle administrativen Verhaltens, die wir in Teil B, Abschnitt 2.4 bereits vorgestellt haben.

[25] Allerdings sollte dabei nicht übersehen werden, daß der Rechnungshof auch eine Bürokratie ist, die kontrolliert werden sollte (vgl. Blankart 1980). Hier stellt sich also die berühmte Frage: Wer kontrolliert die Kontrolleure?

kommen Finsinger/Vogelsang (1981) und Vogelsang (1984) zu dem Ergebnis, daß staatliche Unternehmen kosteneffizient produzieren, wenn die Manager erfolgsabhängig entlohnt werden.[26] Die effizienzfördernde Eigenschaft der sogenannten Gewinnberechtigung kann durch die Zuweisung politischer Verfügungsrechte daher auch in Institutionen mit grundsätzlich kollektiver Verfügungsrechtsstruktur genutzt werden. Vor diesem Hintergrund ist die z.B. von Hirsch (1978, 325) vorgebrachte These, im Politiksektor fehle die Möglichkeit, ‚residual claimant"-Anreize zu etablieren, zurückzuweisen. Schließlich bleibt noch die Kontrolle zu nennen, die beispielsweise durch die Medien (sogenannte 4. Gewalt) oder sogar durch Bürgerinitiativen im Sinne des „Widerspruchs" ausgeübt wird.

Fazit: Wenn öffentliche Güter sowohl über den Markt als auch durch den Staat produziert werden, kommt die verfügungsrechtliche Analyse zu dem Schluß, daß in beiden Fällen allokative Mängel insbesondere in Form der *X*-Ineffizienz zu erwarten sind. Insofern stimmen diese Ergebnisse mit denjenigen des Produktionsmodells in Teil B, Abschnitt 5 überein. In bezug auf die relative Effizienz lautet unsere Schlußfolgerung: Je effektiver der Kontroll- und Wettbewerbsdruck im Markt gegenüber dem im staatlichen Sektor ist, desto effizienter werden öffentliche Güter im Markt produziert und umgekehrt. Da es der Verfügungsrechtslehre aber nicht gelingt, das relative Ausmaß des Drucks oder die relative „Anreiz-Effizienz" der einzelnen Rechtslagen in den beiden Sektoren zu bestimmen, bleibt verfügungsrechtstheoretisch die relative *X*-Effizienz unbestimmt.

1.3.4 Weitere Determinanten der Allokationseffizienz

Auch wenn wir einen Anreiz-Effizienz-Vorteil im Falle privater Verfügungsrechte akzeptieren, wie ihn die verfügungsrechtliche Analyse nahelegt, so bleibt die Größe und die empirische Relevanz des Effektes offen. Die empirische Literatur des Kostenvergleichs unterschiedlicher Produktionsarrangements, über die Borcherding/Pommerehne/Schneider (1982), Blankart/Pommerehne/Schneider (1984) und Pommerehne/Schneider (1986) eine umfassende Übersicht geben, zeigt einige Evidenz dafür, daß im Vergleich mit anderen die Effizienz beeinflussenden Faktoren das jeweilige Produktionsarrangement, d.h. eine bestimmte Verfügungsrechtsstruktur, nicht so ausschlaggebend ist, wie dies die Vertreter der Verfügungsrechtslehre behaupten.[27] Im Gegenteil ist die Wirkung von Verfügungsrechten gering im Vergleich zum Wettbewerbsdruck (vgl. Caves/Christensen 1980, 961), zu den Kontrollaktivitäten der Wähler (vgl.

---

[26] Einen guten Überblick über diesen Ansatz und weitere Anreizsysteme, die staatliche Manager zu einem effizienten Verhalten motivieren sollen, gibt Gravelle (1982).

[27] Dieses Ergebnis widerspricht dem von DeAlessi (1980). In seiner Überblicksstudie beobachtet DeAlessi Effizienzunterschiede in Abhängigkeit der jeweiligen Rechtslagen. Dabei geht er jedoch nicht der Frage nach, ob und wieweit die beobachteten Unterschiede durch andere Faktoren verursacht sein könnten.

Pommerehne 1983, 407f.) oder zur Produktionstechnik (vgl. Färe/Grosskopf/Logan 1985, 100). In vielen Fällen resultiert sogar ein Netto-Effekt derart, daß die allokativen Schwächen kollektiver Verfügungsrechte nicht nur ausgeglichen, sondern überkompensiert werden.

Im Grunde genommen stellt die Lehre von den Verfügungsrechten dies auch fest, wenn beispielsweise die Management-Slack-These im Zusammenhang mit der Manager-Firma mit dem Argument des marktlichen Wettbewerbsdrucks zurückgewiesen wird. Zwar sind wir nicht wie Stauss (1983, 289) der Meinung, daß sich die Doktrin der Verfügungsrechte damit selbst „entwertet“, weil Verfügungsrechte relativ unbedeutend wären. Unseres Erachtens läge eine Entwertung erst dann vor, wenn unterschiedliche Verfügungsrechte isoliert gesehen keine allokativen Effekte bewirken. Dies ist nicht der Fall. Denn ceteris paribus haben unterschiedliche Verfügungsrechte unter bestimmten Bedingungen verschiedene Anreiz-Effizienz-Eigenschaften. Da aber selbst die Anhänger der Verfügungsrechtslehre die dominierende Wirkung unterschiedlicher Rechtslagen in bestimmten Situationen „abschwächen“, wird deren Anspruch, Effizienzunterschiede umfassend erklären zu können, erheblich relativiert.

Zusammenfassung: Um die Versorgung öffentlicher Güter so effizient wie möglich zu gestalten, mag es durchaus angemessen sein, die effizienzfördernde Wirkung privater Verfügungsrechte zu nutzen, und zwar insbesondere dann, wenn die mit dem Ausschluß verbundenen Kosten einigermaßen gering sind. In der Tat zeigen empirische Beobachtungen, daß viele öffentliche Güter über den exklusiven Markt angeboten werden. Auf der anderen Seite zeigt die obige Diskussion, daß die Lehre von den Verfügungsrechten nicht den Anspruch erheben kann, gezeigt zu haben, daß der Markt mit privaten Verfügungsrechten durchgängig das effizienzmäßig überlegene Allokationsverfahren für öffentliche Güter ist insbesondere im Vergleich zu einer nicht-exklusiven staatlichen Versorgung.

2 Die Allokation öffentlicher Güter aus Sicht der „Neuen Institutionellen Ökonomie“

2.1 Grundzüge der „Neuen Institutionellen Ökonomie“

Die moderne bzw. neue ökonomische Theorie der Institutionen, auch als „Neue Institutionelle Ökonomie“ bezeichnet, richtet ihr Interesse verstärkt auf das Studium und den Vergleich von Allokationsverfahren. Dieses Forschungsprogramm ist mit unserer Fragestellung eng verbunden. Bevor wir diese Verbindungen genauer herausarbeiten, wollen wir vorab die Grundstruktur der „Neuen Institutionellen Ökonomie“ skizzieren und deren wichtigste allokationstheoretischen Implikationen aufzeigen.

Das zentrale Untersuchungsobjekt der Analyse ökonomischer Institutionen ist die Transaktion, und es wird angenommen, daß jede Transaktion einen

Kontrakt zwischen den Transaktionspartnern involviert (vgl. Cheung 1969, 23). Verträge müssen ausgehandelt, ihre Einhaltung muß überwacht und Vertragsverletzungen müssen gegebenenfalls auf dem Rechtsweg durchgesetzt werden. Dies alles verursacht Kosten — genauer gesagt — Transaktionskosten, also jene spezifischen Kosten, die bei der Koordinierung ökonomischer Aktivitäten anfallen. Im Unterschied zu der Behandlung dieser Kosten in den vorhergehenden Abschnitten werden sie hier vorwiegend aus vertragstheoretischer Sicht analysiert. So gesehen sind die Lehre von den Verfügungsrechten und die vertragstheoretisch fundierte Transaktionskostenanalyse komplementäre Teile der umfassenderen „Neuen Institutionellen Ökonomie", obgleich sie Allokationsverfahren von verschiedenen Blickwinkeln aus betrachten.[1]

Als ausschlaggebend für die Wahl zwischen Institutionen wird die sogenannte „Transaktionskosteneffizienz" betrachtet. Eine ökonomische Institution bzw. ein Allokationsverfahren ist „transaktionskosteneffizient", wenn es unter sonst gleichen Bedingungen, also bei gleich hohen Produktionskosten und Versorgungsniveaus mit Gütern, keine andere erreichbare Institution gibt, die dieselbe ökonomische Aktivität mit geringeren Transaktionskosten ausführt.

Der nächste Schritt besteht darin zu bestimmen, wovon die Transaktionskosten in den verschiedenen Institutionen systematisch abhängen und wie hoch diese Kosten sind. Kurzum: Eine Theorie der Transaktionskosten ist erforderlich. Auf diesem Gebiet hat insbesondere Williamson (1975, 1979, 1981) entscheidende Pionierbarbeit geleistet.[2] Nach Williamson (1981, 1546) werden Transaktionen im allgemeinen dadurch gekennzeichnet,

— mit welcher Häufigkeit sich Transaktionen wiederholen, wobei diese einmalig, gelegentlich oder laufend anfallen können;
— mit welcher Unsicherheit Transaktionen verbunden sind, und zwar die Unsicherheit über die Rahmenbedingungen der Ökonomie („Umweltunsicherheit") und das Verhalten der Akteure in der Ökonomie („Verhaltensunsicherheit");
— inwieweit Investitionen, die bei einer Transaktion anfallen, nicht-spezifischen, gemischten oder partnerschafts-spezifischen (sogenannten idiosynkratischen) Charakter haben.

Aus diesen Merkmalen und Merkmalskombinationen von Transaktionen[3] werden unterschiedliche Arten und — was entscheidend ist — verschieden hohe

---

[1] Williamson (1985) argumentiert, daß die verfügungsrechtliche Analyse stärker die ex ante-Seite des Kontraktes und die transaktionelle Analyse mehr die ex post-Seite des Vertrages in den Vordergrund stellt. Diese Einschätzung ist nicht ganz unproblematisch, weil beide Konzepte die ganze Breite der Transaktionsbeziehung beleuchten. Trotzdem teilen wir die Auffassung von Williamson, was die Dominanz des jeweiligen Forschungsprogramms angeht.

[2] Im deutschsprachigen Raum hat Schenk (1983) dazu bedeutsame Arbeit geleistet.

[3] Wir erhalten also ein dreidimensionales Gebilde mit 36 Typen von Transaktionen. Eine anspruchsvolle Transaktionsanalyse wird ziemlich schnell komplex.

Niveaus an Transaktionskosten abgeleitet. Betrachten wir der Übersichtlichkeit wegen die typischen Transaktionsmerkmale zunächst isoliert. Beim ersten Merkmal lautet die Hypothese: Je weniger oft eine Transaktion anfällt, desto höher sind die Transaktionskosten.

Beim zweiten Merkmal werden die vier Informationskonstellationen aus Tabelle 5 unterschieden (vgl. Windsperger 1985, 200ff.). Wenn wie im Fall 1 die Akteure vollständige Information über Umwelt und Verhalten haben, dann fallen annahmegemäß keine Transaktionskosten an.[4] In Situation 2 verursachen unvollständige Informationen über die Umwelt (z.B. externe, nicht antizipierte Schocks) Transaktionskosten, obwohl vollständige Kenntnis über das individuelle Verhalten besteht, welches kooperativ, autonom oder strategisch (bzw. opportunistisch) sein kann. In Fall 3 ist die Umwelt zwar vollständig transparent, aber unvollständige Information darüber, wie die Akteure sich verhalten, läßt Transaktionskosten entstehen. Es ist grundsätzlich nicht einfach, die jeweilige Höhe der Transaktionskosten der Typen 2 und 3 gegeneinander abzuschätzen. Möglicherweise können aber bestimmte Regulierungsmaßnahmen das individuelle Verhalten beeinflussen und das Verfahren anreizkompatibel machen. Wenn diese „Lenkung“ kostengünstig ist, dann ist der dritte Fall nahezu transaktionskosteneffizient wie Fall 1. Schließlich weist der Fall 4 die relativ höchsten Transaktionskosten auf, weil das Wissen über Umwelt und Verhalten unvollständig ist.

Tab. 5: **Informationskonstellationen**

		Informationen über Umwelt	
		vollständig	unvollständig
Information über Verhalten	vollständig	1	2
	unvollständig	3	4

Beim dritten und letzten Transaktionsmerkmal ist zu erwarten, daß die Transaktionskosten um so geringer ausfallen, je partnerschafts-spezifischer die Investition ist.

[4] In diesem Sinne sind Transaktionskosten identisch mit Informationskosten.

Wenn wir die bei einer Transaktion anfallenden Ressourcenaufwendungen beurteilen und abschätzen wollen, müssen wir das Zusammenwirken der jeweiligen transaktionellen Eigenschaften untersuchen. Ohne zu sehr ins Detail zu gehen, wollen wir diese Analyse an der zentralen Fragestellung der „Neuen Institutionellen Ökonomie“ konkretisieren. Und zwar geht es ihr darum zu erklären, wann eine Transaktion über den Markt und wann eine Aktivität durch interne Koordinierung, also innerhalb eines Unternehmens, Transaktionskostenvorteile aufweist oder — anders formuliert — wie die Aufteilung ökonomischer Aktivitäten auf die Allokationsverfahren Markt und Unternehmen begründet werden kann.[5] Die Transaktionskosten innerhalb einer Unternehmung, d.h. die Eigenherstellung, bestehen aus den Kosten der internen Koordination und der Kontrolle der eigenen Produktion. Diesen Kosten sind die Transaktionskosten des Marktes, d.h. des Fremdbezugs, gegenüberzustellen, die vor allem die Kosten der Suche nach einem geeigneten Geschäftspartner sowie die Kosten der Aushandlung, des Abschlusses, der Kontrolle und der Durchsetzung von Verträgen umfassen.

Das Ergebnis ist, daß eine Transaktion über den Markt um so transaktionskostengünstiger ist, je mehr die Aktivität gelegentlich anfällt (vgl. Williamson 1979, 248), je mehr standardisierte Güter getauscht werden (vgl. Hauser 1981, 75f.) und je spezialisierter die Fähigkeiten wie Wissen, Ausbildung und Erfahrung sind, die für eine bestimmte Aktivität erforderlich sind (vgl. Richardson 1972, 888). Auf der anderen Seite besitzt die interne Koordinierung in einem Unternehmen transaktionelle Vorteile, wenn die Transaktion wiederholt anfällt, bilateralen und partnerschafts-spezifischen Charakter hat (vgl. Williamson 1981, 1548) und wenn dabei ähnliche Fähigkeitsprofile vorliegen (vgl. Richardson 1972, 890).[6]

Es ist nicht einzusehen, warum eine Transaktionskostenanalyse nur die Allokationskonzepte Markt und Unternehmung behandeln sollte. Denn empirisch können wir eine ganze Palette unterschiedlicher Institutionen beobachten, und im Prinzip ist zu erwarten, daß die Existenz dieser Koordinationsformen mit transaktionstheoretischen Argumenten begründet werden könnten (vgl. Bössmann 1983 und Dugger 1983). Dies gilt auch für den Allokationsbereich des

[5] Die „Neue Institutionelle Ökonomie“ liefert daher auch einen von mehreren Erklärungsansätzen dafür, warum es überhaupt Unternehmen gibt. Die Pionierarbeit dazu hat Coase (1937) vorgelegt. Vgl. dazu auch Bössmann (1981).

[6] Diese allgemeinen allokationstheoretischen Ergebnisse lassen jedoch noch keine Schlußfolgerung darauf zu, wie genau Märkte und Unternehmungen organisiert sein könnten, d.h. beispielsweise welche Rechtsform eine Unternehmung wählen sollte. Außerdem stellt sich für einen Unternehmer immer dann, wenn sich die transaktionellen Bedingungen ändern, die Frage, ob es weiterhin kostengünstiger ist, Güter selbst zu produzieren (Eigenfertigung) oder die Güter über den Markt zu beziehen (Fremdbezug). Diese Fragestellung wird insbesondere in der betriebswirtschaftlichen Theorie der Erstellungswege diskutiert. Vgl. Männel (1981) und den Überblick über diesbezüglich formale Modelle von Ramser (1979).

Staates. Wenn wir die ganze Breite ökonomischer Institutionen danach betrachten, dann gibt es eine „volkswirtschaftliche Strukturanalyse“ (Bössmann 1981), wobei die Struktur einer Ökonomie, also die Aufteilung ökonomischer Aktivitäten auf bestimmte Arrangements, durch spezifische komparative Transaktionskosten-Vorteile erklärt werden kann. Neuere theoretische und empirische Arbeiten zeigen, daß dieses Konzept in der Tat die institutionelle Struktur einer Volkswirtschaft mit erklären kann (vgl. die Übersicht bei Williamson 1985, 192).

Allerdings sind Transaktionskosten nur ein Beurteilungskriterium neben anderen Determinanten für die relative Vorteilhaftigkeit von Allokationsverfahren. Es genügt also nicht, ausschließlich transaktionstheoretisch die Existenz, die Rolle und die Überlegenheit von Koordinierungsformen erklären zu wollen.[7] Überdies ist es trotz großer Fortschritte in den letzten Jahren nach wie vor ein Problem, das Phänomen der Transaktionskosten analytisch und empirisch richtig in den Griff zu bekommen.

2.2 „Neue Institutionelle Ökonomie“ und öffentliche Güter

Welche Rolle spielen öffentliche Güter im Rahmen der „Neuen Institutionellen Ökonomie“? Wir stellen fest, daß öffentliche Güter in diesem Analyserahmen so gut wie gar nicht berücksichtigt werden. Andererseits haben wir im Verlauf dieser Arbeit immer wieder untersucht, welche Transaktionskosten in verschiedenen Allokationsverfahren bei der Koordinierung von öffentlichen Gütern anfallen. Da die „Neue Institutionelle Ökonomie“ gerade Transaktionskosten in den Vordergrund ihrer Analyse stellt, müßte ein Argumentationsmuster für öffentliche Güter „angelegt“ sein. Und in der Tat können wir mindestens zwei Argumentationsebenen unterscheiden, die auf den transaktionellen Eigenschaften und auf das Phänomen der Unsicherheit über die qualitativen Eigenschaften öffentlicher Güter aufbauen, auch wenn insgesamt keine spezifische Öffentliche-Gut-Problematik, die ja am Merkmal der gemeinsamen Konsumierbarkeit anknüpft, vorliegt.

2.2.1 Transaktionelle Attribute öffentlicher Güter

Öffentliche Güter haben recht verschiedene transaktionelle Eigenschaften. Wir wollen die drei Eigenschaften fallweise diskutieren, die transaktionstypisch sind. Die Transaktionshäufigkeit bei öffentlichen Gütern hängt unter anderem davon ab, ob das Gut ausschließbar (oder auch ablehnbar) ist oder nicht. Im Falle der Nichtausschließbarkeit (bzw. Nichtablehnbarkeit) liegt zwischen Anbieter und Nachfragern quasi eine permanente Beziehung vor. Denn ein Gut,

---

[7] Dies heißt keinesfalls, daß das Konzept der Transaktionskosten „überflüssig“ wäre. Denn unter sonst gleichen Bedingungen, also bei Anwendung der ceteris paribus-Klausel, ist eine Erklärungskraft gegeben.

das einmal bereitgestellt ist, wird definitionsgemäß von allen Nachfragern „genutzt", ob diese es wünschen oder nicht. Treffende Beispiele dafür sind die äußere Sicherheit oder auch die Umweltqualität. Für andere öffentliche Güter wiederum, bei denen der Ausschluß von Konsumenten ökonomisch und technisch möglich und/oder die Nutzung aus Sicht der Konsumenten optional ist (Ablehnbarkeit), beschränkt sich die Transaktionsbeziehung auf gelegentlichen bis wiederholten Konsum. Dafür mögen der Besuch einer Theatervorstellung, eines Fußballspiels oder der Spaziergang in einem Park treffende Beispiele sein.

Inwieweit die Bereitstellung öffentlicher Güter über den erforderlichen Aufbau eines bestimmten Produktionsapparates hinaus auch noch partnerschafts-spezifische Investitionen erfordert, hängt von mehreren Faktoren ab. Betrachten wir dazu die Beziehung zwischen einem Anbieter — der privat oder staatlichen sein kann — und den Nachfragern eines öffentlichen Gutes etwas genauer. Aus Sicht eines Anbieters ist die Transaktion nicht ausgeprägt partnerschafts-spezifisch, wenn bei einem öffentlichen Gut die Anzahl der Konsumenten sehr groß ist. Denn aufgrund der gemeinsamen Konsumierbarkeit hat ein einzelner Konsument nur einen marginalen Einfluß auf die Versorgung mit dem Gut. Das ändert sich jedoch bei exklusiv angebotenen öffentlichen Gütern. Die anfallenden Ausschließungskosten stellen nämlich in vielen Fällen partnerschafts-spezifische Investitionen dar. Dies ist auch der Fall, wenn der Ausschluß die Form des interregionalen Ausschlusses annimmt und der gemeinsame Konsum auf die Bewohner der jeweiligen Region begrenzt ist (lokale öffentliche Güter, Klubgüter). Für den privaten Anbieter kann die Beziehung sogar extrem partnerschafts-spezifisch sein, wenn er für einen einzigen staatlichen Auftraggeber das öffentliche Gut produziert. Für einen Anbieter kann die Partnerabhängigkeit bei diversen Klassen öffentlicher Güter also unterschiedlich eng sein.

Für die Konsumenten ist sie dies in der Regel aber nicht. Für sie ist die Partnerschaftsbeziehung sehr eng, und zwar gerade dann, wenn es nur einen einzigen Anbieter für das öffentliche Gut gibt. Dies dürfte häufig der Fall sein. Insofern ist die Transaktionsbeziehung zwischen Anbieter und Nachfrager bei vielen öffentlichen Gütern asymmetrisch.

Die Häufigkeit und die Partnerbezogenheit der Transaktion sind jedoch relativ unbedeutende Merkmale angesichts des Phänomens der Unsicherheit bei der Versorgung mit öffentlichen Gütern. Von der Anbieterseite aus betrachtet ist vor allem die Nachfrage nach öffentlichen Gütern ein Unsicherheitsfaktor. Der Grund dafür ist die Schwierigkeit der korrekten Präferenzoffenlegung und das Phänomen des „Freifahrens" bei der Allokation öffentlicher Güter bei anreizinkompatiblen Allokationsverfahren. Beim Preis-Ausschlusses kommt noch die Unsicherheit hinzu, über welche alternativen Bezugsquellen die Nachfrager in den Genuß des öffentlichen Gutes kommen können und inwiefern sie von dieser

Möglichkeit Gebrauch machen werden.[8] Diese Unsicherheit über Präferenzen besteht auch zwischen den Konsumenten. Denn die Akteure müssen sich auch in Abhängigkeit des Verhaltens der übrigen Akteure bzw. den subjektiven Erwartungen darüber entscheiden, wieviel sie vom öffentlichen Gut wünschen und tatsächlich nachfragen wollen. Gerade bei freiwilliger Bereitstellung kann es möglicherweise eine Gefangenen-Dilemma-Situation geben, wie wir sie in Teil B, Abschnitt 2.1 bereits behandelt haben. Festzuhalten ist, daß diese Verhaltensunsicherheit bei der Allokation öffentlicher Güter erhebliche Transaktionskosten auf beiden Seiten der Transaktionsbeziehung verursacht, die über denjenigen bei der Allokation privater Güter hinausgehen dürften.

2.2.2 Qualitätseigenschaften öffentlicher Güter

Es gibt jedoch noch eine andere Unsicherheitskomponente, die daher rührt, daß öffentliche Güter typische Qualitätseigenschaften haben. Die Qualität eines öffentlichen Gutes ist für einen Nachfrager kaum exakt zu bewerten. Das Problem ist vor allem die „Umweltunsicherheit“ zwischen Anbieter und Nachfrager, weil die Qualitätskenntnisse über öffentliche Güter asymmetrisch verteilt sind. Dieses Phänomen ist zwar nicht nur ein Problem für öffentliche Güter. Aus dieser Perspektive lassen sich unseres Erachtens aber dennoch einige Erkenntnisse für die komparative Beurteilung der Allokationsverfahren öffentlicher Güter gewinnen, die andere Ansätze in dieser Form nicht liefern können. Da gerade dieser Aspekt bei der Allokation öffentlicher Güter bisher kaum beachtet wurde, ist es nützlich, etwas auszuholen.

In der ökonomischen Informationstheorie werden Güter mit drei Qualitätsstufen unterschieden: Inspektions-, Erfahrungs- und Vertrauensqualitäten (vgl. Nelson 1970 und 1974, Darby/Karni 1973, Hirshleifer 1973). Entsprechend dieser Eigenschaften werden die Güter Inspektions-, Erfahrungs- oder Vertrauensgüter genannt. Man geht davon aus, daß es in der angegebenen Reihenfolge für die Konsumenten zunehmend komplexer wird, die Qualität eines Gutes zu beurteilen. Die Konsumenten sehen sich einer wachsenden „Umweltunsicherheit“ oder — anders formuliert — steigenden Transaktions-genauer Informationskosten gegenüber. Denn während sich Inspektionsgüter — wie der Begriff nahelegt — relativ einfach durch bloßen Augenschein bereits vor dem Kauf des Gutes zuverlässig einstufen lassen, ist eine Qualitätsbeurteilung bei Erfahrungsgütern erst durch den Kauf und die Nutzung dieses Gutes möglich. Vertrauensgüter dagegen können weder vor noch nach dem Gebrauch vollständig beurteilt werden, so daß bei ihnen immer ein Rest an Nicht-Meßbarkeit und Unsicherheit verbleibt.

Aber wie können wir die verschiedenen Typen öffentlicher Güter in dieses für private Güter entwickelte Qualitätskonzept einordnen und als Inspektions-, Erfahrungs- und Vertrauensgüter abgrenzen und klassifizieren? Öffentliche

[8] Ein weiterer Unsicherheitsfaktor ist die Aktivität potentieller Konkurrenten.

Güter haben multiple Qualitätseigenschaften, die unterschiedlich komplex sein können. Es gibt öffentliche Güter, deren Qualität im Prinzip einfach und schnell eingeschätzt werden kann (z.B. der Zustand einer Straße). Bei anderen öffentlichen Gütern wiederum ist es nicht einmal trivial, analytisch das öffentliche Gut genau zu bestimmen. Der bloße Augenschein genügt dann nicht, um Aufschlüsse über die Qualität dieses Gutes zu erhalten. Überdies entziehen sich andere öffentliche Güter sogar einer quantitativen Erfassung (vgl. Reding 1985). Analytisch müssen wir offen lassen, wie verschiedene Klassen öffentlicher Güter qualitativ eingestuft werden können. Eine klare Abgrenzung ist auch nicht erforderlich.

Der besseren Anschaulichkeit wegen wollen wir dennoch zwei simple und wenig kontroverse Beispiele für öffentliche Erfahrungs- und Vertrauensgüter kurz vorstellen. Bei Erfahrungsgütern können wir an das öffentliche Gut „Opernaufführung" denken. Obwohl vor der Veranstaltung Unsicherheit über die Qualität des Stückes und der Aufführung besteht, kann während und/oder nach der Veranstaltung die Qualität mit einiger Zuverlässigkeit beurteilt werden. Anders sieht es aus, wenn öffentliche Güter Vertrauenscharakter haben wie beispielsweise die äußere Sicherheit. Denn wer vermag schon mit einiger Genauigkeit zu sagen, inwieweit bestimmte Verteidigungsanstrengungen eine gewisse Qualität an Sicherheit „produzieren", wenn nicht die Probe auf das Exempel, also der Verteidigungsfall, vorliegt. Auch wenn letztlich keine konzeptionelle Klarheit zwischen diesen Kategorien möglich ist, so sind wir dennoch in der Lage, für die komparative Analyse von Allokationsverfahren im Bereich öffentlicher Güter einige aufschlußreiche Informationen zu gewinnen.

2.3 Vergleich zwischen privatwirtschaftlichen und staatlichen Allokationsverfahren öffentlicher Güter

Wir wollen den Vergleich der Transaktionskosten aus Sicht der „Neuen Institutionellen Ökonomie" in zwei Schritten durchführen, und zwar anhand kontrakttheoretischer und informationstheoretischer Überlegungen.

2.3.1 Kontrakttheoretischer Vergleich

Angenommen, die Entscheidung, durch welches Allokationsverfahren öffentliche Güter bereitgestellt werden, sei bereits zugunsten der staatlichen Versorgung gefallen. Das Problem besteht dann darin, daß die politischen Entscheidungsträger abzuwägen haben, ob das öffentliche Gut durch den Staat produziert (behördeneigene Produktion, staatliche Unternehmen) oder durch Auftragsvergabe an private Unternehmen gekauft werden soll. Im Gegensatz zur Eigenfertigung, die in der Regel durch administrative Anweisungen gesteuert wird, sind für den Fremdbezug Verträge mit dem privaten Geschäftspartner abzuschließen, wobei der Kontrakt eine kurze, mittlere oder lange Laufzeit haben kann (vgl. Blankart 1980b).

Ausschlaggebend für die Entscheidung zwischen Eigenfertigung und Fremdbezug sind die Transaktionskosten der beiden Bereitstellungswege — unter sonst gleichen Bedingungen. Aus der Diskussion der transaktionellen Eigenschaften öffentlicher Güter wissen wir, daß die Transaktionskosten bei diesen Gütern recht unterschiedlich sein können. Kontrakttheoretisch können wir aber folgende These formulieren: Der Fremdbezug ist um so transaktionskostengünstiger, je seltener eine Transaktion anfällt, je sicherer die Rahmenbedingungen und das Verhalten der Kontraktpartner und je weniger partnerschafts-spezifisch die an die Transaktion gekoppelte Investition ist. Entsprechend können wir Transaktionskostenvorteile der Eigenfertigung postulieren.

Bei einer Reihe öffentlicher Güter finden Produktion und Konsumtion gleichzeitig statt. Treffende Beispiele dafür sind Sportveranstaltungen, Theatervorstellungen, Feuerwerke etc. In diesem Sinne ist die Vorsorgung mit diesen Gütern einmalig und die mit ihnen verbundene Unsicherheit ist relativ gering. Wenn diese Güter auf dem Markt bereits angeboten werden, dann kann eine staatliche Versorgung durch Fremdbezug gewährleistet werden, wobei ein kurzfristiger Beschaffungsvertrag ausreicht. Ein kurzfristiger Beschaffungsvertrag ist dann vorteilhaft, wenn die Leistung unmittelbar anfällt und schnell zu beurteilen ist. Außerdem können die administrativen Kosten der Eigenfertigung, die in Form des Aufbaus und der Kontrolle eines administrativen Apparates entstehen, eingespart und die Größenvorteile des Marktes genutzt werden, wenn mehrere staatliche Nachfrager existieren. In diesen Fällen besitzt der Fremdbezug gegenüber der Eigenfertigung beträchtliche Transaktionskostenvorteile. Es fällt auf, daß die obige Aufzählung „marktfähige" bzw. genauer relativ einfach ausschließbare öffentliche Güter umfaßt, bei denen der Ausschluß geringe Ausschließungskosten verursacht und rechtlich durchsetzbar ist. Aus Wohlfahrtgesichtspunkten bleibt jedoch zu bedenken, in welchem Umfange der Ausschluß zu Konsumineffizienzen führt. Dieses Problem ist jedoch für die Wahl der Bereitstellungswege irrelevant, wenn in beiden Fällen die Bereitstellung zum Nullpreis erfolgt und die Produktion steuerfinanziert ist.

Schwieriger sind die öffentlichen Güter zu beurteilen, die zwar nicht ständig nachgefragt und genutzt werden, für die aber per se ein dauerhaftes Angebot vorliegt. In diese Kategorie öffentlicher Güter fallen annäherungsweise Infrastrukturgüter wie ein Deich, eine Straße oder eine Brücke. Als interne Koordinierungskosten fallen in erster Linie der Aufbau und die Kontrolle eines Verwaltungs- und Produktionsapparates an. Solange der Apparat aber überschaubar bleibt, fallen Kontrollkosten nicht so sehr ins Gewicht.

Die Transaktionskosten des Fremdbezuges entstehen dadurch, daß der Kontrakt eine mittlere Laufzeit hat. Diese Zukunftsorientierung beinhaltet aber ein gewisses Maß an Unsicherheit. So sind bei Vertragsabschluß die tatsächlichen Herstellungskosten des Projektes nicht vollständig bekannt. Ferner muß die Einhaltung des Vertrages ständig überwacht und Verstöße müssen korrigiert werden. Diese Kosten sind jedoch dann relativ gering, wenn das öffentliche Gut meßbar ist und der Produktionsprozeß vom staatlichen Auftraggeber einigermaßen leicht überprüft werden kann. Zugunsten der Markttransaktion spricht außerdem, daß die Größenvorteile des Marktes genutzt und Kapazitätsauslastungsprobleme auf den Markt abgewälzt werden können. Theoretisch ist in diesem Fall letztlich keine definitive Aussage zugunsten oder zu Lasten eines Bereitstellungsweges zu machen. Dies ist einer Fallstudie zu überlassen und in diesem Sinne eine empirische Frage.

Schließlich müssen wir untersuchen, welches Arrangement Transaktionskostenvorteile bei ständig nachgefragten und langfristig angebotenen öffentlichen Gütern hat. Treffende Beispiele für diese Klasse öffentlicher Güter sind die innere und äußere Sicherheit, die Rechtsordnung, die Gesetzgebung oder die Umweltqualität. Diesen Gütern ist das Merkmal gemeinsam, daß erhebliche Ausschlußkosten in Form der technischen Einrichtung und der rechtlichen Gewährleistung und Durchsetzung des Ausschlusses anfallen. Allerdings treten diese Kosten nur dann auf, wenn das öffentliche Gut nicht nur privatwirtschaftlich produziert, sondern auch exklusiv bereitgestellt würde. Im Falle des Nicht-Ausschlusses ist es durchaus möglich, daß eine Submission an private Anbieter transaktionskosteneffizient sein kann (z.B. private Schiedsstellen).

Eine langfristig bindende Kontraktbeziehung wirft mehrere Probleme auf. Erstens geht es darum, in einem Ausschreibungsverfahren den kostengünstigsten Anbieter auszuwählen, der das alleinige Recht erhält, den Markt zu bedienen. Demsetz (1968) hat gezeigt, daß selbst im Falle des natürlichen Monopols ein Anbieterwettbewerb um die Submission — sogenannter Wettbewerb um den Markt — möglich ist, in dem die Monopolrenten verschwinden und der kostengünstigste Anbieter den Auftrag erhält. Im Prinzip ist diese Vergabepraxis auch auf öffentliche Güter anwendbar. Unter bestimmten Bedingungen kann in einem Ausschreibungsverfahren aber das Phänomen der adversen Selektion auftreten. Zwar erhält dann der kostengünstigste Anbieter den Zuschlag, aber dieser bietet das öffentliche Gut mit der schlechtesten Qualität an. Auf diese Problematik werden wir im folgenden Abschnitt näher eingehen.

Das grundsätzliche Problem ist aber, daß aus dem ex ante-Wettbewerb der Ausschreibung nach Auftragsvergabe, also ex post, eine Monopol- bzw. genauer eine bilaterale Monopolsituation entstanden ist (vgl. dazu Goldberg 1977 und Williamson 1981, 1548). Dadurch werden Schwierigkeiten bei Vertragserneuerungen vorprogrammiert. Denn im Laufe der langfristigen Kontraktbeziehung sind in der Regel partnerschafts-spezifische Investitionen getätigt worden, die bei Auftragsvergabe an einen Dritten entwertet würden. Der Aufbau bestimmter Produktionsteams, die Beziehung zwischen Bürokratie und privatem Management sowie kapitalintensive Anlagen stellen dann versunkene Kosten dar. Ferner würden beim staatlichen Auftraggeber beträchtliche Umstellungskosten anfallen. Aufgrund dieser für den eingesessenen Auftragnehmer vorteilhaften Konstellation erhält bei Wiederausschreibung nicht notwendigerweise der kostengünstigste Anbieter den Zuschlag. Infolgedessen besitzt auf der einen Seite der eingesessene Auftragnehmer einen diskretionären Spielraum, während auf der anderen Seite der politische Entscheidungsspielraum derart eingeschränkt ist, daß zwischen Fremdbezug und Eigenfertigung nur noch graduelle Unterschiede bestehen. Außerdem folgt daraus, daß der Auftragnehmer erst zu einem späten Zeitpunkt verstärkte Anstrengungen in „good will“ unternimmt bzw. Investitionen in Reputation systematisch über die Vertragslaufzeit hin aufbaut, um gegen Vertragsende für die Vertragsverlängerung ein besonders vertrauensvolles Erscheinungsbild abzugeben (vgl. Blankart/Pommerehne 1985, 437).

Zweitens geht die Kontraktökonomie davon aus, daß Verträge notwendigerweise unvollkommen sind.[9] Denn zukünftige Entwicklungen wie insbesondere die tatsächlichen Kosten eines Projektes sind meistens nicht vollständig antizipierbar und können bei Vertragsabschluß nicht exakt spezifiziert und kalkuliert werden. Es besteht also eine gewisse Unsicherheit über relevante Aspekte der Kontraktbeziehung. Da die Vertragspartner diese Vertragsunvollkommenheiten kennen, hat insbesondere der private Anbieter einen Anreiz, vom Vertragsinhalt abzuweichen. Dies kann in Form einer falschen Informationspolitik ablaufen, indem der Regierung etwa „geschönte“ Kostendaten und Zeitpläne mitgeteilt werden. Eine andere Möglichkeit wird mit dem Phänomen des moralischen Risikos („moral hazard“) umschrieben. Danach wird der Auftraggeber nicht notwendigerweise bemüht sein, überflüssige Kostensteigerungen oder auch Terminüberschreitungen zu vermeiden. Baumol (1984, 18) meint sogar, daß die staatliche Eigenfertigung dem Fremdbezug bereits dann überlegen ist, wenn auf der privaten Produzentenseite der Anreiz zum moralischen Risiko vorliegt. Die asymmetrische Informationsverteilung über den Prozeß der Leistungserstellung macht es für die Regierung schwierig und teuer, Vertragsabweichungen aufzudecken. Aber selbst dann, wenn eine Abweichung festgestellt und gemessen werden kann, muß sie behoben und gegebenenfalls auf dem Rechtswege die Wiederherstellung der ursprünglichen Situation durchgesetzt werden.

Dieses Problem ließe sich dann vermeiden, wenn es einen anreizkompatiblen Beschaffungsvertrag gäbe, der den Auftragnehmer dazu anregt, der Regierung korrekte interne Informationen über den Produktionsablauf mitzuteilen und die eingesetzten Ressourcen so kostensparend wie möglich zu nutzen. Reichelstein/Osband (1984) und Osband/Reichelstein (1985) zeigen, daß unter bestimmten Bedingungen ein anreizkompatibler Beschaffungsvertrag existiert, und zwar dann, wenn der Auftragnehmer risiko-neutral und indifferent in bezug auf das

[9] Es werden Kostenzuschlags- und Anreizverträge unterschieden. Verträge vom Kostenzuschlags-Typ sind mit einem Festpreis versehen, wobei Kostenüberschreitungen allein vom Staat zu tragen sind. Das gesamte Risiko liegt hier also allein auf seiten des staatlichen Auftraggebers. Bei Verträgen vom Anreiz-Typ werden Über- und Unterschreitungen der Kosten zwischen den Kontraktpartnern nach einer vereinbarten Regel aufgeteilt oder sie kommen dem Auftragnehmer zugute. Vgl. Weitzman (1980).

Kostenniveau ist.[10] Dieser Vertrag ist linear in den beobachteten und monoton abnehmend in den erwarteten Kosten des Projekts.

Schließlich fällt drittens ins Gewicht, daß die Vertragsbedingungen von Zeit zu Zeit geändert werden müssen, wenn sich die Transaktionsbedingungen ändern. Darunter werden im weitesten Sinne Änderungen von Präferenzen und Technologien verstanden. Die Verträge sollten derart beschaffen sein, daß die Vertragspartner flexibel genug auf Änderungen reagieren können (vgl. Bongaerts 1982). Dies wiederum schafft aber einen diskretionären Spielraum, den die Kontraktpartner strategisch nutzen könnten. Es besteht also ein Zielkonflikt zwischen Kosten aufgrund von Inflexibilitäten einerseits und Kosten in Folge der Verhaltensunsicherheit andererseits.

Die Eigenproduktion verursacht jedoch auch Transaktionskosten, und zwar insbesondere dann, wenn die Bedingungen der asymmetrischen Informationsverteilung gegeben ist. Administratoren wie auch die Manager der staatlichen Unternehmen werden, wie es die ökonomische Bürokratietheorie nahelegt, bestrebt sein, die Versorgung öffentlicher Güter soweit wie möglich in ihrem eigenen Interesse zu gestalten. Diese Abweichung zu entdecken, zu beheben und die verantwortlichen Personen, sofern sie auszumachen sind, disziplinarisch zu maßregeln, ist mit Kosten verbunden. Außerdem ist in der staatlichen Fertigung zu erwarten, daß auch die hier tätigen Personen versuchen werden, Vorteile aus den sich ändernden Transaktionsbedingungen zu ziehen.

Im Falle einer kontinuierlichen und langfristigen Versorgung mit öffentlichen Gütern sind Fremdbezug und Eigenherstellung mit verschiedenen Transaktionskosten gekoppelt. Es ist nicht einfach, einen Netto-Vorteil für einen Bereitstellungsweg festzustellen. Dennoch sprechen unseres Erachtens die transaktionstheoretischen Überlegungen für diese Kategorie öffentlicher Güter tendenziell zugunsten der staatlichen Eigenfertigung. In diesem Sinne ist eine staatliche Versorgung und Produktion mit diesen öffentlichen Gütern transaktionstheoretisch fundiert.

Fazit: Die transaktionelle Theorie der Bereitstellungswege im Zusammenhang mit der Kontrakttheorie „deduziert" einen Transaktionskostenvorteil für den Fremdbezug, also die privatwirtschaftliche Produktion, wenn die Versorgung öffentlicher Güter durch kurzfristige Beschaffungsverträge gesichert werden kann. Bei mittelfristiger Vertragsdauer ist keine definitive Entscheidung zugunsten eines Bereitstellungsweges möglich. Im Falle eines langfristigen Kontraktes hat die staatliche Eigenherstellung in der Regel einen komparativen Transaktionskostenvorteil.

Wir können jedoch die enge Fragestellung der kostengünstigsten Bereitstellungswege erweitern. Und zwar insofern, daß auch die exklusive Versorgung —

[10] Vgl. auch Collinge (1985). Die letzte Annahme ist dann problematisch, wenn der Auftragnehmer Präferenzen für die Kostenhöhe hat. Vgl. dazu auch die ökonomische Theorie der Bürokratie, die wir in Teil B, Abschnitt 2.4 behandelt haben.

und nicht nur die Produktion — über den Markt möglich ist. In diesem Falle müssen wir die ganze Ausschlußproblematik berücksichtigen. Wie zuvor lautet dann auch hier das Ergebnis, daß bei keinen oder nur geringen Ausschließungskosten und bei vernachlässigbaren Konsumineffizienzen die exklusive Marktversorgung Transaktionskostenvorteile hat. Dagegen wird die staatliche Versorgung um so transaktionskostengünstiger, je höher die Ausschließungskosten und je ausgeprägter die Konsumineffizienzen sind.

2.3.2 Informationstheoretischer Vergleich

Abschließend wollen wir die asymmetrischen Qualitätsinformationen zwischen privaten Anbietern und Nachfragern bei der Versorgung mit öffentlichen Gütern thematisieren und untersuchen, ob dadurch Transaktionskostenunterschiede erklärt werden können. In dem Falle, daß öffentliche Güter Erfahrungsgüter sind, können unvollständige Qualitätskenntnisse ausschlaggebend dafür sein, daß privatwirtschaftliche Aktivitäten gänzlich unterbleiben, während die staatliche Versorgung mit dem öffentlichen Gut aufrechterhalten werden kann. Um dies zu zeigen, greifen wir auf ein wohlbekanntes Phänomen zurück, das Akerlof (1970) eingehend untersucht hat. Er konnte zeigen, daß beispielsweise ein Markt für Gebrauchtwagen davon bedroht ist zusammenzubrechen, wenn sich die Wirtschaftssubjekte kurzsichtig verhalten. Die Marktschwäche rührt daher, daß Anbieter und Nachfrager asymmetrische Qualitätsinformationen über das betreffende Gut haben. Unter der Voraussetzung nämlich, daß nur Preiswettbewerb möglich ist und daß das Gut mit der schlechtesten Qualität den niedrigsten Preis erzielt, führt der Preiswettbewerb zu einem Markt, auf dem nur das schlechteste Qualitätsniveau gehandelt wird. Man kann sagen, daß die schlechten Qualitäten die guten verdrängen („adverse Selektion“). Möglicherweise bricht der Markt dann sogar vollständig zusammen. Diese Qualitätsunsicherheit auf seiten der Konsumenten ist, wie wir bereits festgestellt haben, nicht nur ein Phänomen privater, sondern auch und gerade öffentlicher Güter.

Wenn der Markt unter den obigen Modellannahmen zu einer extremen Unterversorgung mit öffentlichen Gütern führt, was kann dann eine staatliche Intervention bewirken? Eine Möglichkeit wäre, daß der Staat die Allokationsverpflichtung übernimmt und zu tragbaren Kosten einen Mindeststandard seiner Versorgung garantiert. Eine weniger rigorose Möglichkeit bestünde darin, daß öffentliche Güter weiterhin privat angeboten werden, aber der private Anbieter durch eine staatliche Regulierung zu einer Qualitätsgarantie verpflichtet wird.[11] Die Informationsasymmetrie könnte abgeschwächt und insofern eine allokative Verbesserung erreicht werden. Dies setzt allerdings voraus, daß die Regierung über genügend gute Qualitätsinformationen verfügt und überdies für

[11] Man sollte aber nicht ausschließen, daß möglicherweise unterschiedliche Qualitäten zu unterschiedlichen Preisen aus Sicht der Nachfrager durchaus vorteilhaft sein können.

die Festlegung des Qualitätsstandards die Konsumentenpräferenzen einigermaßen gut kennt.

Warum verpflichtet sich der private Anbieter nicht freiwillig zu einer Qualitätsgarantie, um die Unsicherheit auf seiten der Nachfrager abzubauen? Das liegt daran, daß die Akteure aufgrund ihres kurzsichtigen Verhaltens keinen Anreiz haben, eine längerfristige Verpflichtung, wie sie eine Garantie darstellt, einzugehen. Die Situation ändert sich jedoch grundlegend, wenn im Modell nicht-kurzsichtiges Verhalten zugelassen wird. Denn auf die lange Sicht hat beispielsweise der Anbieter einen Anreiz, sich im Marktgeschehen zu behaupten. Dadurch wird er neben anderen Marketingstrategien auch in „good will" investieren (vgl. dazu von Weizsäcker/von Ungern-Sternberg 1982, von Ungern-Sternberg 1984), um bei den Konsumenten ein „Vertrauenspotential" für sich aufzubauen. Möglicherweise ist dann der private Anbieter sogar zu einer Qualitätsgarantie bereit, die den Konsumenten einen Rechtsanspruch auf eine Mindestqualität einräumt. Mit der Zeit können die Konsumenten dann Erfahrungen über die Produktqualität ansammeln und sich vergewissern, daß ein bestimmtes Qualitätsniveau aufrechterhalten wird. Dadurch werden die ursprünglich vorhandenen asymmetrischen Qualitätskenntnisse abgebaut. Insgesamt steigt damit die Wahrscheinlichkeit, daß das allokative Ergebnis der über den Markt bereitgestellten öffentlichen Güter effizienzmäßig besser als zuvor abschneidet und möglicherweise sogar der staatlichen Versorgung überlegen ist. Zu denken ist beispielsweise an private Sportveranstaltungen, Theateraufführungen oder Zoos.

Wie aber läßt sich die Versorgung eines öffentlichen Gutes mit Vertrauensqualitäten beurteilen? Zur Beantwortung dieser Frage nehmen wir an, daß das öffentliche Vertrauensgut „äußere Sicherheit" privatwirtschaftlich bereitgestellt wird. Wie könnten sich die Konsumenten darauf verlassen, daß die privaten Anbieter eine genügend gute Qualität dieses Gutes sicherstellen? Eine freiwillige Qualitätsgarantie reicht dazu offenbar nicht aus, denn es ist ja schwierig oder nahezu unmöglich, die Qualität der äußeren Sicherheit einigermaßen exakt zu bestimmen und zu kontrollieren, wenn nicht der Verteidigungsfall vorliegt. Die Beurteilung einer privaten Armee durch Manöver ist zwar grundsätzlich möglich. Dennoch ist eine solche Übung noch keine ernstzunehmende Prüfung, so daß nach wie vor eine große Unsicherheit über die Qualität und Leistungsfähigkeit einer privaten Armee verbliebe. Wenn aber die Qualität der Marktversorgung nicht hinreichend exakt beurteilt werden kann, dann ist auch intertemporal die Asymmetrie der Qualitätskenntnisse nicht abzubauen. Zwar könnten private Anbieter um den Auftrag zur Produktion des öffentlichen Vertrauensgutes „Landesverteidigung" konkurrieren. Wegen der asymmetrischen Qualitätsinformation kann aber der Preiswettbewerb wie bei Akerlof eine adverse Selektion bewirken, nach der der preiswerteste Anbieter mit der schlechtesten Güterqualität den Zuschlag erhält. Unter Umständen kommt eine Marktversorgung auch gar nicht zustande. Auch wenn wir offen lassen, ob sich die schlechteste Qualität tatsächlich durchsetzt, so liegt in der Unsicherheit über die Qualität der Marktversorgung ein großes Potential an Transaktionskosten vornehmlich in Form von Kontrollkosten.

Unter welchen Voraussetzungen kann aber eine staatliche Versorgung transaktionskostengünstiger sein? Dies wäre dann der Fall, wenn beim Staat geringere Anreizprobleme (Freifahrermöglichkeit, adverse Selektion, moralisches Risiko) vorliegen und wenn die Qualität der staatlichen Versorgung überprüft werden kann. Es ist jedoch kaum möglich, eine definitive Aussage darüber zu machen, welche Versorgungsform die ernsthafteren Anreizprobleme aufweist. Wenden wir uns daher der zweiten Voraussetzungen zu. Per se ist auch die Qualität der staatlichen Versorgung mit öffentlichen Gütern nicht direkt beobachtbar. Gerade bei der staatlichen Versorgung besteht aber eher die Möglichkeit, den Prozeß der Leistungserstellung anstelle der Produktqualität zu beurteilen. Und zwar dadurch, daß die Einhaltung und Befolgung festgelegter Regeln, Vorschriften und Standards überprüft wird. Bleiben wir bei unserem Beispiel mit der äußeren Sicherheit. Der Produktionsprozeß kann u.a. an der Disziplin, dem Drill und auch der Tradition einer Armee beurteilt werden. Zwar ließen sich prinzipiell diese Kontrollmaßstäbe auch auf das Marktgeschehen anlegen. Die Regelbindung könnte jedoch die Kreativität und Flexibilität des Marktes schwächen. Der eigentliche Unterschied besteht aber darin, daß diese Meßlatten die originären Beurteilungskriterien für den Prozeß der staatlichen Leistungserstellung sind. In diesem Sinne sprechen Frey/Pommerehne (1983) auch von einem „Heimvorteil“ der staatlichen Bereitstellung. Diese Kontrolle ist aber nicht kostenlos. Dadurch aber, daß eine Mindestqualität gewährleistet werden kann, wird die Unsicherheit über die Qualitätsinformation abgebaut, und es werden Transaktionskosten „eingespart“. Bei öffentlichen Gütern mit Vertrauensqualität ist es dann hinreichend für die Überlegenheit der staatlichen Versorgung, wenn im Markt die Nullproduktion die einzig gewinnmaximale Tätigkeit ist und wenn der Staat zu „akzeptablen“ Kosten ein positives Vorsorgungsniveau mit dem öffentlichen Gut gewährleisten kann, das einen Mindeststandard an Qualität aufweist.

Zusammenfassung: Die „Neue Institutionelle Ökonomie“ untersucht alternative ökonomische Institutionen, also auch Allokationsverfahren, und beurteilt und vergleicht diese Verfahren anhand der anfallenden Transaktionskosten. Bei der Versorgung mit öffentlichen Gütern spielen insbesondere kontrakttheoretische Überlegungen und Phänomene der Qualitätsunsicherheit eine bedeutsame Rolle. Durch die Einbeziehung dieser Aspekte werden Informationen über die komparative Transaktionskosteneffizienz privater und staatlicher Arrangements gewonnen. Im einzelnen ist eine staatliche Versorgung bei solchen öffentlichen Gütern vergleichsweise günstig, welche ein kontinuierliches Angebot erfordern, die hohe bis prohibitiv hohe Ausschließungskosten verursachen und die informationsbedingte Mängel und Unsicherheiten über die Produktqualität aufweisen (öffentliche Vertrauensgüter). Dagegen hat eine Marktversorgung bei jenen öffentlichen Gütern komparative Vorteile, die ein kurzfristiges Angebot erfordern, die keine bis geringe Kosten des Preis-Ausschlusses bedingen und deren asymmetrische Qualitätsinformation intertemporal abgebaut werden können (öffentliche Erfahrungsgüter).

Allerdings liefert die „Neue Institutionelle Ökonomie“ keinen umfassenden Erklärungsansatz für die relative allokative Vorteilhaftigkeit von Allokationsverfahren im Bereich öffentlicher Güter. Sie kann aber für sich in Anspruch nehmen, einen wichtigen Teilaspekt für den Effizienzvergleich, nämlich die Analyse von Transaktionskosten, theoretisch besser fundiert zu haben. Der transaktionstheoretische Erklärungsansatz ist aber nur ein partieller Ansatz. Außerdem betonen selbst Williamson (1984) und North (1984), die diesen Ansatz entscheidend mit geprägt haben, daß das Konzept der Transaktionskosten theoretisch und empirisch weiterentwickelt und klarer gefaßt werden muß, damit operationalere und aussagekräftigere Effizienzvergleiche möglich werden.

Möglichkeiten und Grenzen des Vergleichs von Allokationsverfahren öffentlicher Güter — Eine zusammenfassende Schlußbetrachtung

Die Ergebnisse des vorstehenden Vergleichs von marktmäßigen und politischen Allokationsverfahren bei der Versorgung mit öffentlichen Gütern fallen recht unterschiedlich aus. Dies hat mehrere Gründe. Einer geht auf die vielfältigen Eigenschaften öffentlicher Güter zurück; ein anderer beruht auf den verwendeten Vergleichskriterien, während ein noch anderer methodischer Art ist.

Betrachten wir zunächst die Merkmale, die verschiedene Typen bzw. Klassen öffentlicher Güter festlegen. In unserer vergleichenden Untersuchung in den Teilen B und C sind wir von verschiedenen Blickwinkeln aus immer wieder auf das Problem der Anwendung oder Nicht-Anwendung des Ausschlußprinzips bei der Versorgung mit öffentlichen Gütern gestoßen. Wir haben argumentiert, daß es prinzipiell immer möglich ist, private Verfügungsrechte ohne große Schwierigkeiten und Ressourcenaufwendungen für jedes öffentliche Gut zu definieren und zuzuweisen. Aus Sicht der Theoriesystematik ist daran bedeutsam, daß die Marktfähigkeit öffentlicher Güter oder die Unmöglichkeit des Ausschlusses nicht mehr als Klassifikationskriterien für verschiedene Arten von öffentlichen Gütern behandelt werden müssen. Was aber für die prinzipielle Ausschlußmöglichkeit dennoch einen grundlegenden Unterschied macht, ist die Tatsache, daß die Aufwendungen von Ressourcen für die Durchsetzung privater Verfügungsrechte bei öffentlichen Gütern verschieden hoch sein können. Diese Ausschließungskosten spielen für die relative allokative Vorteilhaftigkeit von Allokationsverfahren eine zentrale Rolle.

Nicht-exklusive politische Allokationsverfahren haben gerade dann einen komparativen Vorteil, wenn auf dem Markt die Kosten für die Durchsetzung des Preis-Ausschlusses prohibitiv hoch sind. Das Beste, was ein exklusives Marktverfahren unter diesen Bedingungen noch zu leisten vermag, ist die absolute Inaktivität, also die schärfste Art einer Fehlallokation in Form der Null-Versorgung (totales „Marktversagen"). Für diese Klasse öffentlicher Güter dürfte das politische Verfahren auch gegenüber einem nicht-exklusiven Marktverfahren wie dem Subskriptionsverfahren einen allokativen Vorteil haben.

Bei einem anderen Typ des öffentlichen Gutes, für den die Ausschließungskosten gering oder sogar Null sind, haben wir das Problem, zwischen zwei Allokationsverfahren vergleichen zu müssen, die beide ineffiziente Allokationen erzeugen. Wir können aber feststellen, daß allokative Gesichtspunkte für eine Allokation öffentlicher Güter über den Markt sprechen, wenn bei der politischen Versorgung administrative Kosten und andere politisch bedingte Transaktionskosten ins Gewicht fallen und wenn der Preis-Ausschluß nur zu geringen Wohlfahrtseinbußen der ausgeschlossenen Konsumenten führt.

Es besteht aber ein breiter Konsens in der Literatur darüber, daß nur wenige öffentliche Güter prohibitiv hohe Ausschließungskosten bzw. Null-Ausschlußkosten verursachen. Die meisten öffentlichen Güter verursachen signifikante, aber nicht-prohibitiv hohe Ausschließungskosten, wobei die Höhe dieser Kosten verschieden sein kann. Auch in diesem Fall müssen wir den Vergleich zwischen zwei pareto-ineffizienten Allokationsverfahren anstellen. Der Vergleich ist grundsätzlich nicht einfach durchzuführen. Wir können aber Bedingungen dafür angeben, unter denen (für die gleiche Menge eines öffentlichen Gutes) die Marktversorgung einer steuerfinanzierten staatlichen Versorgung wohlfahrtsmäßig überlegen, unterlegen oder gleichwertig ist. Die pauschale These der „Überlegenheit des Marktes" bei grundsätzlich „marktfähigen" öffentlichen Gütern ist undifferenziert nicht haltbar. Denn den Zusatzkosten einer staatlichen Versorgung in Form höherer Organisations- und Produktionskosten stehen Zusatzkosten der Marktversorgung, also Ausschließungskosten und Wohlfahrtseinbußen der preis-ausgeschlossenen Konsumenten, gegenüber. Ein vermuteter oder empirisch nachgewiesener Produktivitäts-Malus der staatlichen Bereitstellung öffentlicher Güter ist also keineswegs hinreichend für einen Netto-Effizienzvorteil der Marktallokation.

Anhand bestimmter Qualitätseigenschaften haben wir in Teil C, Abschnitt 2, noch andere Typen öffentlicher Güter unterschieden, und zwar die öffentlichen Güter mit Inspektions-, Erfahrungs- und Vertrauensqualitäten aus Sicht der Konsumenten. In dieser Reihenfolge wird es für die Konsumenten immer schwieriger, die qualitativen Eigenschaften dieser öffentlichen Güter zu beurteilen. Als Ergebnis dieser Analyse erhalten wir, daß mit steigenden Informationskosten der Markt seinen komparativen Vorteil, den er bei öffentlichen Inspektionsgütern und bei vielen öffentlichen Erfahrungsgütern besitzt, graduell einbüßt zugunsten der komparativen Effizienz der Versorgung durch den Staat, welcher in der Regel öffentliche Güter mit Vertrauensqualitäten effizienter bereitstellen kann.

Auch die Einbeziehung der transaktionellen Eigenschaften von öffentlichen Gütern im Rahmen der „Neuen Institutionellen Ökonomie" (Teil C, Abschnitt 2) bestätigt tendenziell das obige Ergebnis. Nach diesem Konzept hat der Staat bei der Allokation öffentlicher Güter dann relative allokative Vorteile, wenn die Versorgung mit einem Gut kontinuierlich und über einen langen Zeitraum erfolgen sollte. Dagegen hat der Markt bei jenen öffentlichen Gütern komparative Vorteile, die ein kurzfristiges und einmaliges bis gelegentliches Angebot erfordern. Der Untersuchung von Ausschlußkosten, Qualitätsunkenntnissen und transaktionellen Eigenschaften ist gemeinsam, daß jedesmal Transaktionskosten — wenn auch von unterschiedlichen Blickwinkeln aus — im Mittelpunkt des Interesses stehen. Die jeweilige Höhe der Transaktionskosten ist also eine ganz wesentliche Determinante für die Über- bzw. Unterlegenheit von Allokationsverfahren öffentlicher Güter.

Das Ergebnis eines normativen Vergleichs von Allokationsverfahren hängt aber zweitens auch vom verwendeten Effizienzkriterium ab. Dies liegt zum einen daran, daß wir in Teil B die allokative Vorteilhaftigkeit eines Verfahrens anhand von fünf Kriterien gemessen haben. Neben der Output- und Konsumeffizienz haben wir die Transaktionskosteneffizienz, die informatorische Durchführbarkeit und die Anreizkompatibilität unterschieden. Je nach Vergleichskriterium haben die betrachteten Allokationsverfahren wechselseitige komparative Vor- und Nachteile gehabt. Wir konnten kein dominantes Allokationsverfahren finden, das bei jedem einzelnen Beurteilungskriterium mindestens so gut abschneidet wie jedes andere Verfahren oder das sogar in allen Dimensionen den anderen Verfahren überlegen wäre. Dies ist die Folge eines diesbezüglichen Unmöglichkeitssatzes von Hurwicz (1972) und Ledyard/Roberts (1974).

Im Zentrum des ökonomischen Interesses steht aber zweifellos die Allokationseffizienz von Allokationsverfahren, die in Form der Pareto-Effizienz bis auf mikroökonomische Einheiten disaggregiert wird. Wegen der geringen Praktikabilität spielt die Allokationseffizienz in der angewandten Wirtschaftspolitik häufiger in Form von Kosten-Nutzen-Vergleichen oder Produktivitätsvergleichen eine wesentliche Rolle. Auch wenn ein solches Effizienzkriterium auf den ersten Blick unproblematisch zu sein schien, sind mit ihm zahlreiche methodische und normative Probleme verbunden. Denn unter Effizienz können aus der Sicht unterschiedlicher „Schulen", etwa aus einer utilitaristischen, paretianischen, kontrakttheoretischen oder neo-österreichischen Position, recht verschiedene Dinge verstanden werden. Auch aus diesem Grunde können Empfehlungen an die staatliche Allokationspolitik stark divergieren.

Wir haben gesehen, daß die paretianische Wohlfahrtsökonomie nur bedingt auf die Problematik des Effizienzvergleichs anwendbar ist, da sie unter anderem Institutionen nur in rudimentärer Form berücksichtigt. Zwar läßt sich die weniger abstrakte Kosten-Nutzen-Analyse im Kern als eine Anwendung der wohlfahrtsökonomischen Theorie öffentlicher Güter verstehen. Ihr Effizienzkonzept ist aber ausgesprochen utilitaristisch orientiert. Sie wird aus subjektivistischer (neo-österreichischer) und kontrakttheoretischer Sicht auf verschiedene Weise kritisiert. Insbesondere wird der Anspruch und das traditionelle Selbstverständnis beratender Ökonomen abgelehnt, ihre „objektivistische" Auffassung über das „Gemeinwohl" oder das „gesellschaftliche Interesse" durchsetzen zu wollen („Politikberatungsversagen"). Nach Buchanan (1984) sind solche „truth value judgements" nicht nur arrogant und eine Überforderung der Ökonomie als Wissenschaft, sondern sie sind auch unangemessen für eine demokratische, auf Grundlage von Mehrheitsentscheidungen organisierten Gesellschaft. Dagegen stellt das kontrakttheoretische Effizienzkonzept (vgl. Buchanan 1984) darauf ab, ob die Individuen einer Regelung, einer Allokation oder auch einem Allokationsverfahren einstimmig zugestimmt haben oder nicht.

Wie wichtig die gründliche Diskussion des Effizienzkonzepts ist, kann man auch anschaulich mit der provozierenden Frage von Culyer (1984) demonstrieren, ob es überhaupt Ineffizienz gibt. Denn die Panglosssche These „tout et au mieux", daß also alles zum besten und insofern Allokationseffizienz immer realisiert sei, ist vordergründig nicht leicht von der Hand zu weisen. Das Effizienzkonzept à la Pangloss bezieht sich zunächst nur auf die Allokation öffentlicher Güter innerhalb gegebener Institutionen. Es muß dann aber auch mit der gleichen Logik und Rigorosität auf die Selektion und Evolution von Allokationsverfahren übertragen werden. Doch danach wären alle realisierten Allokationsverfahren — marktmäßige, regulierte wie politische — effizient, allein deshalb, weil sie realisiert sind. Die Frage nach der relativen Effizienz der allokativen Ergebnisse von Allokationsverfahren wäre damit eine überflüssige Frage. Diese — zugegebenerweise faszinierende — Sichtweise einer vollkommenen Welt halten wir letztlich aber nicht für überzeugend, auch wenn wir offenlassen, wie das Effizienzkonzept von Pangloss wirkungsvoll zurückgewiesen werden kann.[1] Auf jeden Fall mahnt das Konzept von Pangloss zur Vorsicht gegenüber einer Diagnose von „Markt- und Politikversagen", und in bezug auf die Vermutung einer relativen Effizienz müssen wir den Nirwana-Vorwurf überprüfen.

Obwohl die Schwierigkeiten im Zusammenhang mit dem Effizienzkriterium vorwiegend methodischer Art waren, kommen wir je nach Art und Abstraktionsniveau des methodischen Vorgehens zu qualitativ unterschiedlichen Ergebnissen. Und zwar fällt der Informationswert der komparativen Untersuchung anders aus, wenn der Analyserahmen so abstrakt ist, wie bei der neoklassischen Wohlfahrtsökonomie, der Theorie der Allokationsverfahren, der Lehre von den Verfügungsrechten oder auch der „Neuen Institutionellen Ökonomie" — oder wenn wir einen parametrischen Modellrahmen mit kardinaler Nutzenmessung wählen wie in den Abschnitten 2-4 von Teil B. Zum einen sind wir auf einer abstrakten Argumentationsebene kaum in der Lage, eindeutige Vor- und Nachteile von Allokationsverfahren zu diagnostizieren. Dies liegt aber auch

[1] Culyer (1984) sieht drei mögliche Auswege aus diesem Dilemma, die alle ihre Vor- und Nachteile haben. Die erste Lösung nennt Culyer „konservativ radikal". Und zwar wird dabei unterstellt, daß die Ökonomen einen komparativen Vorteil im Wissen über das Funktionieren einer Ökonomie haben. Dieser Wissensvorsprung berechtigt dann, (wohlmeinende) Politikempfehlungen abzugeben. Zweitens erörtert Culyer den sog. „radikal radikalen" Ausweg, der darin besteht, daß die Ökonomie ein evolutorischer Prozeß ist, der Zustände erzeugt, die einem (be-)ständigen Wandel unterliegen, der Irrtum und Zufall miteinschließt. Die dritte Möglichkeit ist schließlich, anstelle des auf dem methodologischen Individualismus beruhenden Maximierungskalkül andere, näherliegende Zielvorstellungen vorzugeben.

daran, daß es gegenwärtig noch keine allgemeine und umfassende, d.h. befriedigende komparative Institutionenanalyse im Bereich öffentlicher Güter gibt. Es ist auch einige Skepsis angebracht, ob und inwiefern es überhaupt möglich ist, eine breit angelegte Kosten-Nutzen-Analyse von Allokationsverfahren auf einem nicht allzu restriktiven Analyseniveau zu entwickeln und allgemeine Resultate daraus erzielen zu können, wie Vogelsang (1983) kritisch anmerkt.

Zum anderen würde eine strikte Verneinung dieser Möglichkeit aber darauf hinauslaufen, die Entwicklungsmöglichkeiten der Wirtschaftstheorie im Hinblick auf eine komparative Effizienzanalyse — möglicherweise voreilig — als begrenzt einzustufen. Selbst wenn wir die Leistungsfähigkeit etwa der Verfügungsrechtslehre bzw. der „Neuen Institutionellen Ökonomie" als gering einschätzen, einen Effizienzunterschied zwischen Allokationsverfahren feststellen zu können, dann heißt das nicht, daß dies auch in Zukunft so sein muß. Unseres Erachtens hat dieses Forschungsprogramm noch ein großes Potential zur Beantwortung von ungelösten relevanten Fragen, die den theoretisch orientierten Ökonomen herausfordern. Gerade die soeben aufgezählten Ansätze sind neuere und in gewisser Hinsicht erst an ihrem Anfang stehende Entwicklungen, für die wir Theorie-Fortschritte nicht ausschließen können und sollten. Auch neuere Entwicklungen im Rahmen der angewandten allgemeinen Gleichgewichtstheorie geben Anlaß zu einem vorsichtigen Optimismus, daß neue theoretische Erkenntnisse auf dem Gebiet der komparativen Effizienzanalyse möglich sein können (vgl. Shoven/Walley 1984). Die Zukunft wird zeigen, was diese Konzepte taugen. In diesem Zusammenhang möchten wir auf das vorgestellte Interaktionsmodell (siehe Teil B, Abschnitt 5) verweisen. Unseres Erachtens kann dieser Ansatz als Beleg dafür herangezogen werden, wie auf Grundlage eines abstrakten Analyserahmens gewisse „konkrete" Informationen über die relative Effizienz von Allokationsverfahren gewonnen werden können, auch wenn die Erkenntnis über die relative X-Effizienz partieller Art ist. Auch hier sind weitere Forschungsanstrengungen und neue theoretische Erklärungsansätze erforderlich.

Im krassen Gegensatz dazu können wir mit dem parametrischen Analyserahmen ein Fülle von Informationen über die relative Vorteilhaftigkeit von Allokationsverfahren gewinnen, gerade was die Output-, Konsum- und Transaktionskosteneffizienz angeht. Die Ergebnisse über die Richtung und die Größe der Abweichung von einer hypothetischen Referenzallokation, die paretoeffizient ist, geben uns tendenziell Auskünfte darüber, wo die Stärken und Schwächen marktbezogener und politischer Allokationsverfahren im Bereich öffentlicher Güter liegen. Dieser Vorteil ist aber mit dem nicht unwesentlichen Nachteil verbunden, daß die Aussagekraft der Ergebnisse zwangsläufig begrenzt ist. Wirtschaftspolitische Empfehlungen und Schlußfolgerungen sind nur mit erheblichen Einschränkungen möglich bzw. zulässig. Wir können daher nicht behaupten, für die staatliche Allokationspolitik im Bereich öffentlicher Güter eine ausschlaggebende Entscheidungsgrundlage geliefert zu haben, mit der bestimmte allokative Eingriffe des Staates zu rechtfertigen wären. Zulässig ist unseres Erachtens aber der Schluß, daß Behauptungen über die Unter- bzw. Überlegenheit eines Allokationsverfahrens, die auf einem politisch motivierten Werturteil (Ideologie) oder auch auf einer bestimmten Grundüberzeugung beruhen, zurückgewiesen werden können.

Selbst wenn es uns gelänge, für eine große Klasse von marktmäßigen und politischen Allokationsverfahren eine eindeutige Rangfolge dieser Verfahren nach einem ökonomischen Effizienzkriterium aufzustellen, wäre es naiv zu glauben, damit zugleich die Auswahlentscheidung zugunsten des effizienteren Allokationsverfahrens getroffen worden wäre. Denn eine ökonomisch fundierte Rechtfertigung bzw. Empfehlung einer allokationspolitischen Maßnahme und die politische Umsetzung dieser vorgeschlagenen Maßnahme sind häufig zwei verschiedene Dinge. Dabei spielt es eine Rolle, ob sich politische Entscheidungsträger bei der Auswahl eines Allokationsverfahrens auch noch an anderen Gesichtspunkten als an einem ökonomischen Effizienzkriterium orientieren. Hier können nicht nur politisch bedingte Werturteile und Grundüberzeugungen wichtig oder sogar ausschlaggebend sein, sondern auch insbesondere die Frage, welche Versorgung mit öffentlichen Gütern die Wählerstimmen maximiert. Wenn aber Politiker und Bürokraten einerseits und Konsumenten-Wähler andererseits nicht (nur) die Effizienzeigenschaften von Allokationsverfahren bevorzugen, sondern andere Merkmale für sie wichtiger sind, dann wird es der beratende Ökonom schwer haben, sich mit einer komparativen Effizienzanalyse Gehör zu verschaffen. Dies kann möglicherweise sogar zu einem „Politikberatungsversagen" führen, wenn der das „Gemeinwohl" fördernde Berater (und möglicherweise auch die Politiker) unzutreffende Vorstellungen von den politischen Entscheidungsprozessen in einer repräsentativen Demokratie hat (haben). Es ist dann denkbar, daß eine ineffiziente Versorgung mit öffentlichen Gütern als „optimaler Kompromiß" mit der Erfüllung anderer Nicht-Effizienzkriterien, etwa verteilungspolitischer Gesichtspunkte, „politisch gewollt" ist.

Literaturverzeichnis

Akerlof, George A. 1970, „The market for ‚lemmons‘: quality uncertainty and the market mechanism“, Quarterly Journal of Economics 84 (3), August, 488-500.

Alchian, Armen A. 1965, „Some economics of property rights“, Il Politico 30, 816-829.

— 1979, „Some implications of recognition of property right transactions costs“, in: Brunner, Karl (Hrsg.). Economics and Social Institutions, Nijhoff, Boston, 233-254.

*Alachin,*Armen A./*Demsetz,* Harold. 1972, „Production, information costs, and economic organization“, American Economic Review 62 (5), December, 777-795.

— — 1973, „The property rights paradigm“, Journal of Economic History 23, 16-27.

Anderson, Terry L./*Hill,* Peter, J. 1983, „Privatizing the commons: an improvement?“, Southern Economic Journal 50 (2), October, 43.

Arrow, Kenneth J. 1951, Social Choice and Individual Values, John Wiley, New York (2. Aufl. 1963).

— 1962, „Economic welfare and the allocation of resources for invention“, in: National Bureau of Economic Research. The Rate and Direction of Inventive Activity: Economic and Social Factors, Princeton University Press, 609-626.

— 1969, „The organization of economic activity: Issues pertinent to the choice of market vs. non-market allocation“, in: Joint Economic Committee (Hrsg.). The Analysis and Evaluation of Public Expenditures: The PPB System 1, U. S. Government Print Office, Washington D.C., 47-64.

— 1974, The Limits of Organization, Norton, New York.

— 1979, „The property rights doctrine and demand revelation under incomplete information“, in: Boskin, M. M. (Hrsg.). Economics and Human Welfare, Academic Press, New York, 23-39.

Atkinson, Anthony B./*Stiglitz,* Joseph E. 1980, Lectures on Public Economics, McGraw-Hill, Maidenhead.

Auster, Richard D. 1977, „Private markets in public goods“ (or qualities), Quarterly Journal of Economics 91 (3), August, 419-430.

Auster, Richard D./*Silver,* Moris. 1979, The State as a Firm: Economic Forces in Political Development, Nijhoff, Boston.

Badelt, Christoff. 1980, Sozioökomomie der Selbstorganisation, Campus, Frankfurt.

Bator, Francis M. 1958, „The anatomy of market failure“, Quarterly Journal of Economics 72 (3), August, 351-379.

Baumol, William J. 1965, Welfare Economics and the Theory of the State, 2. Aufl., Bell + Sons, London.

— 1967, „Macroeconomics of unbalanced growth: the anatomy of urban crisis“, American Economic Review 57 (3), June, 415-426.

— 1982, „Contestable markets: an uprising in the theory of industry structure“, American Economic Review 72 (1), March, 1-15.

— 1984, „Toward a theory of public enterprise“, Atlantic Economic Journal 12 (1), March, 12-19.

Baumol, William J./*Bradford,* David F. 1970, „Optimal departures from marginal cost pricing“, American Economic Review 60 (3), June, 265-283.

Baumol, William J./*Oates,* Wallace E. 1975, The Theory of Environmental Policy, Prentice-Hall, Englewood, Cliffs.

Baumol, William J./*Ordover,* Janusz A. 1977, „On the optimality of public-goods pricing with exclusion devices“, Kyklos 30 (1), 5-21.

Baumol, William J./*Panzar,* John C./*Willig,* Robert D. 1982, Contestable Markets and the Theory of Industry Structure, Harcourt, New York.

Benson, Bruce L. 1983, „‚High demand‘ legislative committees and bureaucratic output“, Public Finane Quarterly 11 (3), July, 259-281.

— 1984, „Rent seeking from a property rights perspective“, Southern Economic Journal 51 (2), October, 388-400.

Bergstrom, Theodore C. 1979, „When does majority rule supply public goods efficiently?“, Scandinavian Journal of Economics 81 (2), 216-226.

Berle, Adolf A./*Means,* Gardiner C. 1933, The Modern Corporation and Private Property, Macmillan, New York.

Bernholz, Peter/*Breyer,* Friedrich, 1984. Grundlagen der Politischen Ökonomie, 2. Aufl., Mohr, Tübingen.

Bird, Richard M. 1976, Charging for Public Services: A New Look at an Old Idea, Canadian Tax Foundation, Toronto.

— 1978, „A new look at benefit taxation“, in: Recktenwald, Horst C. (Hrsg.). Secular Trends of the Public Sector, Cujas, Paris, 241-252.

Black, Duncan. 1948, „On the rationale of group decision making“, Journal of Political Economy 56 (1), February, 23-34.

Blankart, Charles B. 1975, „Zur ökonomischen Theorie der Bürokratie“, Public Finance 30 (2), 166-185.

— 1980a, Ökonomie der öffentlichen Unternehmen, Vahlen, München.

— 1980b, „Über die relative Effizienz von Markt und Bürokratie aus der Sicht der Vertragstheorie“, Neue Politische Ökonomie als Ordnungstheorie 1, 200-206.

— 1982, „Was leisten Preisregeln für öffentliche Unternehmen?“, Archiv für öffentliche und freigemeinnützige Unternehmen 13, 37-50.

Blankart, Charles B./*Pommerehne,* Werner, W. 1985, „Zwei Wege zur Privatisierung öffentlicher Dienstleistungen: Wettbewerb auf einem Markt und Wettbewerb um einen Markt — Eine kritische Beurteilung“, in: Milde, Hellmuth/Monissen, Hans G. (Hrsg.).

Rationale Wirtschaftspolitik in komplexen Gesellschaften, Kohlhammer, Stuttgart, 431-442.

Blankart, Charles B. / *Pommerehne*, Werner W. / *Schneider*, Friedrich. 1984, „Warum nicht reprivatisieren?" in: Neuman, Manfred (Hrsg.). Ansprüche, Eigentums- und Verfügungsrechte, Duncker & Humblot, Berlin, 221-246.

Bliss, Christopher / *Nalebuff*, Barry. 1984, „Dragon-slaying and ballroom dancing: the private supply of a public good", Journal of Public Economic 25 (1/2), November, 1-12.

Blümel, Wolfgang. 1982, „‚Politikversagen' versus ‚Marktversagen' bei der Allokation öffentlicher Güter — Ein Überblick", Universität Oldenburg, Wirtschaftswissenschaftliche Diskussionsbeiträge Nr. 36-82, rev. Version 1983.

— 1983a, „Zum Problem der relativen Effizienz marktmäßiger und politischer Allokationsverfahren", Universität Oldenburg, Wirtschaftswissenschaftliche Diskussionsbeiträge Nr. 50-83.

— 1983b, „Zum Vergleich der X-Effizienz von Organisationen in marktmäßigen und politischen Allokationsverfahren", Universität Oldenburg, Wirtschaftswissenschaftliche Diskussionsbeiträge Nr. 60-83.

— 1985, „Alternative allocation procedures for public goods: towards a comparative analysis?", in: Pethig, Rüdiger (Hrsg.). Public Goods and Public Allocation Policy, Lang, Frankfurt, 201-238.

Blümel, Wolfgang / *Pethig*, Rüdiger / *von dem Hagen*, Oskar. 1986, „Theory of public goods: a survey of recent issues", Zeitschrift für die gesamte Staatswissenschaft 142 (2), Juni, 241-309.

Bohanan, Cecil. 1983, „McCaleb on Lindahl: a comment", Public Finance 38 (2), 326-331.

Bohley, Peter. 1981, „Praktische Probleme bei der Anwendung des Äquivalenzprinzips", in: Pohmer, Dieter (Hrsg.). Beiträge zum Äquivalenzprinzip und zur Zweckbindung öffentlicher Einnahmen, Duncker & Humblot, Berlin, 93-109.

Boiteux, Marcel. 1956, „Die französischen Arbeiten über Strompreisbildung nach Grenzkosten", in: Wessels, Th. (Hrsg.). Neuere Entwicklungen in der Energiepreisbildung, Oldenbourg, München, 30-52.

Borcherding, Thomas E. 1978, „Competition, exclusion, and the optimal supply of public goods", Journal of Law and Economics 21 (1), April, 111-132.

Borcherding, Thomas E. / *Pommerehne*, Werner W. / *Schneider*, Friedrich. 1982, „Comparing the efficiency of private and public production: the evidence from five countries", Zeitschrift für Nationalökonomie 42, Supplement 2, 127-156.

Bös, Dieter. 1980a, „Öffentliche Unternehmen", in: Handbuch der Finanzwissenschaft 2, 3. Aufl., Mohr, Tübingen, 3-60.

— 1980b, „The democratic decision of fees versus taxes", Kyklos 33 (1), 76-99.

— 1981, Economic Theory of Public Enterprise, Springer, Berlin.

— 1986, Public Enterprise Economics: Theory and Application, North-Holland, Amsterdam.

Bössmann, Eva. 1981, „Weshalb gibt es Unternehmungen? Der Erklärungsansatz von Ronald H. Coase", Zeitschrift für die gesamte Staatswissenschaft 137 (4), Dezember, 667-674.

— 1983, „Unternehmen, Märkte, Transaktionskosten: Die Koordination ökonomischer Aktivitäten", WiSt 12 (3), März, 105-111.

Bowen, Howard R. 1943, „The interpretation of voting in the allocation of economic resources", Quarterly Journal of Economics 58, November, 27-48.

Brennan, Geoffrey/*Lee*, Dwight R./*Walsh*, Cliff. 1983, „Monopoly markets in public goods: the case of the uniform all-or-none price", Public Finance Quarterly 11 (4), October, 465-490.

Brennan, Geoffrey/*Walsh*, Cliff. 1979, „Market provision of public goods: a monopoly version of the Oakland model", Finanzarchiv 37 (3), 385-395.

— — 1981, „A monopoly model of public goods provision: the uniform pricing case", American Economic Review 71 (1), March, 196-206.

— — 1985, „Private marktes in (excludable) public goods: a reexamination", Quarterly Journal of Economics 50 (3), August, 811-819.

Breton, Albert. 1971, „The non-internalization of externalities (with special reference to the case of Japan)", The ASTE Bulletin 13 (1), Spring, 30-38.

Breton, Albert/*Wintrobe*, Ronald. 1975, „The equilibrium size of a budget-maximizing bureau: a note on Niskanen's theory of bureaucracy", Journal of Political Economy 83 (1), February, 195-207.

— — 1982, The Logic of Bureaucratic Conduct, Cambridge University Press, Cambridge.

Brito, Dagobert L./*Oakland*, William H. 1980, „On the monopolistic provision of excludable public goods", American Economic Review 70 (4), September, 691-704.

Brock, William A. 1983, „Contestable markets and the theory of industry structure: a review article", Journal of Political Economy 91 (6), December, 1055-1066.

Buchanan, James M. 1968, Demand and Supply of Public Goods, Rand McNally, Chicago.

— 1975, The Limits of Liberty. Between Anarchy and Leviathan, Chicago University Press, Chicago.

— 1980, The Public Finances. An Introduction, 5. Aufl., Irwin, Homewood, Ill.

— 1983, „The achievement and the limits of public choice in diagnosing government failure and in offering bases for constructive reform", in: Hanusch, Horst (Hrsg.). Anatomy of Government Deficiencies, Springer, Berlin, 15-25.

— 1984, „Rights, efficiency, and exchange: the irrelevance of transaction cost", in: Neumann, Manfred (Hrsg.). Ansprüche, Eigentums- und Verfügungsrechte, Duncker & Humblot, Berlin, 9-24.

Buchanan, James M./*Tullock*, Gordon. 1962, Calculus of Consent, University of Michigan Press, Ann Arbor.

Buhbe, Matthes. 1980, Ökonomische Analyse von Eigentumsrechten, Lang, Frankfurt.

Burns, Michael E. / *Walsh*, Cliff. 1981, „Market provision of price-excludable public goods: a general analysis", Journal of Political Economy 89 (1), February, 166-191.

— — 1985, „Public goods with price exclusion: market segmentation and allocative efficiency", in: Pethig, Rüdiger (Hrsg.). Public Goods and Public Allocation Policy, Lang, Frankfurt, 1-39.

Cable, John, R. / *FitzRoy*, Felix R. 1980, „Productive efficiency, incentives and employee participation: some preliminary results from West Germany", Kyklos 33 (1), 100-121.

Caves, Douglas W. / *Christensen*, Laurits R. 1980, „The relative efficiency of public and private firms in a competitive environment: the case of canadian railroads", Journal of Political Economy 88 (5), October, 958-976.

Cheung, Steven N. S. 1969, „Transaction costs, risk aversion and the choice of contractual arrangements", Journal of Law and Economics 12, April, 23-42.

Coase, Ronald H. 1937, „The nature of the firm", Economica 4, 386-405.

— 1960, „The problem of social cost", Journal of Law and Economics 3, October, 1-44.

— 1964, „Discussion", American Economic Review, Papers and Proceedings 54 (3), May, 194-197.

Collinge, Robert A. „Toward ‚privatization' of public sector output: decentralized contracting for public and private goods", Journal of Public Economics 27 (3), August, 371-387.

Conn, David. 1978, „Economic theory and comparative economic systems: a partial literature survey", Journal of Comparative Economics 2 (4), December, 355-381.

— „A comparison of alternative incentive structures for centrally planned economic systems", Journal of Comparative Economics 3 (5), September, 261-276.

Conybeare, John A. C. 1984, „Bureaucracy, monopoly, and competition: a critical analysis of the budget-maximizing model of bureaucracy", American Journal of Political Science 28 (3), August, 479-502.

Cooter, Robert D. 1982, „The cost of Coase", Journal of Legal Studies 11, 1-34.

Cornes, Richard / *Sandler*, Todd. 1984a, „The theory of public goods: non-Nash behaviour", Journal of Public Economics 23 (3), April, 367-379.

— — 1984b, „Easy riders, joint production, and public goods", Economic Journal 94 (375), September, 580-598.

— — 1985, „On the consistency of conjectures with public goods", Journal of Public Economics 27 (1), June, 125-129.

Coughlin, Peter J. / *Hinich*, Melvin J. 1984, „Necessary and sufficient conditions for single-peakedness in public economic models", Journal of Public Economis 25 (1/2), November, 161-180.

Cullis, John G. / *Jones*, Philip R. 1984, „The economic theory of bureaucracy, X-inefficiency and Wagner's law: a note", Public Finance 39 (2), 191-201.

Culyer, Anthony J. 1984, „The quest for efficiency in the public sector: economists versus Dr. Pangloss (or why conservative economists are not nearly conservative enough)", in:

Hanusch, Horst (Hrsg.). Public Finance and the Quest for Efficiency, Wayne State University Press, Detroit, 39-48.

Dahlman, Carl J. 1979, „The problem of externality", Journal of Law and Economics 22 (1), April, 141-162.

Darby, Richard R./*Karni*, Edi. 1973, „Free competition and the optimal amount of fraud", Journal of Law and Economics 16 (1), April, 67-88.

Davis, Otto A./*Whinston*, Andrew B. 1967, „On the distinction between public and private goods", American Economic Review 57 (2), May, 360-373.

de Condordet, Marquis. 1785, Essai sur l'apllication de l'analyse à la probabilité des décisions rendues à la pluralité des voix, Paris.

DeAlessi, Louis. 1980, „The economics of property rights: a review of the evidence", Research in Law and Economics 2, 1-47.

— 1983, „Property rights, transaction costs, and X-efficiency: an essay in economic theory", American Economic Review 73 (1), March, 64-81.

Demsetz, Harold. 1964, „The exchange and enforcement of property rights", Journal of Law and Economics 7, October, 11-26.

— 1967, „Toward a theory of property rights", American Economic Review, Papers and Proceedings 57 (2), May, 347-359.

— 1968, „Why regulate utilities?", Journal of Law and Economics 11, April, 55-66.

— 1969, „Information and efficiency: another viewpoint", Journal of Law and Economics 12 (1), April, 1-22.

— 1970, „The private production of public goods", Journal of Law and Economics 13 (2), October, 293-306.

— 1983, „The structure of ownership and the theory of the firm", Journal of Law and Economics 26 (2), June, 375-390.

Diamond, Peter A./*Mirrlees*, James A. 1971 a, „Optimal taxation and public production I: production efficiency", American Economic Review 61 (1), March, 8-27.

— — 1971 b, „Optimal taxation and public production II: tax rules", American Economic Review 61 (3), June, 261-278.

Dobra, John L. 1983, „Property rights in bureaucracies and bureaucratic efficiency", Public Choice 40 (1), 95-99.

Downs, Anthony. 1957, An Economic Theory of Democracy, Harper + Row, New York.

Drèze, Jacques H. 1980, „Public goods with exclusion", Journal of Public Economics 13 (1), February, 5-24.

Drèze, Jacques H./*de la Vallée Poussin*, Dominique. 1971. „A tâtonnement process for public goods", Review of Economic Studies 38 (2), April, 133-150.

Dudenhöffer, Ferdinand. 1983, Mehrheitswahlentscheidungen über Umweltnutzungen, Lang, Frankfurt.

Dudenhöffer, Ferdinand/*Gebauer*, Helga. 1982, „Die Allokation lokaler öffentlicher Güter bei Konsumentenmobilität", in: Siebert, Horst (Hrsg.). Umweltallokation im Raum, Lang, Frankfurt, 93-144.

Dugger, William M. 1983, „The transaction cost analysis of Oliver E. Williamson: a new synthesis?" Journal of Economic Issues 17 (1), March, 95-114.

Dummett, Michael/*Farquharson*, Robin. 1961, „Stability in voting", Econometrica 29 (1), January, 33-43.

Endres, Alfred. 1980, „Second hand markets and the private supply of excludable public goods", Public Finance 35 (2), 227-238.

— 1981, „Neuere Entwicklungen in der Theorie öffentlicher Güter", Zeitschrift für die gesamte Staatswissenschaft 137 (1), März, 134-149.

Enelow, James M./*Hinich*, Melvin J. 1983, „On Plotts's pairwise symmetry condition for majority rule equilibrium", Public Choice 40 (3), 317-321.

Eschenburg, Rolf. 1980. „Kooperationsversagen in der Leitungsphäre von Unternehmen", Neue Politische Ökonomie als Ordnungstheorie 1, 173-191.

Eucken, Walter. 1959, Grundsätze der Wirtschaftspolitik, Rowohlt, Hamburg.

Färe, Rolf/*Grosskopf*, Shawna/*Logan*, J. 1985, „The relative performance of publicly-owned and privately-owned electric utilities", Journal of Public Economics 26 (1), February, 89-106.

Fehl, Ulrich. 1985, „Das Konzept der Contestable Markets und der Marktprozeß", in: Bombach, Gottfried/Gahlen, Bernhard/Ott, Alfred E. (Hrsg.). Industrieökonomik: Theorie und Empirie, Mohr, Tübingen, 29-47.

Feigenbaum, Susan/*Teeples*, Ronald. 1983, „Public versus private water delivery: a hedonic cost approach", Review of Economics and Statistics 65 (4), November, 672-678.

Finsinger, Jörg/*Vorgelsang*, Ingo. 1981, „Alternative institutional frameworks for price incentive mechanisms", Kyklos 34 (3), 388-404.

Fischel, William A. 1972, „Aesop's paradox: the classical critique of democratic decision processes", Journal of Political Economy 80, 208-212.

Fishburn, Peter C. 1974, „Paradoxes of voting", American Political Science Review 68 (2), June, 537-546.

Fogarty, T.M. 1981, „Prisoner's dilemma and other public goods games", Conflict Management and Peace Science 5 (2), Spring, 111-120.

Forte, Francesco. 1967, „Should ‚public goods' be public", Papers on Non-Market Decision Making 3, 39-46.

Frasca, Ralph R. 1980, „The provision of a public good under Cournot behavior: stability conditions", Public Choice 35, 493-501.

Frey, Bruno S. 1981a, Theorie demokratischer Wirtschaftspolitik, Vahlen, München.

— 1981b, „Braucht es eine Neuorientierung der wirtschaftswissenschaftlichen Forschung?" in: Timmerman, Manfred (Hrsg.). Nationalökonomie morgen, Kohlhammer, Stuttgart, 3-23.

Frey, Bruno S. / *Pommerehne*, Werner W. 1983, „Public vs. private production: misplaced emphasis?", Universität Zürich, mimeo.

Fritsch, Michael. 1983, Ökonomische Ansätze zur Legitimation kollektiven Handelns, Duncker & Humblot, Berlin.

Furubotn, Erick G. / *Pejovich*, Svetozar. 1972, „Property rights and economic theory: a survey of recent literature", Journal of Economic Literature 10 (4), December, 1137-1162.

— — (Hrsg.). 1974, The Economics of Property Rights, Ballinger, Cambridge, Mass.

Gaertner, Wulf. 1978, „Über Kenneth Arrows Allgemeines Unmöglichkeitstheorem und einige Auswege aus dem Dilemma", Jahrbuch für Sozialwissenschaft 29 (3), 288-310.

Gibbard, Alan. 1973, „Manipulation of voting schemes: a general result", Econometrica 41 (4), July, 587-601.

Goldberg, Victor P. 1977, „Competitive bidding and the production of precontract information", Bell Journal of Economics 8 (1), Spring, 250-261.

Gravelle, Hugh S.E. 1982, „Incentives, efficiency and controll in public firms", Zeitschrift für Nationalökonomie, Suppl. 2, 79-104.

Green, Jerry R. / *Laffont*, Jean-Jacques. 1979, Incentives in Public Decision Making, North-Holland, Amsterdam.

Greenberg, Joseph. 1979, „Consistent majority rules over compact sets of alternatives", Econometrica 47 (2), July, 627-637.

Grossman, Sanford J. / *Hart*, Oliver D. 1983, „An analysis of the principal-agent problem", Econometrica 51 (1), January, 7-45.

Groves, Theodore / *Ledyard*, John O. 1977, „Optimal allocation of public goods: a solution to the ‚free rider' problem", Econometrica 45 (4), May, 783-809.

Haller, Heinz. 1981, Die Steuern: Grundlinien eines rationalen Systems öffentlicher Abgaben, 3. überarb. Aufl., Mohr, Tübingen.

Hanusch, Horst. 1981, „Äquivalenzprinzip und kollektive Güter — Allokationstheoretische Aspekte", in: Pohmer, Dieter (Hrsg.). Beiträge zum Äquivalenzprinzip und zur Zweckbindung öffentlicher Einnahmen, Duncker & Humblot, Berlin 37-91.

— 1984, „Zur Eindingung der Theorie der öffentlichen Güter in die Lehre von den öffentlichen Unternehmen", in: Oettle, Karl (Hrsg.). Öffentliche Güter und öffentliche Unternehmen, Nomos, Baden-Baden, 59-71.

Hauser, Heinz. 1981, „Zur ökonomischen Theorie der Institutionen", in: Timmermann, Manfred (Hrsg.). Nationalökonomie morgen, Kohlhammer, Stuttgart, 59-84.

Haveman, Robert H. 1980, „Public choice and public economics: the case of collective failure in US water quality policy", in: Roskamp, Karl W. (Hrsg.), Public Choice und Public Finance, Cujas, Paris, 137-154.

Hayek, Friedrich A. 1971, Die Verfassung der Freiheit, Mohr, Tübingen.

Head, John G. 1963, „Lindahl's theory of the budget", Finanzarchiv 23 (3), 421-454.

— 1977, „Misleading analogies in public goods analysis", Finanzarchiv 36 (1), 1-18.

Henry, Claude. 1979, „On the free rider problem in the MDP procedure", Review of Economic Studies 46 (2), April, 293-303.

Herder-Dorneich, Philipp (F.O. *Harding*). 1959, Politisches Modell zur Wirtschaftstheorie (zuerst erschienen unter dem Titel: Bestimmungsfaktoren finanzpolitischer Staatstätigkeit), Goerlich, Freiburg.

Hess, James D. 1983, The Economics of Organization, North-Holland, Ámsterdam.

Hesse, Günter. 1983, „Zur Erklärung der Änderung von Handlungsrechten mit Hilfe ökonomischer Theorie", in: Schüller, Alfred (Hrsg.). Property Rights und ökonomische Theorie, Vahlen, München, 79-109.

Hirsch, Werner Z. 1978, „The Economics of shirking and its implications for the public sector", in: Recktenwald, Horst C. (Hrsg.). Secular Trends of the Public Sector, Cujas, Paris, 317-332.

Hirschman, Albert O. 1970, Exit, Voice and Loyalty, Harvard University Press, Cambridge, Mass.

Hirshleifer, Jack. 1973, „Where are we in the theory of information?" American Economic Review 63 (2), May, 31-39.

— 1983, „From weakest-link to best-shot: the voluntary provision of public goods", Public Choice 41 (3), 371-386.

Hume, David. 1739-40, A Treatise of Human Nature. Zitiert aus Bd. II, Longmans, Green, London, 1890.

Hunter, William J. 1983, „Tax structure and bureaucratic bargaining", Public Finance Quarterly 11 (3), July, 347-364.

Hurwicz, Leonid. 1960, „Optimality and informational efficiency in resource allocation processes", in: Arrow, Kenneth J. et al. (Hrsg.), Mathematical Methods in the Social Sciences, Standford University Press, Stanford, 27-46.

— 1972, „On informationally decentralized systems", in: Radner, Roy/McGuire, C.B. (Hrsg.). Decision and Organization, North-Holland, Amsterdam, 297-336.

— 1973, „The design of mechanisms for resource allocation", American Economic Review 68 (2), May, 1-30.

Hurwicz, Leonid/*Schmeidler*, David. 1978, „Construction of outcome functions guaranteeing existence and Pareto optimality of Nash equilibria", Econometrica 46 (6), November, 1447-1474.

Jackson, Peter M. 1982, The Political Economy of Bureaucracy, Allan, Oxford.

Johansen, Leif. 1963, „Some notes on the Lindahl theory of determination of public expenditures", International Economic Review 4, September, 346-358.

— 1965, Public Economics, North-Holland, Amsterdam.

— 1979, „The bargaining society and the inefficiency of bargaining", Kyklos 32 (3), 497-522.

Kalmbach, Peter. 1981, „‚Mehr Markt — weniger Staat' — eine neokonservative Offensive. Darstellung und Kritik gegenwärtiger Revisionsversuche der Rollenverteilung zwischen Markt und Staat", in: Gewerkschaft ÖTV (Hrsg.). Zur Privatisierung öffentlicher Dienstleistungen, Oertel + Spörer, Stuttgart.

Kamien, Morton I./*Schwartz,* Nancy L. 1972, „Exclusion costs and the provision of public goods", Public Choice 12, Spring, 43-55.

Kamien, Morton I./*Schwartz,* Nancy L./*Roberts,* Donald John. 1973, „Exclusion, externalities and public goods", Journal of Public Economics 2 (3), July, 217-230.

Kapp, Karl W. 1965, „Economic development in a new perspective: existential minima and substantive rationality", Kyklos 18, 48-79.

Kirzer, Israel M. 1983, Competition and Entrepreneurship. University of Chicago Press, Chicago.

Knieps, Günter/*Müller,* Jürgen/*von Weizsäcker,* Carl Christian. 1981, Die Rolle des Wettbewerbs im Fernmeldebereich, Nomos, Baden-Baden.

Kramer, Gerald H. 1976, „A note on single peakedness", International Economic Review 17 (2), June, 498-502.

— 1977, „Theories of political processes", in: Intriligator, Michael D. (Hrsg.). Frontiers of Quantitative Economics III B, North-Holland, Amsterdam, 687-702.

Krüsselberg, Hans-Günter. 1983, „Property Rights-Theorie und Wohlfahrtsökonomik", in: Schüller, Alfred (Hrsg.). Property Rights und ökonomische Theorie, Vahlen, München, 45-77.

Krutilla, John V./*Fisher,* Anthony, C./*Hyde,* William F./*Smith,* Kerry V. 1983, „Public versus private ownership: the federal lands case", Journal of Policy Analysis and Management 2 (4), Summer, 548-558.

Laffont, Jean-Jacques/*Maskin,* Eric. 1982, „The theory of incentives: an overview", in: Hildenbrand, Werner (Hrsg.), Advances in Economic Theory, Cambridge University Press, Cambridge, Mass. 31-94.

Ledyard, John/*Roberts,* Donald John. 1974, On the Incentive Problem with Public Goods, Center for Mathematical Studies in Economics and Management Science, Northwestern University, Evanston, Discussion Paper No. 116, November.

Lee, Dwight R. 1977, „Discrimination and efficiency in the pricing of public goods", Journal of Law and Economics 20, October, 403-420.

— 1982, „On the pricing of public goods", Southern Economic Journal 49 (1), July, 99-105.

— 1984, „On the pricing of public goods: reply", Southern Economic Journal 51 (2), October, 601-602.

Leibenstein, Harvey. 1966, „Allocative efficiency vs. ‚X-efficiency'", American Economic Review 56 (3), June, 392-415.

— 1976, Beyond Economic Man. A New Foundation of Microeconomics, Havard University Press, Cambridge, Mass.

— 1978, „On the basic proposition of X-efficiency theory", American Economic Review, Papers and Proceedings 68 (1), March, 328-332.

— 1979, „A branch of economics is missing: micro-micro theory", Journal of Economic Literature 17 (2), June, 477-502.

— 1984, „Motivations and constraints in the supply-cost of government services: a game theoretic analysis", in: Hanusch, Horst (Hrsg.). Public Finance and the Quest for Efficiency, Wayne State University Press, Detroit, 223-240.

Lenk, Klaus. 1984, „Fachinformationsversorgung als öffentliche Aufgabe", in: Kuhlen, Rainer (Hrsg.). Koordination von Informationen, Springer, Berlin, 336-347.

Lindahl, Erik. 1919, Die Gerechtigkeit der Besteuerung, Lund.

Lindsay, Cotton M. 1976, „A theory of government enterprise", Journal of Political Economy 84 (5), 1061-1078.

— 1980, „Is there a theory of public organizations?", in: Clarkson, K. W. / Martin, D. L. (Hrsg.). The Economics of Nonproprietary Organizations, Jai-Press, Greenwich, Conn., 191-207.

Lipnowski, Irwin / *Maital,* Shlomo. 1983, „Voluntary provision of a pure public good as the game of ‚chicken'", Journal of Public Economics 20 (3), April, 381-386.

Little, Ian M.D. 1957, A Critique of Welfare Economics, Oxford.

Liu, P.-W. 1982, „Imperfect information, monitoring cost and incentives in the agency problem", Zeitschrift für Nationalökonomie 42, 235-245.

Malinvaud, Edmond. 1971, „A planning approach to the public good problem", Swedish Journal of Economics 73 (1), March, 96-112.

— 1972, Lectures on Microeconomic Theory, North-Holland, Amsterdam.

Manne, Henry G. (Hrsg.). 1975, The Economics of Legal Relationships, West-Publishing, St. Paul.

Männel, Wolfgang. 1981, Die Wahl zwischen Eigenfertigung und Fremdbezug. Theoretische Grundlagen, praktische Fälle, 2. Aufl., Poeschel, Stuttgart.

Marris, Robin / *Mueller,* Dennis C. 1980, „The corporation, competition, and the invisible hand", Journal of Economic Literature 18 (1), March, 32-63.

McCaleb, Thomas S. 1979, „A reconsideration of the Lindahl model", Public Finance 34 (2), 161-175.

— 1983, „Economic paradigms of government and the market: a further look at the Lindahl model", Public Finance 38 (2), 332-337.

McGuire, Martin C. 1974, „Group size, group heterogenity, and the aggregate provision of a pure public good under Cournot behavior", Public Choice 18, Summer, 107-126.

McKean, Ronald N. 1965, „The unseen hand in government", American Economic Review 55, June, 496-506.

— 1972, „Property rights within government, and devices to increase governmental efficiency", Southern Economic Journal 39 (2), October, 177-186.

Mendner, Jürgen H. / *Sauerborn,* Werner. 1983, „Privatisierung — Angriff auf den Sozialstaat", in: Gewerkschaft ÖTV (Hrsg.). Zur Privatisierung öffentlicher Dienstleistungen 13, Oertel + Spörer, Stuttgart.

Meyer, Willi. 1983, „Entwicklung und Bedeutung des Property Right-Ansatzes in der Nationalökonomie", in: Schüller, Alfred (Hrsg.). Property Rights und ökonomische Theorie, Vahlen, München, 1-44.

Migué, Jan Luc/*Bélanger*, Gérard. 1974, „Torward a general theory of managerial discretion", Public Choice 17, Spring, 27-43.

Millward, R. 1970, „Exclusion costs, external economies, and market failure", Oxford Economic Papers 22 (1), March, 24-38.

Minasian, Jora R. 1964, „Television pricing and the theory of public goods", Journal of Law and Economics 7, October, 71-80.

— 1967, „Public goods in theory and practice revisted", Journal of Law and Economics 10, October, 205-207.

Monissen, Hans G. 1980, „Externalitäten und ökonomische Analyse", in: Streißler, Erich/Watrin, Christian (Hrsg.). Zur Theorie marktwirtschaftlicher Ordnungen, Mohr, Tübingen, 342-377.

— 1983, „Externalitäten und Wirtschaftspolitik: Einige Anmerkungen", in: Woll, Artur (Hrsg.). Aktuelle Wege der Wirtschaftspolitik, Dunker & Humblot, Berlin, 51-78.

Moulin, Hervé. 1980, „On strategy-proofness and single peakedness", Public Choice 35, 437-455.

— 1983, The Strategy of Social Choice, North-Holland, Amsterdam.

Mueller, Dennis C. 1979, Public Choice, Cambridge University Press, Cambridge, Mass.

Münch, Klaus-Norbert. 1976, Kollektive Güter und Gebühren. Elemente einer Gebührentheorie für Kollektivgüter, Vandenhoeck & Ruprecht, Göttingen.

— 1978, „Gebühren als Mittel zur Lösung staatlicher Finanzprobleme", in: Hanusch, Horst (Hrsg.). Reform öffentlicher Leistungen. Beiträge zur Entstaatlichung, Nomos, Baden-Baden, 43-68.

Musgrave, Richard A. 1959, The Theory of Public Finance, McGraw-Hill, New York.

— 1969, „Provision for social goods", in: Margolis, Julius/Guitton, Henri (Hrsg.). Public Economics, New York, 124-144.

— 1982, „Why public employment?", in: Haveman, Robert H. (Hrsg.). Public Finance and Public Employment, Wayne State University Press, Detroit, 9-19.

Neck, Reinhard. 1982, „Die ‚Sozialismusdebatte' im Lichte ausgewählter neuerer Entwicklungen der ökonomischen Theorie", Jahrbuch für Sozialwissenschaft 33, 242-264.

Nelson, Phillip. 1970, „Information and consumer behavior", Journal of Political Economy 78, March/April, 311-329.

— 1974, „Advertising as information", Journal of Political Economy 82 (4), July/August, 729-754.

Nelson, Richard R. 1981, „Assessing private enterprise: an exegesis of tangled doctrine", Bell Journal of Economics 21 (1), Spring, 93-111.

Ng, Yew-Kwang. 1984, „Quasi-Pareto social improvements", American Economic Review 74 (5), December, 1033-1050.

Niskanen, William. 1971, Bureaucracy and Representative Government, Aldine-Atherton, Chicago.

Noll, Werner. 1984, „Die Relevanz der Theorie der öffentlichen Güter für öffentliche Unternehmen", in: Oettle, Karl (Hrsg.). Öffentliche Güter und öffentliche Unternehmen, Nomos, Baden-Baden, 91-102.

North, Douglas C. 1973, The Rise of the Western World. A New Economic History, Cambridge University Press, Cambridge, Mass.

— 1981, Structure and Change in Economic History, Norton, New York.

— 1984, „Transaction costs, institutions and economic history", Zeitschrift für die gesamte Staatswissenschaft 140 (1), März, 7-17.

Nozick, Robert. 1975, Anarchy, State and Utopia, Basic Books, New York.

Oakland, William H. 1974, „Public goods, perfect competition, and underproduction", Journal of Political Economy 82 (5), September/October, 927-939.

Oettle, Karl (Hrsg.). 1984, Öffentliche Güter und öffentliche Unternehmen, Nomos, Baden-Baden.

Okuguchi, Koji. 1984, „Utility functions, group size, and the aggregate provision of a pure public good", Public Choice 42 (2), 247-255.

Olson, Mancur. 1965, The Logic of Collective Action, Harvard University Press, Cambridge, Mass.

Ortlieb, Heinz-Dieter/*Lösch,* Dieter. 1977, „Sozialismus II: Sozialismus als Leitbild der Wirtschaftsordnung", in: Albers, Willi et al. (Hrsg.). Handwörterbuch der Wirtschaftswissenschaft 7, Fischer et al., Stuttgart et al., 28-41.

Orzechowsky, William. 1977, „Economic models of bureaucracy: survey, extensions, and evidence", in: Borcherding, Thomas E. (Hrsg.). Budgets and Bureaucrats: The Source of Government Growth, Duke University Press, Durham, 229-259.

Osband, Kent/*Reichelstein,* Stefan. 1985, „Information-eleciting compensation schemes", Journal of Public Economics 27 (1), June, 93-106.

Peacock, Alan. 1983, „Public X-inefficiency: informational and institutional constraints", in: Hanusch, Horst (Hrsg.). Anatomy of Government Deficiencies, Springer, Berlin, 125-138.

Peirce, William S. 1981, Bureaucratic Failure and Public Expenditure, Academic Press, New York.

Pejovich, Svetozar. 1976, „The capitalist corporation and the socialist firm: a study of comparative efficiency", Schweizerische Zeitschrift für Volkswirtschaft und Statistik 112, 1-25.

Pestieau, Pierre. 1983, „Fiscal mobility and local public goods. A survey of the empirical and theoretical studies of the Tiebout model", in: Thisse, Jacques-Francois/Zoller, Henry G. (Hrsg.). Locational Analysis of Public Facilities, North-Holland, Amsterdam, 11-41.

Pethig, Rüdiger. 1978, „Das Freifahrerproblem in der Theorie der öffentlichen Güter", in: Helmstädter, Ernst (Hrsg.). Neuere Entwicklungen in den Wirtschaftswissenschaften, Duncker & Humblot, Berlin, 75-100.

— 1979. Umweltökonomische Allokation mit Emissionssteuern, Mohr, Tübingen.

— 1983a, „Information, Allokationseffizienz und Externalitäten", in: Wille, Eberhard (Hrsg.), Beiträge zur gesamtwirtschaftlichen Allokation, Lang, Frankfurt, 29-63.

— 1983b, „On the production and distribution of information", Zeitschrift für Nationalökonomie 43 (4), 383-403.

— 1984a, „Öffentliche Güter, Verfügungsrechte und Ausschließungskosten", in: Neumann, Manfred (Hrsg.). Ansprüche, Eigentums- und Verfügungsrechte, Duncker & Humblot, Berlin, 539-554.

— 1984b, „Zur intertemporalen Allokationseffizienz nicht erneuerbarer Allmendegüter", in: Siebert, Horst (Hrsg.), Intertemporale Allokation, Lang, Frankfurt, 453-492.

— 1985, „Public goods and the enforcement of exclusion", Universität Oldenburg, Wirtschaftswissenschaftliche Diskussionsbeiträge Nr. V-10-85.

Pfähler, Wilhelm. 1977, Normative Theorie der fiskalischen Besteuerung. Ein methodologischer und theoretischer Beitrag zur Integration der normativen Besteuerungstheorie in die Wohlfahrtstheorie, Lang, Frankfurt.

— 1981, „Free-Rider-Problem bei öffentlichen Gütern und Clarke-Groves-Steuermechanismus", Wisu 8-10, August/September/Oktober, 403-408, 453-458, 505-508.

Picot, Arnold. 1984, „Verfügungsrechte und Wettbewerb als Determinanten der Entwicklung des Verwaltungsbereichs von Organisationen", Jahrbuch für Neue Politische Ökonomie 3, 198-222.

Pigou, Arthur C. 1920, The Economic of Welfare, Macmillan, London.

Plott, Charles R. 1967, „A notion on equilibrium and its possibility under majority rule", American Economic Review 57 (4), September, 787-807.

Pommerehne, Werner W. 1983, „Private versus öffentliche Müllabfuhr — nochmals betrachtet", Finanzarchiv 41 (2), 466-475.

Pommerehne, Werner W./*Schneider*, Friedrich. 1986, „Private or public production: a european perspective", erscheint demnächst in: Jackson, Peter (Hrsg.). Studies in Applied Microeconomics in the Public Sector, I.A.J. Press, Greenwich, Con.

Ramser, Hans J. 1979, „Eigenherstellung oder Fremdbezug von Leistungen", in: Kern, Werner (Hrsg.). Handwörterbuch der Produktionswirtschaft, Poeschel, Stuttgart, 435-450.

Ramsey, F.P. 1927, „A contribution to the theory of taxation", Economic Journal 37, March, 47-61.

Randall, Alan. 1975, „Property rights and social microeconomics", Natural Resources Journal 15, October, 729-747.

— 1983, „The problem of market failure", Natural Resoource Journal 23 (1), January, 131-148.

Rauscher, Anton. 1977, „Kirchliche Soziallehre", in: Albers, Willi et al. (Hrsg.). Handwörterbuch der Wirtschaftswissenschaft 7, Fischer et al., Stuttgart et al., 41-51.

Recktenwald, Horst C. 1984, „The public waste syndrome: a comprehensive theory of government failures", in: Hanusch, Horst (Hrsg.). Public Finance and the Quest for Efficiency, Wayne State University Press, Detroit, 11-26.

Reder, Melvin W. 1982, „Chicago economics: permanence and change", Journal of Economic Literature 20 (1), March, 1-38.

Reding, Kurt. 1983, „Public X-inefficiency: informational and institutional constraints", in: Hanusch, Horst (Hrsg.). Anatomy of Government Deficiencies, Springer, Berlin, 145-148.

— 1985, „Probleme der Produktivitätsmessung bei öffentlichen Leistungen", in: Häuser, Kurt (Hrsg.). Produktivitätsentwicklung staatlicher Leistungen. Duncker & Humblot, Berlin, 123-197.

Reichelstein, Stefan. 1984, „Incentive compatibility and informational requirements", Journal of Economic Theory 34 (1), October, 32-51.

Reichelstein, Stefan / *Osband,* Kent. 1984, „Incentives in government contracts", Journal of Public Economics 24 (2), July, 257-270.

Reiter, Stanley. 1977, „Information and performance in the $(\text{new})^2$ welfare economics", American Economic Review 67 (1), February, 226-234.

Richardson, G.B. 1972. „The organization of industry", Economic Journal 82, 883-896.

Rittig, Gisbert. 1984, „Öffentliche Güter, öffentliche Unternehmen und die oeconomia publica", in: Oettle, Karl (Hrsg.). Öffentliche Güter und öffentliche Unternehmen, Nomos, Baden-Baden, 15-57.

Roberts, Donald John. 1974, „The Lindahl solution for economies with public goods", Journal of Public Economics 3 (1), February, 23-42.

— 1976, „The incentives for correct revelation of preferences and the number of consumers", Journal of Public Economics 6 (4), November, 359-374.

— 1979, „Incentives in planning procedures for the provision of public goods", Review of Economic Studies 46 (2), April, 283-292.

Roberts, Donald John / *Postlewaite,* Andrew. 1976, „The incentives for price-taking behavior in large economies", Econometrica 44 (1), January, 115-128.

Romer, Thomas / *Rosenthal,* Howard. 1979, „The elusive median voter", Journal of Public Economics 12, October, 143-170.

Roppel, Ulrich. 1979, Ökonomische Theorie der Bürokratie, Haufe, Freiburg.

Rose, Manfred / *Wiegard,* Wolfgang. 1983, „Zur optimalen Struktur öffentlicher Einnahmen unter Effizienz- und Distributionsaspekten", in: Pohmer, Dieter (Hrsg.). Zur optimalen Besteuerung, Duncker & Humblot, Berlin, 9-162.

Roskamp, Karl W. 1981, „Lindahl equilibrium, tax prices, and the optimal supply of public goods: a non-cooperative differential game approach", Public Finance 36 (3), 337-346.

Samuelson, Paul A. 1954, „The pure theory of public expenditure", Review of Economics and Statistics 36 (4), November, 387-389.

— 1955, „Diagrammatic exposition of a theory of public expenditure", Review of Economics and Statistics 37 (4), November, 350-356.

— 1967, „Indeterminancy of governmental role in public good theory", Papers on Non-Market Decision Making 3, 47.

— 1969, „Pure theory of public expenditure and taxation", in: Margolis, Julius/Guitton, Henri (Hrsg.). Public Economics, New York, 98-123.

Sandmo, Agnar. 1976, „Optimal taxation. An introduction to the literature", Journal of Public Economics 6 (1/2), July/August, 37-54.

— 1982, „The optimum supply of public goods in a mixed economy", in: Matthews, Robert, C.O./Stafford, G.B. (Hrsg.), The Grants Economy and Collective Consumption, Macmillan, London, 85-104.

Sato, Fumitaka. 1981, „On the informational size of message spaces for resources allocation process in economics with public goods", Journal of Economic Theory 24 (1), February, 48-69.

Satterthwaite, Mark Allen. 1975, „Strategy-proofness and Arrow's conditions: existence and correspondence theorems for voting procedures and social welfare functions", Journal of Economic Theory 10 (2), April, 187-217.

Schenk, Karl-Ernst. 1983, „Institutional Choice und Ordnungstheorie", Jahrbuch für Neue Politische Ökonomie 2, 70-85.

Schmidt, Kurt. 1970, „Kollektivbedürfnisse und Staatstätigkeit", in: Haller, Heinz/Kullmer, Lore/Shoup, Carl S./Timm, Herbert (Hrsg.). Theorie und Praxis des finanzpolitischen Interventionismus, Mohr, Tübingen, 3-27.

— 1980, „Grundprobleme der Besteuerung", Handbuch der Finanzwissenschaft 2, 3. Aufl., Mohr, Tübingen, 119-171.

Schüller, Alfred (Hrsg.). 1983, Property Rights und ökonomische Theorie, Vahlen, München.

Schwarz, Peter M. 1984, „On the pricing of public goods: comment", Southern Economic Journal 51 (2), October, 598-600.

Seidl, Christian. 1978, „Allokationsmechanismen — Ein Überblick über dynamische mikroökonomische Totalmodelle", in: Schenk, Karl-Ernst (Hrsg.). Ökonomische Verfügungsrechte und Allokationsmechanismen in Wirtschaftssystemen, Duncker & Humblot, Berlin, 123-205.

— 1982, „Allokationsmechanismus, asymmetrische Information und Wirtschaftssystem", Jahrbücher für Nationalökonomie und Statistik 197 (3), 193-220.

Selten, Reinhard. 1982, „Einführung in die Theorie der Spiele mit unvollständiger Information", in: Steißler, Erich (Hrsg.). Informationen in der Wirtschaft, Duncker & Humblot, Berlin, 81-147.

Sen, Amartya K. 1986, „Social choice theory", in: Arrow, Kenneth J./Intriligator, Michael D. (Hrsg.). Handbook of Mathematical Economics III, North-Holland, Amsterdam, 1073-1181.

Shoven, John B./*Walley*, John. 1984, „Applied general-equilibrium models of taxation and international trade", Journal of Economic Literatur 22 (3), September, 1007-1051.

Shubik, Martin. 1968, „A two party system, general equilibrium and voter's paradox", Zeitschrift für Nationalökonomie 28, 341-354.

Siebert, Horst. 1983, Ökonomische Theorie natürlicher Ressourcen, Mohr, Tübingen.

Slutsky, Steven. 1977, „A voting model for the allocation of public goods: existence of an equilibrium", Journal of Economic Theory 14 (2), April, 299-325.

Sohmen, Egon. 1976, Allokationstheorie und Wirtschaftspolitik, Mohr, Tübingen.

Spence, Michael. 1983, „Contestable markets and the theory of industry structure: a review article", Journal of Economic Literature 21 (3), September, 981-990.

Spencer, Barbara J. 1980, „Outside information and the degree of monopoly power of a public bureau", Southern Economic Journal 47 (1), July, 228-233.

— 1982, „Asymmetric information and excessive budgets in government bureaucracies: a principal and agent approach", Journal of Economic Behavior and Organization 3 (2-3), June/September, 197-224.

Stauss, Bernd. 1983, „Private und öffentliche Unternehmungen im Effizienzvergleich. Unternehmensverfassungen ‚im Lichte' der Property Rights-Theorie", Zeitschrift für öffentliche und gemeinwirtschaftliche Unternehmen 6 (3), 278-298.

Stigler, George J. 1975, The Citizen and the State. Essays on Regulation, University of Chicago Press, Chicago.

Streit, Manfred E. 1982, Theorie der Wirtschaftspolitik, 2., überarb. u. erw. Aufl., Werner, Düsseldorf.

Sugden, Robert. 1984, „Reciprocity: the supply of public goods through voluntary contributions", Economic Journal 94, December, 772-787.

— 1985, „Consistend conjectures and voluntary contributions to public goods: why the conventional theory does not work", Journal of Public Economics 27 (1), June, 117-124.

Takayama, Akira. 1974, Mathematical Economics, Dryden Press, Hinsdale, Ill.

Thiemeyer, Theo. 1984, „Theorie der öffentlichen Güter als ökonom(ist)ische Staatstheorie", in: Oettle, Karl (Hrsg.). Öffentliche Güter und öffentliche Unternehmen, Nomos, Baden-Baden, 73-89.

Thompson, Earl A. 1968, „The perfectly competitive production of public goods", Review of Economics and Statistics 50 (1), February, 1-12.

Tiebout, Charles M. 1956, „A pure theory of local public goods", Journal of Political Economy 64 (5), October, 416-424.

Tietzel, Manfred. 1981, „Die Ökonomie der Property Rights: Ein Überblick", Zeitschrift für Wirtschaftspolitik, Wirtschaftspolitische Chronik 30, 207-243.

Tollison, Robert D. 1982, „Rent seeking: a survey", Kyklos 35 (4), 575-602.

Toumanoff, Peter G. 1984, „The positive analysis of the theory of market failure", Kyklos 37 (4), 592-541.

Tullock, Gordon. 1970, Private Wants, Public Means: An Economic Analysis of the Desirable Scope of Government, Basic Books, New York.

Vogelsang, Ingo. 1983, „Comment to Recktenwald“, in: Hanusch, Horst (Hrsg.). Anatomy of Government Deficiencies, Springer, Berlin, 59-60.

— 1984, „Wohlfahrtserhöhende Anreize für private und öffentliche Unternehmen“, in: Neumann, Manfred (Hrsg.). Ansprüche, Eigentums- und Verfügungsrechte, Duncker & Humblot, Berlin, 283-300.

von Ungern-Sternberg, Thomas. 1984, „Marktschutz und legaler Schutz auf Märkten mit Qualitätsunsicherheit“, in: Neumann, Manfred (Hrsg.). Ansprüche, Eigentums- und Verfügungsrechte, Duncker & Humblot, Berlin 725-737.

von Ungern-Sternberg, Thomas / *von Weizsäcker*, Christian C. 1982, „Marktstruktur und Marktverhalten bei Qualitätsunsicherheit“, Zeitschrift für Wirtschafts- und Sozialwissenschaften 101, 609-626.

Wagstaff, Peter. 1976, „Proof of a conjecture in social choice“, International Economic Review 17 (2), June, 491-497.

Walsh, Cliff. 1981, „A reconsideration of some aspects of the private production of public goods“, Review of Social Economy 39 (1), April, 19-35.

— 1985, Excludable Public Goods: On their Nature and Significance, University of Adelaide, mimeo.

Weisbrod, Burton A. 1977, The Voluntary Nonprofit Sector, An Economic Analysis, Toronto.

Weitzman, Martin L. 1980, „Efficient incentive contracts“, Quarterly Journal of Economics 34 (4), June, 719-730.

Wicksell, K. 1896, Finanztheoretische Untersuchungen nebst Darstellung und Kritik des Steuerwesens Schwedens. Neudruck der Ausgabe Jena 1896, Aalen 1969.

Wickström, Bengt-Arne. 1985, „Free riders and band wagons: on the optimal supply of public goods“, in: Pethig, Rüdiger (Hrsg.). Public Goods and Public Allocations Policy, Lang, Frankfurt, 41-61.

Wildasin, David E. 1984, „On public good provision with distortionary taxation“, Economic Inquiry 22 (2), April, 227-243.

Wille, Eberhard. 1981. „Die öffentlichen Ausgaben und die Entwicklung der Staatsquote“, ORDO 32, 297-311.

— 1983. „Gesamtwirtschaftliche Allokation zwischen ‚Markt- und Staatsversagen‘ — ein ordnungspolitischer Überblick“, in: Wille, Eberhard (Hrsg.). Beiträge zur gesamtwirtschaftlichen Allokation, Lang, Frankfurt, 1-28.

Williamson, Oliver E. 1963, „Managerial discretion and business behavior“, American Economic Review 53, 1032-1057.

— 1964, The Economics of Discretionary Behavior: Managerial Objectives in a Theory of the Firm, Prentice Hall, Englewood Cliffs, N.J.

— 1973, „Organizational forms and internal efficiency. Markets and hierarchies: some elementary considerations“, American Economic Review, Papers and Proceedings 63 (2), May, 316-325.

— 1975, Markets and Hierarchies: Analysis and Antitrust Implications, Free Press, New York.

— 1979, „Transactions-cost economics: the governance of contractional relations", Journal of Law and Economics 22 (2), October, 233-261.

— 1981, „The modern corporation: origins, evolution, attributes", Journal of Economic Literature 19 (4), December, 1537-1568.

— 1983, „Organization form, residual claimants, and corporate control", Journal of Law and Economics 26 (2), June, 351-366.

— 1984, „The economics of governance: framework and implications", Zeitschrift für die gesamte Staatswissenschaft 140 (1), März, 195-223.

— 1985, „Reflections on the New Institutional Economics", Zeitschrift für die gesamte Staatswissenschaft 141 (1), März, 187-195.

Windisch, Rupert. 1980, „Staatseingriffe in marktwirtschaftlichen Ordnungen", in: Streißler, Erich/Watrin, Christian (Hrsg.). Zur Theorie marktwirtschaftlicher Ordnungen, Mohr, Tübingen, 297-339.

— 1984, „Politische Verfügungsrechte, Umverteilung und konstitutionelle Budgetreform", in: Neuman, Manfred (Hrsg.). Ansprüche, Eigentums- und Verfügungsrechte, Duncker & Humblot, Berlin, 569-607.

Windsperger, Josef. 1985, „Transaktionskosten und das Organisationsdesign von Koordinierungsmechanismen", Jahrbuch für Neue Politische Ökonomie 4, 199-218.

Wittmann, Walter. 1979, „Steuerung der Versorgung mit Staatsleistungen über das Äquivalenzprinzip", in: Bohley, Peter/Tolkemitt, G. (Hrsg.). Wirtschaftswissenschaft als Grundlage staatlichen Handelns, Mohr, Tübingen, 287-305.

Kolibri 360 GmbH
Ferdinand-Jühlke-Straße 7
99095 Erfurt, Deutschland
produktsicherheit@kolibri360.de

Druck:
CPI Druckdienstleistungen GmbH
im Auftrag der
Kolibri 360 GmbH
Ferdinand-Jühlke-Str. 7
99095 Erfurt